MÓW WŁASNYM GŁOSEM

insignis

REGINA BRETT

MÓW WŁASNYM GŁOSEM

50 LEKCJI JAK GŁOSIĆ SWOJĄ PRAWDĘ

przełożyła

OLGA SIARA

insignis

Tytuł oryginału
Use Your Words. 50 Lessons for Speaking Your Truth

Przekład
Olga Siara

Redakcja
Dominika Rychel, Maria Brzozowska

Korekta
Julia Diduch, Elżbieta Krok

Projekt okładki, skład i przygotowanie do druku
Tomasz Brzozowski

Dymek na okładce
VectorZilla/Shutterstock.com

Zdjęcie Reginy Brett © PhotShot.com

ISBN 978-83-66071-34-6

Podziękowania za możliwość przedruku tekstów:
Przedruk felietonów, które pierwotnie ukazały się w dzienniku „Plain Dealer" za zgodą Plain Dealer Publishing Co. „Plain Dealer" jest posiadaczem praw autorskich do felietonów Reginy Brett z lat 2000–2012. Wszelkie prawa zastrzeżone.
Przedruk felietonów, które pierwotnie ukazały się w dzienniku „Beacon Journal" za zgodą Beacon Journal Publishing Co. Inc. „Beacon Journal" jest posiadaczem praw autorskich do felietonów Reginy Brett z lat 1994–2000. Wszelkie prawa zastrzeżone.

Dane niektórych osób opisanych w książce zostały zmienione w celu ochrony ich prywatności.

insignis

Insignis Media
ul. Lubicz 17D/21–22, 31-503 Kraków
tel. +48 12 636 01 90
www.insignis.pl, e-mail: biuro@insignis.pl,
Facebook: @Wydawnictwo.Insignis
Twitter, Instagram, Snapchat: @insignis_media

Druk i oprawa

CPI Moravia Books s.r.o., www.cpi-moravia.com

Wyłączna dystrybucja

Firma Księgarska Olesiejuk
www.olesiejuk.pl

Dla Polek i Polaków.
Sprawiacie, że czuję się
w waszym kraju
jak w domu

Spis treści

Mów własnym głosem

Wstęp

Polska to wspaniała nauczycielka.

Nasz zraniony świat może się od tego kraju wiele nauczyć o potędze milczenia i potędze solidarności. Na tej uświęconej ziemi rozegrały się wydarzenia ukazujące najpiękniejsze i najokrutniejsze oblicze ludzkości.

Podczas szalonej trasy promującej moją poprzednią książkę odwiedziłam osiem polskich miast, a setki czytelników witały mnie wszędzie z otwartymi ramionami.

Każde spotkanie było dla mnie święte. Pewna kobieta jechała dwie godziny pociągiem, żeby się ze mną zobaczyć. Studenci prosili wykładowców o zwolnienie z zajęć, żeby zdobyć mój autograf. Ludzie w każdym wieku dzielili się ze mną swoimi sukcesami i tragediami przez kilka krótkich chwil rozmowy twarzą w twarz, serce w serce.

Odpoczywałam w dniu, gdy cały kraj miał wolne – 11 listopada, czyli w Święto Niepodległości. Planowałam zwiedzić Muzeum Emigracji w Gdyni z przyjaciółką i współpracowniczką z polskiego wydawnictwa Marią Brzozowską. W pobliżu Stoczni Gdańskiej taksówkarz zapytał, czy chcę zobaczyć, gdzie Lech Wałęsa i Polska zmienili świat. Po plecach przebiegł mi dreszcz. To była ta stocznia; to miejsce, które widziałam kilkadziesiąt lat temu w telewizji, zakład pracy, gdzie zwykli ludzie zbuntowali się i powiedzieli: „Dość". To tu rozpoczął się upadek komunizmu. Zanim na Murze Berlińskim pojawiły się pierwsze rysy, młot wolności opadł na Stocznię Gdańską.

Z tego miejsca biła ogromna moc. Hymn Stanów Zjednoczonych kończy się słowami: „A gwiaździsty sztandar tryumfalnie powiewa ponad krajem wolnych, ojczyzną dzielnych ludzi".

„Ojczyzna dzielnych ludzi". To określenie pasuje również do Polski i Polaków.

Ludzi dość dzielnych, żeby stanąć w swojej obronie, wyrazić sprzeciw, walczyć o wolność.

Kiedy odjeżdżaliśmy spod stoczni, taksówkarz pokazał mi Europejskie Centrum Solidarności po drugiej stronie ulicy. Całe muzeum poświęcone solidarności? Musiałam je zwiedzić. Wiedziałam, że moja następna książka – ta, którą trzymasz w rękach – będzie o upominaniu się o siebie, więc chciałam poczuć siłę celebrowanej w tym budynku solidarności, żeby mieć odwagę pisać.

Wnętrze wygląda jak zardzewiały kadłub statku o pochyłych ścianach. Na ścianie oblepionej białymi kartkami krwistą czerwienią odcina się słowo „Solidarność". W szklanej gablocie wisi skórzana kurtka jednego z bojowników o wolność. Kula pozostawiła w niej ziejącą dziurę.

Mapa świata ukazuje wszystkie państwa komunistyczne, podświetlone na czerwono. Stopniowo, państwo po państwie, światło staje się białe, co symbolizuje upadek komunizmu. Widząc to, po raz pierwszy uświadomiłam sobie, że to w Polsce rozpoczął się ten proces.

Nigdy nie zapomnę, jak stałam pod morzem kasków przyczepionych do sufitu. Podobny nosił mój tata, blacharz. Zwykli ludzie, stoczniowcy, którzy pracowali w tych kaskach, zdobyli się na to, żeby powiedzieć: „Nie" – i zmienić świat.

Przez wiele lat zastanawiałam się, dlaczego Bóg wybrał Polskę na moją bratnią duszę. Dlaczego spośród kilkuset krajów świata właśnie tu moje książki cieszą się największą popularnością? Stojąc pod kaskami stoczniowców, nagle uświadomiłam sobie, jak brzmi odpowiedź. W tym świętym, zranionym miejscu, gdzie naziści dopuścili się najpotworniejszych zbrodni przy milczącej zgodzie świata, zapisano również najpiękniejsze karty historii.

Kiedy zwykli ludzie milczą, niesprawiedliwość i okrucieństwo mogą trwać na całym świecie. Kiedy zwykli ludzie protestują, reżimy upadają, instytucje przechodzą reformy, a seksualni oprawcy zostają strąceni z piedestału w kościołach i przedsiębiorstwach, w świecie sportu i w Hollywood.

Wykorzystywanie seksualne dzieci, gwałt i molestowanie kończą się, kiedy przestajemy milczeć na ten temat. Pora, żebyśmy wszyscy głośno mówili o swoich trudnych doświadczeniach.

Wielu z nas zostało skrzywdzonych w dzieciństwie i w młodości. Niektórzy wciąż doznają cierpienia z rąk ludzi nadużywających władzy – polityków, szefa czy członka rodziny.

To dla was napisałam tę książkę.

Możecie podzielić się swoją prawdą. Możecie opisać swoją prawdę. Możecie stanąć w swojej prawdzie.

W ten sposób odzyskacie utraconą siłę.

Ta książka to oficjalne pozwolenie na to, żebyście ujęli się za sobą – i już zawsze stali po swojej stronie.

Ujmij się za sobą

Lekcja 1

Pisz, żeby ratować życie – na początek swoje własne

Pisanie uratuje ci życie.
A potem uratuje życie komuś innemu.

Taką moc ma wyrażanie swojej prawdy.

Ja straciłam tę umiejętność we wczesnym dzieciństwie. Jednym z moich pierwszych wspomnień jest wrzask taty, spuszczającego mi lanie. Byłam jeszcze małą dziewczynką i próbowałam mu wytłumaczyć cichym, smutnym głosem: „Nie musisz na mnie krzyczeć. Jestem tylko dzieckiem".

Miałam ledwie cztery albo pięć lat, więc nie mogłam wygrać z nim ani z jego pasem. Po pewnym czasie przestałam mówić cokolwiek na swoją obronę. Później jednak zaczęłam pisać. I to uratowało mi życie.

W szkole podstawowej zaczęłam prowadzić pamiętnik, a pisanie stało się moją terapią i moim najlepszym przyjacielem.

Było moją bratnią duszą, kiedy czułam się samotna. Moim jedynym słuchaczem, kiedy nie miałam komu zwierzyć się ze swojego cierpienia. Moim oparciem, bezpieczną przystanią i zbawieniem, zanim znalazłam Boga, który dał mi to wszystko i wiele więcej.

Kiedyś tylko pisanie pozwalało mi uwolnić się od lęku. Nadal miewam takie dni.

Wciąż jest mi oparciem – jak kula inwalidzka, która pomaga stanąć na nogi komuś zbyt słabemu, żeby mógł utrzymać się na nich samodzielnie.

Kiedy nie potrafiłam zebrać się na odwagę i powiedzieć rodzicom, że jestem w ciąży, sięgnęłam po długopis. W najtrudniejszym liście, jaki kiedykolwiek napisałam, musiałam przyznać się mamie i tacie, że zamierzam urodzić i wychować nieślubne dziecko, chociaż mam dopiero dwadzieścia jeden lat. Wsunęłam kartkę pod magnes na lodówce. Bałam się nawet wręczyć im ten list. Komunikacja ustna była dla mnie za trudna – musiałam postawić na pisemną.

Myślałam, że jeśli powiem im o wszystkim twarzą w twarz, mój tata podniesie głos i obrzuci mnie wyzwiskami, a mama rozpłacze się, pokręci głową z zażenowaniem, a potem ze złości przestanie się do mnie odzywać. Tymczasem rodzice bardzo pomogli mi w wychowaniu córki, która stała się ich ukochaną pierwszą wnuczką.

Wiele lat później, gdy poszłam na terapię, żeby uwolnić się od traum z dzieciństwa, napisałam do rodziców i rodzeństwa listy o tym, co przeżyłam w naszym rodzinnym domu. Chciałam przełamać panującą wśród bliskich zmowę milczenia, żeby oni również odważyli się sięgnąć po pomoc w ukojeniu swoich ran. Tylko w ten sposób mogliśmy przerwać łańcuch przemocy i ustrzec przed nią kolejne pokolenie.

Kiedy zachorowałam na raka piersi, pisanie ocaliło mnie przed rozpaczą. Zamiast zadręczać rodzinę i przyjaciół swoim smutkiem i strachem, pisałam dziennik. Przekułam to bolesne doświadczenie na felietony prasowe, które pomogły innym kobietom zmagającym się z rakiem piersi. Pisanie poprawiało mi nastrój, kiedy straciłam włosy, kiedy pożegnałam się ze swoimi piersiami, kiedy nie byłam pewna, czy mam przed sobą jeszcze jakąś przyszłość.

Gdy dowiedziałam się, że jestem nosicielką mutacji w genie BRCA1 i istnieje pięćdziesiąt procent prawdopodobieństwa, że inni członkowie mojej rodziny również są bardziej narażeni na raka piersi, napisałam listy do rodzeństwa i kuzynów. Wysłałam im swoje wyniki i namawiałam, żeby się przebadali i walczyli o własne życie.

Pisaniem możesz uratować innych. Ale najpierw uratujesz nim siebie samego.

Nie tylko ty czujesz się tak samotny, zdesperowany czy smutny. Nie tylko ty borykasz się z autyzmem, chorobą afektywną dwubiegunową czy obezwładniającą depresją. Nie tylko ty tęsknisz za dzieckiem, które wybrało narkotyki, trafiło do więzienia albo popełniło samobójstwo. Nie tylko ty masz za sobą poronienie, koszmarny rozwód czy diagnozę, która nie pozostawia żadnej nadziei.

Niezwykle cenną pamiątką jest dla mnie przywieziona z Irlandii pocztówka z cytatem Patricka Kavanagha:

W swojej samotności nie jesteśmy sami
Inni zdążyli już poznać przed nami
to cierpienie, które uważamy za jedynie swoje:
nierozwiązane problemy, niedoszłe podboje,
niespełnione przyjemności...

Pewnego roku szłam plażą pogrążona w rozpaczy, zastanawiając się, czego potrzebuję, żeby poczuć się lepiej. Zadałam to pytanie Atlantykowi, a odpowiedź przyszła natychmiast – tak wyraźna, jakby przemówił do mnie ocean. „Musisz pisać".

I wtedy zrozumiałam. To był dla mnie jedyny ratunek.

Po co pisać?

Na to pytanie istnieje wiele odpowiedzi, a każdy z nas musi odnaleźć własną. Kiedy już na nią trafisz, zapisz ją na kartce i połóż ją przy klawiaturze, nalep na komputerze albo na okładce dziennika.

Kiedyś zakochałam się w robotniku budowlanym, który powiedział, że jego matka zajmuje się pisaniem. „A co pisze?" – zapytałam, sądząc, że chodzi o poezję, powieści albo opowiadania. „Pisze do chorych w szpitalach – wyjaśnił mój ukochany. – Codziennie wysyła jeden list albo kartkę, najczęściej do nieznajomych".

Po co pisać?

Dobre powody podaje Henry David Thoreau w książce *Walden*, którą odkryłam w dziesiątej klasie na lekcji języka angielskiego: żeby „żyć świadomie [...] zapędzić życie w kozi róg [...] stawać w życiu wyłącznie przed najbardziej ważkimi kwestiami, [...] przyswoić sobie to, czego może mnie życie nauczyć, abym w godzinie śmierci nie odkrył, że nie żyłem"*.

Ja piszę też z innych powodów. Oto moja lista – może odnajdziesz w niej coś dla siebie:

Żeby sławić Boga i karmić słowem Jego owce.
Żeby pozwolić mojej duszy uwielbiać Pana.
Żeby bronić radości.
Żeby mówić za tych, którym odebrano głos.
Żeby pokazać światu kogoś niepozornego, kogo mógł przeoczyć.
Żeby rozśmieszać czytelników i poprawiać im humor.
Żeby pocieszać niepocieszonych i niepokoić zbyt spokojnych.
Żeby uświadomić ludziom, że nie są sami.
Żeby uciszyć krytyków w swojej głowie.
Żeby ukoić swoje serce.
Żeby inspirować.
Żeby kwestionować.
Żeby ocierać łzy.
Żeby doprowadzać do łez.
Żeby wyrzucić z siebie to, o czym wstyd każe mi milczeć.
Żeby uleczyć swoje rany.
Żeby wiedzieć.
Żeby zapomnieć o tym, co wiem.

* Henry David Thoreau, *Walden*, przeł. Halina Cieplińska, Poznań 2018.

Żeby podzielić się wszystkim, czego doświadczyłam w życiu.
Żeby moja prawda nie umarła z zaniedbania.
Żeby nawiązywać kontakty.
Żeby żyć dwa razy.
Żeby zabierać ludzi w miejsca, w które wcale nie chcą iść – i których nigdy nie zapomną.
Żeby dać głos całemu pięknu i całej brzydocie świata.
Żeby przypomnieć innym, że bez względu na wszystko życie jest darem.
Żeby zmieniać świat.
Żeby dawać świadectwo.
Żeby ująć się za biednymi, słabymi, cichymi, chorymi, niepozornymi, samotnymi.
Żeby żyć wiecznie.

Jeśli pragniesz nieśmiertelności – pisz. Nawet kiedy ciebie już nie będzie, twoje słowa pozostaną z czytelnikami na zawsze. Annie Dillard radziła, żeby pisać jak umierający twórca do czytelników w stanie terminalnym. Wszyscy przecież umieramy, tylko niektórzy szybciej niż inni.

Zachowałam e-mail od matki, która napisała do mnie po śmierci syna w wypadku samochodowym: „Często się zastanawiam, czy reporterzy rozumieją wartość swoich słów. Słowa pokazują nasze wnętrze, a Pani wnętrze, pani Brett, musi być naprawdę piękne. Potrafiła Pani zrozumieć tę straszliwą sytuację, przynieść w niej choć odrobinę ulgi i okazać niezwykłe współczucie, co bardzo doceniam... Współczucie jest nam niezwykle potrzebne. Dziękuję za nie".

Czytelnicy są dla mnie trenerami i cheerleaderkami. Towarzyszą mi w tej mistycznej podróży. Dzwonią, żeby powiedzieć: „Głowa do góry!". Piszą, żeby mnie pochwalić: „Pani książka jest dla mnie jak ciepły uścisk". Wysyłają e-maile z podziękowaniami za to, że daję nadzieję „tym, którym wydaje się, że się nie liczą". Zostawiają odciski palców na moim sercu – jak kobieta, która znalazła czterdzieści pięć moich lekcji w kieszeni swojego męża. Zmarł czterdzieści pięć dni po tym, jak zdiagnozowano u niego raka.

Mój przyjaciel Bill Tammeus powiedział kiedyś: „Czytelnik jest twoim najważniejszym pracodawcą". Możesz pisać dla siebie, ale piszesz też dla innych. Bezdomni będą cię czytać w bibliotece. Sekretarki będą cię czytać na stołówce w czasie przerwy na lunch. Pacjenci będą cię czytać w szpitalnych łóżkach.

Zapamiętałam słowa Randy'ego Shiltsa, które napisał po ukończeniu książki *And the Band Played On* (A orkiestra grała dalej) o epidemii AIDS, choroby, na którą później zmarł. Dziękował chorym na AIDS, którzy „poświęcili swoje ostatnie godziny na wywiady, czasem leżąc na łożu śmierci i walcząc o każdy oddech. Kiedy pytałem, dlaczego to robią, mówili, że chcą uchronić innych przed tym cierpieniem. Nie wyobrażam sobie większego bohaterstwa".

W świecie pisarzy znajdzie się miejsce również dla ciebie. Może nie trafisz na listę bestsellerów ani przed Norweski Komitet Noblowski, ale gdzieś na świecie jest ktoś, do kogo dotrą twoje słowa – a dzięki nim miłość Boga.

Powierz długopis służbie Bogu i tej osobie. Wystarczy, że okażesz swoją gotowość. Sukces zawsze będzie zasługą Boga.

Już dawno temu zawarłam z Nim umowę, której nadal dotrzymuję: ja piszę, a On dostarcza moje słowa ludziom na całym świecie, którzy ich potrzebują albo pragną.

Moje zadanie polega tylko na tym, żeby kochać to, co piszę, i ludzi, którzy to czytają.

Jeśli nie zaangażuję się na sto procent, ktoś inny zrobi to za mnie.

Albo, co gorsza, nie zrobi tego nikt.

Lekcja 2

Twoja prawda cię wyzwoli

Ileż treści zawiera się w tym zwrocie:
Me too.

Ja też.

Te dwa krótkie słowa przełamały milczenie, wstyd i samotność niezliczonych kobiet na całym świecie, które doznały molestowania albo napaści seksualnej.

Kiedy znalazłam ten apel na Facebooku, skopiowałam go i potwierdziłam, że mnie też to spotkało: „Gdyby wszystkie kobiety, które doświadczyły napastowania albo przemocy seksualnej, napisały w mediach społecznościowych: »Me too«, ludzie uświadomiliby sobie skalę problemu, dotykającego ponad 50% populacji. A kiedy piszę: »Me too«, mam na myśli również siebie".

#MeToo.

A potem z bólem serca patrzyłam, jak dziesiątki znajomych kobiet udostępniają ten status i przyznają:

#MeToo.

Ja też. Moje przyjaciółki. Współpracowniczki. Siostrzenice i bratanice. Siostry. Kuzynki. Nawet moja córka.

Jak to możliwe, że dotyczyło to tak wielu bliskich mi kobiet? Dlaczego nie miałam o tym pojęcia?

Ruch #MeToo coraz bardziej się rozprzestrzeniał. Jak podał kanał informacyjny CBS News: „Według danych serwisu Twitter w ciągu czterdziestu ośmiu godzin hasztag został udostępniony niemal milion razy. Na Facebooku przed upływem doby pojawiło się ponad 12 milionów postów, komentarzy i reakcji na ten temat autorstwa 4,7 miliona osób z całego świata. W Stanach Zjednoczonych czterdzieści pięć procent użytkowników Facebooka miało wśród znajomych kogoś, kto użył hasła »MeToo«".

A to nie obejmuje osób, które nie odważyły się podzielić swoim cierpieniem.

Początkiem ruchu #MeToo była prośba aktorki Alyssy Milano na Twitterze, żeby kobiety zamieściły ten hasztag, jeśli padły ofiarą molestowania albo gwałtu. Dziesięć lat wcześniej czarnoskóra aktywistka Tarana Burke promowała za jego pomocą ideę „upodmiotowienia dzięki empatii".

Wiadomość o serii napaści seksualnych hollywoodzkiego producenta Harveya Weinsteina uruchomiła reakcję łańcuchową – kolejne aktorki mówiły głośno o tym, jak je potraktował, a wśród nich znalazły się: Ashley Judd, Angelina Jolie, Gwyneth Paltrow, Lupita Nyong'o i Rosanna Arquette.

Z czasem potężni mężczyźni zaczęli tracić wysokie pozycje: Matt Lauer, Charlie Rose, Kevin Spacey, Garrison Keillor, komik Louis C.K. Ich oskarżycielki i oskarżyciele dali nam odwagę, żeby powiedzieć: „Ja też", chociaż większość kobiet nie wdawała się w szczegóły. Dlaczego? Bo te sytuacje były zbyt intymne. Zbyt bolesne. Zbyt trudne.

Albo dlatego, że zdarza się to zbyt często. Wybierzcie dowolny przykład:

Może ten, gdy jako nastolatka poszłam sama do parku w moim małym miasteczku, a jakiś nieznajomy złapał mnie za rękę i próbował ściągnąć z huśtawki, ale na szczęście udało mi się wyrwać i uciec.

Albo ten, gdy wybrałam się pierwszy raz na plażę i stałam wpatrzona w gwiazdy, a obcy mężczyzna chwycił moją dłoń i nie chciał mnie puścić, aż w końcu dał mi spokój, bo zaczęłam krzyczeć i ktoś przybiegł na pomoc.

Albo ten, gdy jako świeżo upieczona reporterka przeprowadzałam wywiad z pewnym politykiem, który powitał mnie mokrym całusem w policzek.

Albo ten, gdy dentysta, do którego już nigdy więcej nie wróciłam, rozłożył narzędzia na mojej klatce piersiowej – nie, na moich piersiach – a ja czułam się dziwnie i niekomfortowo, ale nie śmiałam zwrócić uwagi człowiekowi z wiertłem w mojej szczęce.

Albo te wszystkie sytuacje, kiedy jeden z redaktorów rozmawiał ze mną, gapiąc się na moją klatkę piersiową – nie, na moje piersi – zamiast patrzeć mi w oczy.

Albo moment, kiedy siedziałam w moim małym pomarańczowym fordzie fiesta niedaleko kampusu uniwersyteckiego, a trzech rosłych członków bractwa studenckiego dla żartu podniosło mój samochód – ze mną w środku.

Albo ten, gdy stałam w kolejce po napój na stadionie drużyny Cleveland Browns, a jakiś nieznajomy wsunął mi rękę między nogi i złapał mnie za krocze.

Albo ten, gdy futbolista amerykański z mojego liceum zmusił mnie do seksu, chociaż błagałam go, żeby przestał.

Albo ten, gdy koszykarz z drużyny uniwersyteckiej zmusił mnie do seksu, chociaż błagałam go, żeby przestał.

Dlaczego o tym nie mówimy?

Czasem przerywamy milczenie, ale otoczenie nam nie wierzy. Czasem spotykamy się z groźbami. A często po prostu nie potrafimy o tym mówić.

Kobiety mogą nabrać przekonania, że muszą się zwyczajnie pogodzić z podobnym traktowaniem – zwłaszcza gdy molestowanie seksualne staje się normą dla takich mężczyzn jak Bill Cosby, Bill Clinton, Bill O'Reilly czy Donald Trump, który został prezydentem Stanów Zjednoczonych, chociaż kiedyś powiedział: „Po prostu je całuj. Od razu. Kiedy jesteś gwiazdą, one na to pozwalają. Możesz zrobić wszystko. Złap je za c...ę".

Wszystko zaczyna się już w dzieciństwie, kiedy uczymy małych chłopców, że kobiety to słaba płeć, a mężczyźni muszą być silni. Kiedy akceptujemy, że trenerzy i sportowcy obrażają się nawzajem słowami: „Grasz jak baba".

Kiedy pozwalamy chłopcom ciągnąć dziewczynki za włosy i tłumaczymy ich: „To pewnie dlatego, że ją lubi". Albo godzimy się, żeby strzelali dziewczynkom z ramiączek staników, i kwitujemy to ze śmiechem: „Tacy już są chłopcy". A może warto wychować ich na lepszych chłopców i nauczyć szacunku dla dziewcząt?

Nikt nie chce uwierzyć, że jego syn, brat albo mąż dopuściłby się gwałtu albo żartował na ten temat – a jednak są synowie, bracia i mężowie, którzy tak się zachowują. Każdy z nas powinien się zastanowić: czy zrobiłbym wszystko, żeby nie dopuścić do gwałtu?

W Ohio dwóch członków drużyny futbolu amerykańskiego ze Steubenville zgwałciło nieprzytomną pijaną szesnastolatkę. Ta historia obiegła cały internet. Udostępniano sobie zdjęcia dziewczyny zrobione telefonem komórkowym i publikowano ordynarne komentarze. Pojawił się też filmik, na którym jakiś student śmieje się z całej tej sytuacji.

Tyrone White, asystent trenera futbolu amerykańskiego w męskim liceum im. Świętego Ignacego w Cleveland, chce zmienić sposób, w jaki sportowcy traktują kobiety. Kiedyś stanął przed tłumem podopiecznych i zapytał: „Kto w tym pokoju zna osobę, która doświadczyła molestowania seksualnego albo została sfotografowana bez swojej wiedzy?".

Przynajmniej jedna trzecia uczniów podniosła ręce.

Następne pytanie brzmiało: „I co z tym zrobiliście?".

Nikt się nie odezwał.

„Czy ktoś stanął w jej obronie?"

Nie podniosła się ani jedna ręka.

„Widzicie, właśnie na tym polega problem" – skomentował trener.

Nadal prześladuje go własne milczenie w podobnej sytuacji. Trzydzieści lat temu, kiedy sam był studentem, kolega z drużyny wszedł do sali telewizyjnej w akademiku, oznajmiając, że właśnie uprawiał seks z pijaną dziewczyną, po czym zapytał, czy ktoś jeszcze chce ją przelecieć. Dziesięciu studentów poszło skorzystać z okazji. Pozostali nie powiedzieli ani nie zrobili nic, żeby ich powstrzymać.

„Jestem pewny, że ona do dziś cierpi z tego powodu – powiedział mi trener Ty. – A ja siedziałem przerażony przed telewizorem, zastanawiając się: czy powinienem jakoś zaprotestować?"

Nie zrobił tego.

Bał się, że jeśli stanie w obronie dziewczyny, straci zaufanie kumpli. Nie chciał robić problemów ich trenerowi, więc nikomu nie zgłosił tego zajścia.

„Zamiast pomyśleć o tym, co jej grozi, ja martwiłem się o siebie – przyznał. – Możesz nie uczestniczyć w takiej sytuacji, ale i tak ponosisz za nią odpowiedzialność, jeśli nie próbujesz jej zapobiec. Musimy razem przeciwstawić się złu".

Trzeba nauczyć chłopców okazywania szacunku kobietom i dziewczynkom również wtedy, gdy nikt na nich nie patrzy. Na osobności zbyt wiele zachowań zbywamy jako żarty, chociaż tak naprawdę są karygodne, a często niezgodne z prawem.

Nie wystarczy wyjaśnić, skąd się biorą dzieci. Trzeba dodać, skąd się biorą gwałty. Musimy nauczyć naszych synów i nasze córki, że pijana dziewczyna nie prosi się o gwałt bez względu na to, jak jest ubrana czy ile wypiła.

Musimy wpoić naszym synom, że „nie" zawsze znaczy „nie", a kobieta, która jest zbyt pijana, żeby to powiedzieć, wcale nie mówi „tak".

Wszyscy powinniśmy zebrać się na odwagę i spróbować powstrzymać molestowanie albo gwałt, kiedy jesteśmy świadkami takiej sytuacji.

Nadzieję daje mi następne pokolenie. Jedna z moich bratanic, która obecnie robi doktorat, zaraz po statusie „MeToo" zamieściła na Facebooku poniższy wpis:

„Trudno będzie znaleźć kobietę bez takich doświadczeń. Ale oto inne, równie częste zjawisko, na którym łapię też samą siebie: brak reakcji, kiedy nasz współpracownik/kolega ze szkoły/przyjaciel lub ktokolwiek inny mówi albo robi coś, co umożliwia albo sankcjonuje przemoc seksualną w naszej kulturze".

Łatwo jest milczeć z zażenowaniem, bagatelizować sprawę albo skwitować: „Tak już jest" – ale wcale nie musi tak być. Przemoc seksualna jest niedopuszczalna w żadnej formie – trzeba głośno o tym mówić. I właśnie to zamierzam robić. Nie wystarczą jedynie głosy ofiar, bo one często są ignorowane. Jeśli do nich nie należysz, tym lepiej. Ale wszyscy musimy robić więcej. Tak, odważę się to powiedzieć: z wielką mocą wiąże się wielka odpowiedzialność.

A kto ma tę moc?

My wszyscy.

Tak, panowie – #WyTeż.

Lekcja 3

Twój głos jest twoją supermocą – korzystaj z niej

Milczałam jak grób.
Przez wiele lat.

Nie powiedziałam nikomu. Ani rodzicom. Ani żadnej z pięciu sióstr. Żadnemu z licznych przyjaciół. Nikomu.

Przytłaczał mnie wstyd. Miałam mętlik w głowie. I bardzo bałam się, co wszyscy o mnie pomyślą.

Nie wiedziałam, że mogę mówić o gwałcie, którego ofiarą padłam jako siedemnastolatka. Próbowałam „przejść nad nim do porządku dziennego" i zachowywać się tak, jakby nigdy do niego nie doszło. Usiłowałam nawet „stworzyć związek" z futbolistą amerykańskim, który mnie zgwałcił, i udawać, że wszystko jest okej.

Wolność odzyskałam dopiero niemal dziesięć lat później na rekolekcjach dla kobiet. Siedziałyśmy w kręgu i opowiadałyśmy o sobie, gdy jedna z uczestniczek zwierzyła się, że została zgwałcona.

Przysięgam, że serce zamarło mi w piersi tak raptownie, jakby zaciągnęło hamulec ręczny. Poczułam w gardle ogromną gulę, przez którą z trudem nabrałam powietrza do płuc. Czyli mogłyśmy o tym mówić?

Ta kobieta mnie wyzwoliła. Nigdy dotąd nie zetknęłam się z inną ofiarą gwałtu. Oczywiście tak mi się tylko wydawało. Spotkałam wcześniej kobiety, które przeżyły to samo co ja, ale nie miałam o tym pojęcia, bo żadna z nich nie poruszyła tego tematu.

Następnego dnia po zwierzeniach w kręgu umówiłam się w cztery oczy z księdzem i obnażyłam przed nim duszę. Zwierzyłam się ze swojego sekretu i upokorzenia komuś, kto musiał zachować je w tajemnicy. Opowiedziałam mu nawet o koszykarzu, który zgwałcił mnie, gdy miałam dwadzieścia jeden lat.

Wyjechałam z tych rekolekcji z poczuciem wolności.

Wiele lat później koleżanka z redakcji napisała esej o tym, jak została zgwałcona na randce. Tekst ukazał się w naszej gazecie pod jej nazwiskiem. Byłam pod wrażeniem jej odwagi.

Przeczytałam w nim o czymś, co spotkało także mnie. Mężczyzna, z którym się umówiła, zmusił ją do seksu.

Wow. Czyli wolno nam mówić o tym publicznie?

Tak! Możemy dzielić się swoją prawdą bez ograniczeń, bo gwałty się nie skończą, dopóki będziemy o nich milczeć.

Nie wiem, czy moi dwaj gwałciciele skrzywdzili też inne kobiety. Podejrzewam, że tak. I podejrzewam, że wcale nie uważają tego za gwałt. Skąd takie przekonanie? Kilka lat temu ten futbolista zaprosił mnie do znajomych na Facebooku. Z kolei koszykarz przysłał mi do pracy list, w którym opisał, jakim jest wspaniałym człowiekiem, i tłumaczył, dlaczego powinien znaleźć się w galerii sław naszego liceum. Był wściekły, że ja tam trafiłam, a on nie. W końcu zasługiwał na to jako sportowiec.

Naprawdę tak napisał. Wyrzuciłam jego list do śmieci i umyłam ręce. Dwa razy.

Niektórzy uważają, że o gwałcie można mówić tylko wtedy, gdy sprawcą jest nieznajomy z bronią. Ale gwałt to gwałt. Nie chodzi w nim o seks, tylko o władzę. A każdy gwałciciel ma broń. Jest nią jego ciało.

Możemy zrobić więcej, niż tylko słuchać kobiet, które dzielą się swoimi historiami. Możemy im uwierzyć. A kiedy zgłaszają gwałt, możemy odrobinę ułatwić im ten proces.

Moja przyjaciółka Diane Suchetka, która pracuje w szpitalu MetroHealth w Cleveland, zgłosiła mi, że placówka potrzebuje ubrań dla ofiar gwałtów. Razem z moją przyjaciółką Sheryl zorganizowała brunch połączony ze zbiórką nowej odzieży na ten cel.

Nie zdawałam sobie z tego sprawy, ale osoby, które zgłoszą się po napaści seksualnej na ostry dyżur, nie mogą wrócić do domu w tym, w czym przyszły. Nie odzyskują swoich ubrań, bo stanowią one materiał dowodowy i trafiają do laboratorium kryminalistycznego, gdzie pocięte na kawałeczki idą do analizy. Zdarza się, że ofiary przychodzą do szpitala w ulubionej koszuli, sukience czy dżinsach. Czasem są to ich jedyne dżinsy.

Diane poznała mnie z Liz Booth, ówczesną koordynatorką pielęgniarek sądowych w MetroHealth. Liz pracowała kiedyś na pogotowiu, a później odpowiadała za skład i szkolenie zespołu do spraw pacjentów po napaści seksualnej i ściśle współpracowała z prokuraturą i policją. Wiele ofiar nie ma do kogo zadzwonić po pomoc – a niektóre nie są gotowe powiedzieć bliskim o tym, czego doświadczyły. Nie mogą poprosić, żeby ktoś po nie przyjechał albo przywiózł im czyste ubranie, bo nie chcą, żeby ktokolwiek dowiedział się, że zostały zgwałcone.

Szpitale zwykle proponują im kitle lekarskie i bieliznę jednorazową albo ktoś z personelu poświęca przerwę na lunch, żeby pobiec do najbliższego sklepu. Niestety czasem nie ma innego wyjścia, niż odesłać pacjenta do domu w szpitalnym ubraniu.

„Przyjemnie jest dać im coś nowego – przyznała Liz. – Ofiary gwałtu czują się zbrukane, jakby nie mogły zmyć z siebie tego, co je spotkało".

Tak czujesz się po gwałcie. Zbrukany.

Wyjść z ostrego dyżuru w nowym ubraniu to zupełnie co innego, niż opuścić go w używanych ciuchach, jednorazowej bieliźnie i szpitalnych skarpetkach.

Dlatego napisałam felieton, w którym zachęcałam czytelników, żeby pomogli ofiarom gwałtów zacząć życie od nowa. Wspólnie stworzyliśmy Szafę Troski i wypełniliśmy ją skarpetkami, majtkami, stanikami, bluzkami z długim rękawem, swetrami, bluzami i spodniami. Ofiarami gwałtu najczęściej padają kobiety. Zwykle mają od trzynastu do osiemdziesięciu lat.

Ludzie przynosili nowe skarpetki, bieliznę i dresy dla kobiet w każdym rozmiarze. Najlepsze są ubrania w ciemnych kolorach, bo ofiary najczęściej muszą zostawić w szpitalu biustonosz i nie chcą wkładać nic prześwitującego.

Mężczyźni też czasem padają ofiarą gwałcicieli. Dla nich zbieraliśmy skarpetki, bokserki, T-shirty i spodnie dresowe.

Pomoc lekarska dla ofiar gwałtu powinna być szybka, profesjonalna i pełna współczucia. W szpitalu MetroHealth po badaniu pacjenci mogą wziąć prysznic i zjeść posiłek; otrzymują również bon na taksówkę. A dzięki moim czytelnikom wychodzą w nowych, czystych ubraniach.

– Wybuchają płaczem – powiedziała mi Liz. – Nie mogą uwierzyć, że dostają nową odzież. Ofiary gwałtu zgłaszają się do nas w najtrudniejszej chwili swojego życia, a wychodzą z podniesionym czołem, gotowe zmierzyć się ze światem.

Byłoby wspaniale, gdyby każda osoba po napaści seksualnej po wyjściu ze szpitala miała szansę zacząć od nowa, w nowym ubraniu zamiast w szpitalnym fartuchu i jednorazowych majtkach i skarpetkach. Powinniśmy dążyć do tego, żeby Szafa Troski stanęła w każdej placówce, do której zgłaszają się ludzie po takim traumatycznym przeżyciu.

Jeśli nie ma tam miejsca na ubrania, darczyńcy mogą ufundować kupony do sklepów odzieżowych.

Ważne, żeby w szpitalach pracowały zespoły do spraw pomocy ofiarom napaści seksualnych z personelem przygotowanym do profesjonalnego prowadzenia badań, zbierania dowodów i przechowywania ich w taki sposób, by mogły zostać wykorzystane w sądzie. Jennifer Beigie, koordynatorka takiego zespołu w szpitalu MetroHealth, powiedziała, że jego członkowie przechodzą również szkolenie, jak rozmawiać z pacjentami w kryzysie i pomóc im w opracowaniu planu bezpieczeństwa przed opuszczeniem placówki.

„Nasz cel to zapewnić ofiarom gwałtu możliwie największy komfort po tak traumatycznym doświadczeniu" – wyjaśniła Jennifer.

Dlatego personel przynosi im nowe ubrania do wyboru. Podejmowanie samodzielnej decyzji nawet w tak prostej sprawie pomaga przywrócić pacjentom poczucie sprawczości.

Czytelnicy szybko zapełnili Szafę Troski w MetroHealth i innych pobliskich szpitalach. Jedna z miejscowych sędziów zaprosiła do zbiórki ubrań kolegów po fachu. Sędzia K.J. Montgomery z Sądu Miejskiego w Shaker Heights powiedziała mi: „Zwykle widzimy napastników i pierwsze, najbardziej bezpośrednie skutki ich czynów. To tylko smutne początki. Ofiary zawsze ogarnia rozpacz i poczucie bezradności. Dzięki tej akcji mamy nowy, konstruktywny sposób udzielania pomocy osobom dotkniętym tą potworną traumą".

Nawet chorzy na raka i inni czytelnicy, którzy nie mogli iść na zakupy, włączyli się w zbiórkę, przysyłając pocztą bony podarunkowe i czeki. Pewna mieszkanka Massachusetts, która dowiedziała się o akcji z Facebooka, przysłała pieniądze. Pisały do mnie ofiary gwałtów z innych stanów, żeby przekazać, że wpłaciły datki na nasz cel. Zbiórki organizowały też żeńskie stowarzyszenia studenckie z lokalnych uczelni. Pewna dziewięciolatka zebrała 538 par skarpetek, żeby potrzebujący szybciej stanęli na nogi.

Liz odebrała mnóstwo e-maili i telefonów ze słowami wsparcia, a jej inicjatywę Szafy Troski promowały również stacje telewizyjne i radiowe. Była zaskoczona taką reakcją społeczną, ponieważ temat gwałtu u wielu osób budzi ogromny dyskomfort. Najbardziej poruszyły ją wiadomości od ofiar i ich rodzin oraz od mężczyzn, którzy zaangażowali się w akcję, bo nie mogli się pogodzić z tym, że przedstawiciele ich płci dopuszczają się takich czynów.

„Mam nadzieję, że teraz ofiarom łatwiej będzie się zwrócić o pomoc" – podsumowała Liz.

A ja podpisuję się pod jej słowami.

Lekcja 4

Zgody trzeba udzielić – inaczej jej nie ma

Powiedział mi, że nie chce żadnych zobowiązań. Nie interesowało go małżeństwo, wspólne mieszkanie ani miłość.

Interesował go za to seks, rzecz jasna.

Zapytałam, czy to nie jest pewna forma zobowiązania, chociażby do monogamii.

Wyjaśnił mi, że dotyczy to wyłącznie kobiet. Zaręczał, że mężczyźni potrafią uprawiać seks, który nic dla nich nie znaczy, a kobiety zawsze chcą czegoś więcej. Przyznał jednak, że seks zmienia związek, dlatego obiecał, że uszanuje wytyczoną przeze mnie granicę. Ale czyny przeczyły jego słowom.

Za każdym razem, kiedy zostawaliśmy sami, próbował ją przekroczyć.

Wyznaczyłam ją ponownie, nie pozostawiając żadnych wątpliwości co do tego, na co jestem gotowa, a na co nie. Wszystko było jasne. Nie wysyłałam sprzecznych komunikatów. Zgodził się na moje warunki, ale gdy usiedliśmy na kanapie, a on zanurzył mi dłonie we włosach i przywarł wargami do mojej szyi, pomylił moje westchnienia ze zgodą na seks.

Wzdychałam, bo podobało mi się to, co robił, ale on zdążył już dojść do wniosku, że granica została przesunięta. Tylko że ja jej nie przesunęłam. Nie powiedziałam mu: „Tak". Więc zaprotestowałam. Słowami i czynami.

Był sfrustrowany. I ja też.

Jak wielu mężczyzn, z którymi spotykałam się, zanim poznałam mojego przyszłego męża, nie rozumiał, że kobieta może nie zgodzić się na współżycie, chociaż godzi się na namiętny dotyk i pieszczoty, które mieszczą się w tym szerokim spektrum między pocałunkiem a seksem.

Kiedy para zaczyna się całować, kto decyduje o tym, gdzie przebiega granica? I w którym momencie należy ją uwzględnić, uszanować albo zmienić?

Mężczyzna, o którym piszę, nie chciał też stosować antykoncepcji, przebadać się na obecność wirusa HIV ani porozmawiać o tym, co zrobimy, jeśli zajdę w ciążę.

Niektórzy mężczyźni zasłaniają się wymówką, że przy atrakcyjnej kobiecie nie potrafią się opanować z podniecenia. Mówią to tak, jakby partnerce powinno to pochlebiać, chociaż ona z pewnością wolałaby, żeby potrafili się kontrolować.

W dobie znajomości na jedną noc ruch #MeToo rozpoczął dyskusję o tym, czym jest zgoda na seks – jak rozumieliśmy to pojęcie do tej pory i jak powinniśmy je rozumieć.

Zdaniem ekspertów zgoda powinna zostać aktywnie wyrażona przez obie strony – nie można traktować jako wiążącej zgody udzielonej pod presją albo ze strachu ani zakładać, że partner udzielił jej milcząco.

Musi również zrobić to świadomie. Osoba nieprzytomna albo odurzona alkoholem lub narkotykami nie jest w stanie zgodzić się na seks.

Zgody może udzielić tylko człowiek dorosły, więc lepiej sprawdź, ile lat ma dziewczyna, która wygląda na dwudziestolatkę.

Poza tym zgoda powinna zostać jasno zakomunikowana – nie można o niej wnioskować z koloru szminki, głębokości dekoltu czy typu bielizny, którą włożyła – lub której nie włożyła – kobieta.

I jeszcze jedno, panowie: łzy partnerki to dla was znak STOP. Przestańcie skupiać się na jej ciele i sprawdźcie, co dzieje się w jej sercu.

Seks powinien być dobrowolny. Nie ma w nim miejsca na przemoc, groźby i zdania w rodzaju: „Kupiłem ci kolację, więc jesteś mi coś winna". Seks nie jest walutą, którą płacimy za stek i wyjście do kina.

Zgoda to proces, który zachodzi nieustannie. Kiedy kobieta zmienia zdanie, zgoda znika.

Według mnie zgoda powinna bardziej przypominać entuzjastyczne: „Wow!" niż zrezygnowane: „No dobrze, może być".

Nie wolno już milcząco przyjmować, że druga osoba wyraża zgodę, bo następnym razem możecie spotkać się w sądzie. Nie wolno zakładać, że skoro zgodziła się w zeszłą sobotę, to dziś wieczorem będzie tak samo. Zgody udziela się za każdym razem od nowa.

Jeśli nadal nie do końca rozumiecie, na czym polega zgoda na seks, obejrzyjcie w internecie filmik Tea Video stworzony przez Emmeline May i wytwórnię Blue Seat Studios. Porównuje seks do picia herbaty – i ma już ponad 4 miliony widzów.

„Seks jest jak herbata", wyjaśnia. Jeśli ktoś mówi, że ma ochotę na herbatę, to świetnie. Jeśli nie jest tego pewny, „nie zmuszaj go, żeby ją wypił". A jeśli odmawia, w ogóle nie parz dla niego herbaty.

Najcelniejszy tekst: „Jeśli ktoś jest nieprzytomny, nie wmuszaj w niego herbaty. Nieprzytomni ludzie nie chcą herbaty".

Nikt nie ma prawa do ciebie ani do twojego ciała, bez względu na to, jak często uprawialiście seks, jak długo się spotykacie i ile lat jesteście małżeństwem.

Niektóre pary robią listę aktów seksualnych, których mogłyby spróbować, z okienkami „tak", „nie", „być może" obok każdego punktu. Rynek zalały aplikacje, w których partnerzy wpisują, na co się zgadzają, i potwierdzają to.

Kiedy umawiałam się na randki, niektórzy mężczyźni usiłowali mnie przekonać, że mają po prostu inną konstrukcję niż kobiety i muszą uprawiać seks. Ich zdaniem żaden samiec nie jest w stanie się opanować po rozpoczęciu gry wstępnej. Jeśli to prawda, to mężczyźni powinni zatrzymywać się, zanim dotrą do punktu, z którego nie ma już dla nich odwrotu.

Dlaczego to musi być wszystko albo nic?

Skoro kobieta potrafi zadecydować, jak daleko chce się posunąć z mężczyzną, i umie trzymać się swoich postanowień, to dlaczego on nie może tego zaakceptować albo zorientować się, gdzie przebiega jego granica, i nauczyć się mówić sobie „stop!", zanim ją przekroczy? Mężczyźni powinni odpowiadać za to, czy potrafią się kontrolować w seksie – tak jak wszyscy odpowiadamy za to, czy potrafimy się kontrolować w barze. Najpierw trzeba poznać reakcje swojego organizmu. Jak działają na mnie dwa piwa? A trzy kieliszki wina? Ile alkoholu to dla mnie za dużo? Gdzie leży ta granica?

Czemu więc nie zbadać reakcji własnego organizmu na namiętność? Jeśli jest taki moment, kiedy tracisz kontrolę nad swoim ciałem, to kiedy on następuje? Nie przekraczaj tego punktu, kiedy jesteś z kimś, kto nie chce tracić kontroli nad sobą. Jeśli nie umiesz się powstrzymać po tym, jak dotkniesz partnerkę poniżej pasa, to nie rób tego albo upewnij się, czy ona chce tego samego co ty.

Otwarta komunikacja i znajomość własnych ograniczeń mogą oszczędzić ci mnóstwa frustracji, a także problemów z prawem i pozwów sądowych.

Przez wiele lat to kobiety ustanawiały granice w seksie, ponieważ to one ponoszą jego konsekwencje. To one leżą na stołach aborcyjnych albo na salach porodowych. To ich reputacja cierpi, jeśli uprawiają seks ze zbyt wieloma partnerami, chociaż mężczyźni zbierają gratulacje za liczne podboje.

Dlaczego tylko kobieta ma odpowiadać za wytyczenie tych granic? Bo zostałyśmy nauczone, że mężczyźni tego nie potrafią. Wszystko zaczyna się w okresie dojrzewania, kiedy chłopcy odkrywają siłę swojego popędu seksualnego, a dziewczynki uczą się ich hamować, żeby ustrzec się przed nieplanowaną ciążą i chorobami przenoszonymi drogą płciową.

Przyszedł czas, żebyśmy obarczyli mężczyzn taką samą odpowiedzialnością jak kobiety – powinni rozumieć i jasno komunikować swoje pragnienia w sferze seksu. Zdecyduj, czego chcesz, zanim twoje ciało dokona tego wyboru za ciebie. Skonsultuj to ze swoją głową i swoim sercem.

Jeśli na pewnym poziomie podniecenia nie potrafisz już uszanować „nie" kobiety, to zatrzymaj się wcześniej. Bo jej „nie" znaczy „nie".

Lekcja 5

„Nie" znaczy „nie". I kropka

Anne Lamott została jedną z moich ulubionych pisarek, kiedy przeczytałam, że kieruje się w życiu następującą prawdą emocjonalną: „»Nie« to odpowiedź pełnym zdaniem".

Dlaczego tak trudno nam wymówić to króciutkie, trzyliterowe słowo?

Bo „nie" pociąga za sobą poważne konsekwencje.

Nie chcemy nikogo rozczarować, nawet tych, których się boimy. Wolimy spełniać oczekiwania otoczenia, bo to karmi nasze ego. Wstyd podpowiada nam, że musimy powiedzieć „tak" i wspierać innych na ich warunkach, bo inaczej okażemy się złymi ludźmi. A czasem to smutne doświadczenia z dzieciństwa podpowiadają nam, że ten, komu odmówimy, poczuje się tak samo odrzucony jak my przed laty.

Ale to nieprawda. Ta osoba po prostu zwróci się ze swoją prośbą do kogoś innego.

Przez całe życie uczę się, że mówiąc komuś innemu „nie", w rzeczywistości mówię „tak" samej sobie. Nadal jednak wzdrygam się, słysząc pytania: „Zrobisz coś dla mnie?", „Jesteś wolna w przyszłym tygodniu?" albo „Czy mogę liczyć na twoje wsparcie?".

Zamiast zawołać: „Jasne!", dziś potrafię już dać sobie chwilę na zastanowienie, zanim odpowiem. To jeden z powodów, dla których nie prowadzę kalendarza w telefonie. Trzymam kalendarz w domu, więc mogę powiedzieć: „Muszę to sprawdzić. Dam ci znać".

Dając sobie czas, wiele zyskujesz. W ten sposób tworzy się bufor między bodźcem a reakcją, więc przestajesz działać automatycznie i zgadzać się na każdą prośbę. Nie może być tak, że zadowoleni są wszyscy poza tobą – bo to ty jesteś najważniejszą osobą w swoim życiu.

Ja w takich sytuacjach staram się wysłuchać prośby do końca i sprawdzić reakcję swojego serca. Czy podskakuje z radości, czy kurczy się z głośnym: „Nieee!"? Jeśli nie jestem pewna, co czuję, odmawiam. Nie daję sobie więcej czasu, tylko mówię: „Nie". W końcu życie postawi mnie w wielu innych sytuacjach, które przyniosą mi radość.

Jeśli jakaś propozycja jej nie budzi, to znaczy, że jest nie dla mnie. Ja nie czerpię z niej radości, ale może ucieszyć kogoś innego. A nawet jeśli nie uszczęśliwi nikogo, to ja mimo wszystko jestem na „nie".

Ważne, żeby dowiedzieć się, czego dokładnie dotyczy prośba. Ile faktycznie zajęłoby jej spełnienie? Jeśli ktoś twierdzi, że to tylko kilka minut, pamiętaj, żeby uwzględnić czas na przygotowania, dojazd, możliwy ciąg dalszy i tak dalej.

Przekonałam się, że jeśli na usta nie ciśnie mi się: „Nie ma sprawy!”, to prawdopodobnie moja odpowiedź brzmi: „Nie ma mowy!”.

Jaką cenę zapłacisz za swoje „tak”? ZAWSZE są jakieś koszty. Z czego zrezygnujesz, żeby się zgodzić? Czego odmówisz sobie samemu? Sprawdź, ile będzie cię kosztować słowo „tak”, zanim je wypowiesz.

Odpowiedź: „Może” to nie to samo co odmowa. W ten sposób tylko odraczasz decyzję i sprawiasz wrażenie, że wystarczy cię przycisnąć, żebyś się zgodził. Zadaj sobie w duchu pytanie: „Czy chciałbym to zrobić, gdybym musiał się tym zająć jutro?”.

Nie odpowiadaj wymijająco. Kiedy mówisz: „Nie dziś”, otwierasz innym drogę do zawłaszczenia reszty twojego kalendarza – i twojego życia.

Jeśli ktoś przekonuje: „Tylko ty jeden możesz mi pomóc”, to wcale nie potrzebuje ciebie. Potrzebuje rozszerzyć swój system wsparcia o rodzinę, przyjaciół, członków parafii.

Jedna z moich przyjaciółek zamiast odmówić, kłamie, że jest chora. Martwiłam się stanem jej zdrowia, dopóki się nie zorientowałam, że w ten sposób odrzuca niechciane zaproszenia. Ja nie zamierzam oszukiwać, że cierpię na migrenę, bo nie chcę jej na siebie ściągnąć w rzeczywistości.

Poza tym kiedy raz miniesz się z prawdą, musisz to ciągnąć, żeby pierwsze kłamstwo się nie wydało.

Zachwyciła mnie odpowiedź pisarki Nory Ephron na prośbę, żeby przeczytała list od burmistrza na gali teatralnej: „Nie wypada mi odmówić – stwierdziła – a jednak odmawiam".

Podoba mi się też, jak aktorka Frances McDormand wyznacza granice fanom, którzy natarczywie proszą o zdjęcia i autografy. Jak powiedziała dziennikarzowi „New York Timesa": „Ja decyduję o tym, jak żyję, więc teraz, gdy ktoś pyta: »Czy mogę prosić o autograf?«, odpowiadam: »Nie. Zakończyłam już ten etap kariery. Teraz jedynie gram«".

Postanowiłam ukraść jej pomysł. Następnym razem, kiedy mąż poprosi mnie o wyniesienie śmieci, oświadczę: „Zakończyłam już ten etap mojego życia".

Gdy Frances spotyka fana na ulicy, woli przez chwilę nawiązać z nim prawdziwy kontakt. „Dotykam go. Patrzę na niego. Następuje między nami prawdziwa wymiana – wyjaśnia. – Nie jestem aktorką po to, żeby ludzie robili sobie ze mną zdjęcia. Jestem aktorką, bo chcę uczestniczyć w wymianie międzyludzkiej".

Każdy z nas decyduje o tym, jak uczestniczy w tej wymianie. Nie trzeba poświęcać dla innych całego swojego czasu, energii czy poczucia komfortu.

Nie musimy być jak bohater z komiksu, który mówi przez telefon: „Nie, czwartek odpada. A co powiesz na nigdy? Możemy się umówić na nigdy?".

Terapeutka nauczyła mnie ćwiczyć odmawianie w lustrze – i wrzeszczeć słowo „nie" w poduszkę. Kiedy się do niego przyzwyczaisz, łatwiej ci będzie go używać.

Chociaż minęło już dwadzieścia lat, odkąd zachorowałam na raka, nadal to wykorzystuję, mówiąc: „Dzięki rakowi wiem, że każda moja chwila jest na wagę złota, dlatego muszę odmówić".

Jeśli odrzucasz niechcianą propozycję seksualną, wyrażaj się jasno i zdecydowanie. Nie owijaj niczego w bawełnę, nie graj na czas. Powiedz głośno: „Nie. Nie rób tego. Zgłoszę to na policję. PRZESTAŃ. Natychmiast zostaw mnie w spokoju. Nie chcę, żebyś mnie dotykał/całował/głaskał. Odsuń się, ale JUŻ".

Im mniej użyjesz słów, tym lepiej. Tylko pamiętaj, żeby jednym z nich było NIE.

A oto 50 innych sposobów na odmawianie:

Dzięki, ale nie skorzystam.

Nie ma mowy.

Ha, ha, ha.

Wykluczone.

Chyba nie mówisz poważnie?

Za nic w świecie.

Obiecałam, że będę spędzać więcej czasu z rodziną, więc z przykrością muszę odmówić.

Nie pasuje mi to.

Pracuję na psychoterapii nad stawianiem granic, dlatego muszę odmówić.

Jeszcze czego.

Mój wróżbita/astrolog/coach poradził mi, że to zły moment na rozpoczynanie nowych przedsięwzięć.

Co za zaszczyt. Bardzo pochlebia mi ta propozycja, przez co jeszcze trudniej mi ją odrzucić. Ale jestem za nią ogromnie wdzięczna!

Oszalałeś?

Nie czuję się z tym komfortowo, więc odpowiedź brzmi: „Nie".

Mam już pełny kalendarz. (Nawet jeśli jest pełny… pustych stron, to zostawiasz w nim miejsce dla siebie – możesz je zapisać, jak tylko chcesz).

Złożyłam samej sobie obietnicę, że będę szanować własną duszę, więc muszę odmówić.

Nie byłabym w stanie zaangażować się w stu procentach, a ten projekt na to zasługuje, dlatego muszę powiedzieć: „Nie".

To chyba jakiś żart.

Za bardzo się szanuję, żeby się zgodzić.

Nie mam do tego przekonania.

Posłuż się językiem ciała: wyciągnij rękę, jakbyś chciał kogoś zatrzymać, i pokręć przecząco głową.

Odpuszczę to sobie.

Po prostu nie mogę.

Nie, znam swoje możliwości i wreszcie jestem gotowa wziąć je pod uwagę.

Zbyt mocno kocham samą siebie, żeby powiedzieć: „Tak".

Ćwiczę zgadzanie się na to, co ma dla mnie największe znaczenie, dlatego w tej sytuacji muszę odmówić.

Nie, ale dziękuję za propozycję.

Mój czas jest tak cenny i ograniczony, że zawężam krąg osób, którym go poświęcam.

Jaki cudowny pomysł/plan. Żałuję, że do was nie dołączę.

Brzmi świetnie, ale to nie dla mnie.
Nie mogę. Robię sobie przerwę od... (uzupełnij odpowiednio do okoliczności).
Znam swoje granice i muszę je szanować.
Wyślij swoje „nie" SMS-em.
Albo e-mailem.
Albo napisz na chacie.
Pokaż je w języku migowym.
Nagraj odmowę na pocztę głosową, kiedy jesteś pewny, że druga osoba nie odbierze.
Nigdy.
Nigdy w życiu.
To nie brzmi jak coś dla mnie. Dzięki, ale nie.
Pokręć głową.
Wyciągnij dłoń z kciukiem skierowanym w dół.
Nie. Nie chcę. (Bez cienia poczucia winy czy skruchy).
Nein.
Não.
Niet.
No (z amerykańskim akcentem).
Nie-e.
Nie ma szans.
Zapomnij o tym.

Po prostu powiedz „nie", im szybciej, tym lepiej.

Pamiętaj, to słowo to nie przekleństwo, tylko prezent, który podarowujesz sobie za każdym razem, kiedy je wypowiadasz.

Odmawiać pomagają mi słowa poety Iaina Thomasa: „A każdego dnia świat będzie ciągnął cię za rękę, wołając: »To jest ważne! I to jest ważne! I to też jest ważne! Musisz się tym przejmować!«. I każdego dnia ty sam musisz wyszarpnąć mu swoją dłoń, położyć ją na sercu i odpowiedzieć: »Nie. To jest ważne«".

Więc połóż dłoń na swoim pięknym sercu i przypomnij sobie, dla kogo odmawiasz. Poczuj, że to „nie" jest w rzeczywistości głośnym „tak" dla ciebie samego.

Lekcja 6

Gdy walczysz o siebie, to mowa jest złotem

Zanim zachorowałam na raka, nie miałam żadnych problemów ze zdrowiem.

Byłam jedną z tych nudnych osób, które w ankietach lekarskich odpowiadają za każdym razem: „Nie". Nie miałam cukrzycy, wysokiego ciśnienia, migreny, depresji, chorób serca ani nowotworu. Nuuuda.

Po mammografii słyszałam zawsze, że moje piersi są w normie. To był termin medyczny, ale dla mnie brzmiał jak obelga. Tylko w normie? Ja uważałam, że są absolutnie wyjątkowe.

W 1998 roku odkryłam w jednej z nich guzek, a mój świat wywrócił się do góry nogami. Do tego momentu byłam nagradzaną felietonistką. Matką. Żoną. Początkującą pisarką. Wykładowcą na Uniwersytecie w Akron. I nagle zostałam zdegradowana do jednej jedynej roli – pacjentki.

Czułam się w niej zupełnie bezbronna. Moja tożsamość zniknęła. Byłam tylko „rakiem piersi z szóstki". Miałam wrażenie, że moje istnienie sprowadza się do tej diagnozy.

Chciałabym, żeby cały personel medyczny przez chwilę doświadczył tego na własnej skórze. Pacjenci czują się na oddziale bezradni. Moim zdaniem to przez szpitalne koszule. Już łatwiej byłoby się zasłonić ręcznikiem papierowym na ramiączkach. Niewiele lepsze są kapcie z gumowaną podeszwą. Wcale nie mają zapewnić nam komfortu, tylko ustrzec nas przed poślizgnięciem się – a szpital przed ewentualnym pozwem.

Zdumiewa mnie, kiedy lekarze nie słuchają pacjentów. Wiele lat po tym, jak przeszłam podwójną mastektomię, lekarka nie chciała zbadać mi klatki piersiowej pod kątem guzków, chociaż ją o to prosiłam. Stwierdziła, że tego nie potrzebuję, chociaż mam mutację genu BRCA1, a tkanka piersi pozostaje w organizmie mimo operacji. Znam swoje ciało lepiej niż ona. Żyję w nim dwadzieścia cztery godziny na dobę, siedem dni w tygodniu. Dlatego zmieniłam lekarza.

Moja córka, która również jest nosicielką mutacji genetycznej zwiększającej ryzyko wystąpienia raka piersi, przeszła badania pod tym kątem przed trzydziestką. Zawsze, kiedy zgłaszała się na mammografię, obsługa medyczna dziwiła się: „To jakiś błąd. Jesteś za młoda". A przecież dwudziestosześcioletnie kobiety też mogą zachorować na nowotwór piersi.

Kiedy występujemy w roli pacjenta, trudno jest nam ująć się za sobą – ale od tego zależy nasze życie. Ja musiałam przypomnieć lekarzowi, żeby prześwietlił mi klatkę piersiową i sprawdził, czy nie mam przerzutów. I upomnieć technika elektroradiologii, żeby naświetlił mnie również pod pachą, bo w jednym węźle chłonnym wykryto komórki nowotworowe.

Za to mój chirurg sprawiał, że czułam się widziana i słyszana – ale do czasu.

Podczas pierwszej wizyty poświęcił mi dwie godziny. Odpowiedział na wszystkie moje pytania, pozwolił mi robić notatki, a nawet zadzwonił do gabinetu onkologa, żeby umówić mnie na wizytę.

Po operacji wycięcia guza wpadłam w panikę, bo drętwiało mi ramię. Bałam się obrzęku limfatycznego, więc zadzwoniłam do mojego chirurga. Pewnie brzmiałam jak hipochondryczka, ale byłam po prostu przerażoną pacjentką z rakiem piersi, która dopiero odnajdywała się w nowej sytuacji.

Kiedy opisałam mu swoje obawy, nie zadał mi żadnych pytań medycznych, tylko stwierdził: „To zupełnie normalne. Jest pani typową pacjentką. Proszę się odprężyć. Cierpliwości".

Odłożyłam słuchawkę i wybuchnęłam płaczem. Później postanowiłam przemówić sobie do rozsądku: „Miał po prostu dużo pracy. Musisz być cierpliwa. Z czasem wrócisz do formy. Odpoczywaj".

A potem znów się rozpłakałam. Chciałam chociaż przez chwilę poczuć się sobą. Do rozpoczęcia chemioterapii zostały mi tylko trzy tygodnie. Marzyłam, żeby wydobrzeć, zanim zrobi się jeszcze gorzej.

Zalała mnie fala strachu, wstydu i poczucia winy – uczuć, które dobrze znałam z dzieciństwa. Kolejny raz nie zdołałam stanąć w swojej obronie. Przez całą noc przewracałam się z boku na bok, a rano czułam się jak ta smutna, przestraszona dziewczynka, którą byłam przed laty. Znów ktoś miał nade mną władzę. Musiałam ująć się za sobą – jako dziecko nie potrafiłam tego zrobić, ale teraz, jako pacjentka, miałam taki obowiązek.

Wiedziałam, że moja walka z rakiem potrwa dłużej, jeśli nie zacznę upominać się o to, co mi się należy od lekarzy, pielęgniarek i techników, którzy będą mieć kontrolę nad moim ciałem. Nie chciałam zdawać się na ich autorytet – sama musiałam stać się dla siebie autorytetem, być asertywna, uparta, a w razie potrzeby wredna. Zamiast zachowywać się jak bierna ofiara choroby nowotworowej, postanowiłam przejąć inicjatywę i przekazać odpowiedzialność za mój proces powrotu do zdrowia dorosłej Reginie. Musiałam podjąć decyzję, czy chcę pozostać pod opieką tego chirurga. Od niego zależało moje życie i moja przyszłość. Powinien traktować je równie poważnie jak ja.

Szpital nie jest fabryką z taśmociągiem identycznych pacjentów. Każdy z nas jest wyjątkowy i niepowtarzalny. Dlatego napisałam do mojego chirurga list – na wypadek, gdyby głos uwiązł mi w gardle ze strachu.

Zaczęłam od tego, jakie wrażenie zrobiła na mnie jego empatia i wiedza na pierwszych wizytach – i jak mi się podobało, kiedy powiedział, że relacja z pacjentem jest dla niego bardzo ważna zarówno przed operacją, jak i po niej.

Później wyjaśniłam powód mojego telefonu. Spuchła mi ręka i nie wiedziałam, czy to normalne. Potrzebowałam, żeby wysłuchał moich obaw bez żadnych ocen. „Proszę nie nazywać mnie »typową pacjentką«. Być może leczył już pan tysiąc kobiet na raka piersi, więc mój stan wydaje się panu »typowy«, ale dla mnie taki nie jest – podkreśliłam. – Jeszcze nigdy przez to nie przechodziłam. To moje ciało i moje życie. Potrzebuję od pana empatii i współczucia, a nie tylko umiejętności chirurgicznych".

A co, jeśli odmówi mi dalszego leczenia? Przecież może skreślić mnie z listy pacjentów. No cóż, wtedy będę miała dowód, że to niewłaściwy lekarz – lepiej przekonać się o tym jak najszybciej.

Następnego dnia wmaszerowałam do jego gabinetu, dzierżąc w dłoni swój list. „Nie jesteś ofiarą. Jesteś wojowniczką" – powiedziałam sobie w duchu. Moja wewnętrzna wojowniczka postanowiła wręczyć mu kopertę, zanim rozbiorę się do badania. Kiedy wszedł do gabinetu, wyciągnęłam do niego rękę z listem. Doszłam do wniosku, że na podstawie jego reakcji zdecyduję, czy nadal chcę się u niego leczyć.

Przeczytał go od razu, a później skinął głową i podziękował mi. Przeprosił za to, że zbagatelizował moje obawy, i zapewnił, że już nigdy nie chce zachować się tak wobec żadnego pacjenta. Powiedział, że w czasie naszej rozmowy zignorował podszept intuicji. „Prawie oddzwoniłem – przyznał. – Zorientowałem się, że jest pani zdenerwowana. Byłem zajęty, ale powinienem był poświęcić czas na to, żeby pani wysłuchać".

Pomachał kartką w powietrzu i stwierdził: „Potrzebowałem tego. Potrzebowałem przeczytać taki list. Zachowam go".

Po tej sytuacji zaufałam mu jeszcze bardziej. I dobrze się stało, bo kilka lat później musiałam mieć usunięte obie piersi. Ten sam chirurg poświęcił czas, żeby się dowiedzieć, na czym mi zależy, jeśli chodzi o blizny, i dzięki niemu są piękne i gładkie, a ja mogę nosić sukienki z dużym dekoltem.

Za każdym razem, kiedy przeglądam się w lustrze albo przesuwam dłońmi po klatce piersiowej, czuję wdzięczność za jego czułą opiekę i profesjonalizm. To jemu zawdzięczam, że żyję ponad dwadzieścia lat od diagnozy.

I to z jego powodu lubię przemawiać przed środowiskiem medycznym. Staram się ujmować za wszystkimi pacjentami i przekonuję lekarzy, żeby byli cierpliwi. Tłumaczę im: „Wy robicie to codziennie. Dla nas to pierwszy raz".

Skupcie się na nas. Poświęćcie nam więcej uwagi. I uważajcie na słowa, których używacie, bo zostaną z nami na zawsze. Jesteście dla nas tak ważni, że wsłuchujemy się w każde wasze zdanie. Do końca życia będziemy cytować, co powiedzieliście o naszych szansach na powrót do zdrowia.

To dzięki wam możemy wydobrzeć. To wasza zasługa, że zobaczę, jak moja córka odbiera dyplom ukończenia studiów, że poprawię jej welon w dniu ślubu i będę przy niej w chwili, gdy na świat przyjdzie mój wnuk.

Chociaż nie zawsze potraficie nas wyleczyć, możecie nam pomóc pokonać strach i rozpacz. Kiedy mówicie do nas po imieniu, zapominamy, że jesteśmy „rakiem piersi z szóstki". Kiedy zwyczajnie przepraszacie za długi czas oczekiwania na wizytę, dajecie nam poczucie, że nasz czas jest równie cenny jak wasz.

Uzdrawiacie mnie, kiedy patrzycie mi w oczy na tyle długo, żeby zauważyć ich kolor. I kiedy zwracacie się do mnie po imieniu. Uwielbiam je słyszeć. Przedstawcie mi się, głośno i wyraźnie, jakby nasza znajomość znaczyła też coś dla was. Nawet jeśli zapomnę, jak się nazywał mój lekarz, będę pamiętać, jak się przy nim poczułam.

Pytajcie pacjentów, czy potrzebują czegoś jeszcze. Nawet jeśli nie będziecie w stanie im tego zapewnić, pokażecie, że was to interesuje. A nieuleczalnie choremu pacjentowi możecie pomóc z biegunką, bólem głowy czy ciągnącymi szwami.

Nie oczekujemy, że będziecie bogami. To wasze człowieczeństwo nas uzdrawia – jest najwspanialszym darem, jaki możecie zaoferować pacjentom.

Lekcja 7

Odwagę trzeba ćwiczyć

Na sześćdziesiąte urodziny dostałam od bliskich niespodziankę: tort złożony ze słów.

Moja córka poprosiła wszystkich, żeby mnie opisali, a później cukiernik ozdobił ich wypowiedziami brzegi wysokiego ciasta. Cudownie się czułam, czytając, jakie określenia podali członkowie mojej rodziny: „odważna", „wojowniczka", „pełna pasji", „kochająca", „uduchowiona", „pomocna", „energiczna", „pisarka", „inspirująca", „szczodra", „fajna".

Nie wyobrażam sobie lepszego tortu dla pisarza. Każda osoba przy stole wybrała jedno słowo i wyjaśniła, dlaczego się jej taka wydaję. To było prawdziwe święto miłości.

Później mój zięć James zaproponował, żebym wybrała jedną z tych cech i opisała, jak się we mnie przejawia. Zdecydowałam się na słowo „odważna" – głównie dlatego, że przez całe życie się bałam.

Kiedyś myślałam, że skoro czuję strach, to nie mogę być odważna. Zmieniłam zdanie, kiedy natknęłam się na ten cytat: „Odwagą wykazujesz się wtedy, gdy tylko ty wiesz, że się boisz". Odważni ludzie nie muszą być nieustraszeni. Oni po prostu nie pozwalają, żeby lęk przeszkodził im wieść radosne, spełnione życie – a moje właśnie tak wygląda. I nie trzeba być odważnym przez cały czas – wystarczy w chwilach, kiedy jest to najbardziej potrzebne.

Przede wszystkim przestań się skupiać na zagrożeniach i na swoim strachu. Skoncentruj się jedynie na tym, czym możesz i musisz się zająć – a potem zrób następny właściwy krok. Na pewno zdołasz wykrzesać z siebie odwagę na jeden krok. A po nim postaw kolejny. I jeszcze jeden.

Życie nieustannie stwarza nam okazje do wykazania się odwagą. Rak zmusił mnie do zmierzenia się z własnym strachem. To był najbardziej przerażający rok mojego życia. Gdy jedno zagrożenie mijało, w jego miejsce pojawiały się trzy następne. Strach towarzyszył mi bez przerwy przed operacją i w trakcie chemio- i radioterapii.

W końcu postanowiłam stawić im czoła. Pewnego dnia wypisałam na kartce wszystkie swoje obawy, żeby przestały chodzić mi po głowie. Po kilku minutach miałam w dzienniku długą listę.

Bałam się, że choruję na raka.
Bałam się, że stracę pierś.
Bałam się, że operacja mnie oszpeci.
Bałam się znieczulenia.
Bałam się, że nie obudzę się po operacji.

Bałam się, że stracę obie piersi i już nigdy nie poczuję się kobieco.
Bałam się, że będę brzydko wyglądać z bliznami.
Bałam się, że już nigdy nie poczuję się seksowna.
Bałam się, że mój mąż przestanie się mną interesować.
Bałam się, że z powodu chemioterapii stracę włosy.
Bałam się, że będę za słaba, żeby ćwiczyć i jeść.
Bałam się, że będę blada i rachityczna, a ludzie zaczną się mnie bać.
Bałam się, że opuszczę zbyt wiele dni w pracy, szef mnie wyrzuci i stracę dom.
Bałam się, że chemioterapia nie zadziała.
Bałam się, że mój rak szybko się rozwija.
Bałam się, że będę miała przerzuty.
Bałam się, że usłyszę, że zostało mi tylko kilka miesięcy życia.
Bałam się, że umrę, zanim moja córka wyjdzie za mąż.
Bałam się, że umrę, zanim będę miała wnuki, które będę mogła rozpieszczać.
Bałam się, że wszystkim będzie mnie żal.
Bałam się, że nikomu nie będzie mnie żal.
Bałam się, że czeka mnie długa, potworna, bolesna, męcząca śmierć.
Bałam się, że moje powolne umieranie będzie ciężarem dla bliskich.

Zapisałam te obawy, a potem pożegnałam się z nimi. Złożyłam je na kolanach Bogu, który mnie kocha. Poprosiłam, żeby uwolnił moje serce od strachu, który przeszkadza mi być pomocną dla innych, i błagałam, żeby wypełnił wolne miejsce po nim potężną miłością.

Mój przyjaciel Brian radzi: „Zamiast opowiadać Bogu, jak wielkie są twoje problemy, opowiedz swoim problemom, jak wielki jest twój Bóg". Ta zasada sprawdza się również w wypadku strachu.

Mówię swoim lękom, jakim twardzielem jest mój Bóg. Zaczynam im też wyjaśniać, jaką twardzielką jestem ja sama. Rak dodał mi odwagi. Chociaż wiele obaw z mojej listy się sprawdziło, świat wcale się nie skończył.

Guru samorozwoju Louise Hay stwierdziła kiedyś: „Strach to brak zaufania do siebie samego". Wow. Wstrząsnęły mną te słowa. Teraz zamiast powtarzać sobie „Będę dzielna", mówię: „JESTEM dzielna".

Kiedy ogarnia mnie strach, nazywam to ćwiczeniem odwagi. Trenuję bycie dzielną u dentysty. W windzie przyjmuję pozę Supermana. W łazience uderzam pięściami w klatkę piersiową jak gorylica. Poradzę sobie w każdej sytuacji.

Doszłam do wniosku, że strach jest nudny. Każe nam trzymać się tego, co znane, więc wpadamy coraz głębiej w utarte koleiny. Przyjaciel walczący z nowotworem zapytał mnie kiedyś: „Wiesz, jaka jest różnica między koleiną a grobem? W koleinie masz trochę większe pole manewru".

Tylko trochę.

Kiedy staję w obliczu wyzwania, które budzi we mnie strach, patrzę na nie z innej perspektywy. Mówię sobie, że wybieram się do szkoły bohaterstwa albo na obóz dla wojowników. Bez względu na to, jak przeraża mnie życie, angażuję się na sto procent.

Ktoś podsunął mi, że oprócz wykazu lęków i obaw warto stworzyć inwentarz odwagi albo rejestr męstwa. Kiedy w swoim życiu byłeś naprawdę dzielny? Moja lista zaczyna się zdaniem: „Jestem taka odważna, że...".

Mając dwadzieścia jeden lat, urodziłam dziecko bez znieczulenia, kontrolując ból techniką Lamaze'a.

Zerwałam zaręczyny z mężczyzną, który mnie zdradził, chociaż nie znalazłam nikogo nowego. Postanowiłam odnaleźć samą siebie.

Stawiłam czoła rakowi i przeszłam wycięcie guza, chemioterapię, radioterapię, podwójną mastektomię i usunięcie jajników.

Przyszłam na wszystkie sesje chemioterapii, chociaż wiedziałam, jak źle będę się po nich czuć.

Pokazałam się światu łysa.

Zdecydowałam się na badania genetyczne, żeby sprawdzić, czy mam mutację zwiększającą ryzyko raka piersi.

Usunęłam piersi i jajniki, żeby rak nie wrócił.

Postanowiłam nie robić rekonstrukcji piersi i żyć bez nich.

Poszłam na terapię, żeby poradzić sobie z maltretowaniem w dzieciństwie i gwałtami.

Przyznałam publicznie, że byłam maltretowana, i zaryzykowałam, że stracę wszystkich, którzy mnie kochają.

Pisałam felietony, które burzyły spokój prokuratorów, sędziów, komendantów policji i redaktorów – tych samych, którzy wypłacali mi pensję.

Przeszłam operację wymiany soczewek w obu oczach, żeby usunąć zaćmę, dzięki czemu dziś widzę niemal idealnie.

Zostałam ratowniczką medyczną i udzielałam pierwszej pomocy ofiarom wypadków, rannym i chorym.

Pojechałam na wezwanie w sprawie pożaru w gazowni, gdzie wokół mnie wybuchały zbiorniki z propanem.

Przewoziłam zwłoki do zakładu pogrzebowego, żeby zarobić na czynsz.

Wybrałam się na trzy spływy rwącą rzeką, chociaż za każdym razem wypadałam z pontonu do wody.

Wjechałam samochodem z ręczną skrzynią biegów na ogromne wzgórze, chociaż wrzuciłam zły bieg i auto prawie zsunęło się na sam dół.

Jechałam konno przez pustynię w Tucson – nocą, z dwoma nieznajomymi, którzy mieli przy sobie broń, żeby odstraszać kojoty.

Wybaczyłam tacie i mamie.

Przez tydzień chodziłam z plecakiem po górach w Dolly Sods w stanie Wirginia Zachodnia.

W Irlandii popłynęłam na wyspę Skellig Michael, chociaż morze było tak wzburzone, że trzy z pięciu łodzi zawróciły, a jedna z moich współpasażerek cały czas wymiotowała.

Sama wspięłam się na 618 stopni prowadzących do klasztoru Skellig Michael.

Przeleciałam helikopterem bez drzwi nad czynnym wulkanem na Hawajach.

Nie rozkleiłam się, kiedy przypadkiem natknęłam się na futbolistę, który mnie zgwałcił, gdy miałam siedemnaście lat.

Poleciałam do Nowego Jorku, spotkałam się z mnóstwem wydawców i wróciłam z umową na książkę.

Stawiam życiu czoła z nadzieją każdego dnia, bez względu na to, czego się boję.

Tak, spisałam długą listę swoich osiągnięć, żeby nie zapomnieć, że jestem silniejsza i odważniejsza, niż często mi się wydaje. Sama wystawiłam sobie referencje, z których wynika, że umiem nie tylko wiele przetrwać, lecz także o siebie walczyć. Ty też to potrafisz.

Zrób spis wszystkich swoich obaw, a potem przejdź do rejestru odwagi. Uszereguj chronologicznie akty odwagi z dzieciństwa, ze szkoły podstawowej, z liceum i ze studiów. Przypomnij sobie, kiedy wykazałeś się bohaterstwem w pracy, w związku, w podróży, w kontaktach z lekarzami czy z własnymi dziećmi. Nie pomiń żadnej przygody ani problemu, który udało ci się rozwiązać.

Strach nie ma szans z osobą o tak wysokich kwalifikacjach.

Jeśli mi nie wierzysz, może przekonają cię te słowa: „Los szepcze: »Nie jesteś dość silny, żeby przetrwać burzę«. Wojownik odpowiada: »To ja jestem burzą«".

Ja również nią jestem.

I ty też.

Lekcja 8

Kiedy odnajdziesz swój głos, poczujesz to

Rankiem w dniu zaprzysiężenia modliłam się za Donalda Trumpa.

Każdego ranka na koniec swojej rozmowy z Bogiem ofiarowuję modlitwę „za osobę, która potrzebuje jej najbardziej". Nigdy nie wiem, kto to jest, ale tego dnia uznałam, że musi chodzić o nowego prezydenta. Poprosiłam, żeby jego serce otworzyło się szerzej i wypełniło głębszą miłością do świata.

Później sama otworzyłam serce, chociaż bardzo mnie kusiło, żeby je przed nim zamknąć. I złożyłam obietnicę, której mam nadzieję dotrzymać:

Nie zawładnie mną strach. Nie zawładnie mną pesymizm. Nie zawładnie mną nienawiść.

Nie będę krytykować Donalda Trumpa za fryzurę, opaleniznę, figurę czy strój. Nie będę lubić ani udostępniać postów, które wyśmiewają go za wygląd. Nie będę oceniać jego żony za to, jak się ubiera, ani lajkować w mediach społecznościowych postów, które potępiają jej wybory z przeszłości.

Zewsząd słychać wezwania do buntu. Wiele osób stawia opór nowej władzy, aktywnie się jej sprzeciwia, na znak protestu bierze udział w marszach, często i zdecydowanie opowiada się za równością i sprawiedliwością. To potężne powołanie.

Ale ja go nie czuję. Długo i uważnie wsłuchiwałam się w głos mojej duszy, a on doprowadził mnie do następującej decyzji:

Ja nie będę się buntować. Nie zamknę serca przed nikim.

Nie zamknę go przed moją rodziną, przyjaciółmi ani nieznajomymi, którzy głosowali inaczej niż ja.

Ani przed ludźmi zamieszczającymi nieprzyjemne komentarze na temat Baracka Obamy, którego prezydenturę podziwiałam przez osiem lat.

Ani przed Donaldem Trumpem, który głosami innych został wybrany na nowego prezydenta mojego kraju.

Co zrobię zamiast tego?

Moim powołaniem jest największy akt odwagi i miłości, na jaki potrafię się zdobyć:

Odnaleźć w sobie miłość i dobro – i szerzyć je wokół, żeby dotarły do każdego w moim otoczeniu: nawet do tych, których mam ochotę wyrzucić z grona znajomych, unikać albo lekceważyć.

Zwłaszcza do nich.

Zostanę nosicielką nadziei, miłości i radości i będę nimi zarażać przez bliski kontakt z ludźmi, nie zważając na ich płeć, rasę, religię, orientację seksualną, wiek czy poglądy.

Nie zważając na to, co robią i mówią inni, będę miłością, którą pragnę ujrzeć w świecie. Będę nadzieją, którą pragnę ujrzeć w świecie. Będę radością, którą pragnę ujrzeć w świecie.

Otworzę serce jeszcze szerzej – na miłość, nadzieję, radość, pokój, zgodę. I na nas. Na nas WSZYSTKICH.

Jesteśmy czymś więcej niż zbiorem pojedynczych osób. Nasza demokracja opiera się na słowie „my". W Ameryce lubimy mówić o sobie: „My, naród". To określenie obejmuje nas wszystkich.

W oknie domu mojej córki nadal wisi czerwono-biało-niebieski plakat z napisem: „Miłość zwycięża nienawiść".

Zawsze ją zwyciężała. I zawsze ją zwycięży.

Szczególnie teraz.

Kiedy moi przyjaciele narzekają, że rząd robi dla kraju wiele złego, nie czyniąc przy tym nic dobrego, słucham ich, wysyłając w świat miłość.

Mnóstwo osób zostało powołanych do buntu. Uczestniczą w marszach protestacyjnych. Kandydują do władz. Podpisują petycje. Prowadzą kampanie społeczne. Wielu z nich robi to z wdziękiem. Inni dają w ten sposób wyraz pesymizmowi i goryczy.

Kiedy dzieje się coś złego – dochodzi do strzelaniny w szkole albo niesprawiedliwego ataku na imigrantów czy członków mniejszości etnicznych – widzę w tym wezwanie, żeby mierzyć wyżej.

„Kiedy oni obniżają loty, my mierzymy wyżej" – stwierdziła Michelle Obama. To świetny sposób na życie.

Inspiruje mnie również zdanie, które wypowiedział Martin Luther King: „Moralny rozwój wszechświata trwa długo, ale zmierza ku sprawiedliwości".

Postanowiłam zachować nadzieję, a to oznacza, że nie skupiam się jedynie na tym, co mam tuż przed sobą. Naprawdę wierzę w potęgę modlitwy – myślę, że potrafi odmienić świat i nas wszystkich, bez wyjątku.

Niektórzy są powołani, żeby zmieniać świat poprzez działanie. Inni zmieniają go modlitwą. Jestem głęboko przekonana, że potrzebujemy i jednych, i drugich.

Ludzie zaczynają mieć dość formułki: „Łączymy się z wami w myślach i modlitwach", wygłaszanej po każdej tragedii, której można było uniknąć, takiej jak strzelanina w szkole.

Część osób sięga po te słowa w chwilach bezradności, bo nie wie, jak inaczej zareagować. Ale jaki jest ich sens? Czy kryje się w nich jakiekolwiek znaczenie?

Niektórzy uważają je za pusty frazes. Są tak zmęczeni wszechobecną przemocą, że złoszczą ich wypowiedzi polityków na Twitterze, którzy przesyłają ofiarom i ratownikom swoje „myśli i modlitwy". Któregoś dnia dziennik „New York Daily News" zamieścił takie tweety na pierwszej stronie i opatrzył je nagłówkiem: „Bóg tego nie załatwi".

Jest takie powiedzenie: „Jak trwoga, to do Boga". Nie ma nic złego w tym, że politycy modlą się za ofiary – ale zostali wybrani po to, żeby działać. Mogą zrobić coś więcej, niż prosić o pomoc Stwórcę. Wygrali kampanię wyborczą nie dzięki modlitwie, tylko dzięki obietnicom, że będą zmieniać świat na lepsze.

Mamy dość strzelanin w szkołach. Kiedy do nich dochodzi, część ludzi wykorzystuje swoją złość i oburzenie, by walczyć na rzecz trudniejszego dostępu do broni, żeby zapanować nad tym chaosem; inni kupują jeszcze więcej karabinów.

Wszyscy wiemy, że przemoc wymknęła się spod kontroli. Któregoś dnia włączyłam radio, żeby posłuchać kolęd, a z głośnika rozległ się głos spikera: „Strzelanina dnia wydarzyła się w San Bernardino...".

Strzelanina dnia.

Doszło już do tego, że strzelanin można się spodziewać codziennie. Stały się elementem wiadomości jak prognoza pogody.

Nie znam rozwiązania problemu przemocy z użyciem broni, ale uważam, że powinno uwzględniać dwa elementy: broń i osobę, która ją obsługuje. Każda strategia musi dotyczyć zarówno dostępu do broni, jak i ludzi, którzy chcą zabijać bliźnich.

Mówi się, że skrzywdzeni krzywdzą innych. Osoba gotowa zamordować drugiego człowieka musi mieć poważne problemy ze sobą. Jak jej pomóc? Nie wiem, ale wierzę, że częścią rozwiązania jest modlitwa. Dzięki niej i ja mogę się przyczynić do poprawy sytuacji.

Często zapominamy o pewnym ważnym aspekcie modlitwy. Nie jest tylko okazją, żebyśmy powiedzieli Bogu, czego potrzebujemy. To również okazja, żeby usłyszeć, czego Bóg potrzebuje od nas. Modląc się, możemy stanąć przed Nim w pokorze i zapytać: „Co mam dla Ciebie zrobić? Kim mam się stać?".

A potem słuchać w skupieniu.

Nie pozwól, żeby rozproszyła cię panująca wokół wrzawa ani własna złość czy rozpacz. Odnajdź w głębi duszy cichy, spokojny głos, który wyjaśni ci dokładnie, co będzie właściwe dla ciebie – i być może dla nikogo innego.

Na to pytanie nie ma jednej odpowiedzi.

Niektórzy zostaną powołani do działania: składania petycji, organizowania wieców, startowania w wyborach, zmieniania prawa. Inni usłyszą wezwanie do pracy nad tym, by jeszcze mocniej kochać skrzywdzonych, którzy krzywdzą innych – i pomóc im wydobrzeć. A dla części z nas powołaniem jest modlitwa.

Dopóki nie zrozumiemy, na czym polega nasze zadanie, nie ma nic złego w powtarzaniu: „Łączymy się z wami w myślach i modlitwach". Niektórzy zasłaniają się tymi słowami, próbując uchylić się od bohaterskiego czynu, do którego naprawdę zostali wezwani, chociaż mają władzę i dobrze wiedzą, jak wywołać realną zmianę. A niektórzy z nas mówią to, bo wciąż wierzymy, że modlitwa może odmieniać ludzkie serca i naprawiać świat.

Niektórzy z nas zostali powołani, by dbać o to bezcenne, niezmienne miejsce u szczytu wahadła, dzięki któremu wszechświat pozostaje w równowadze.

Oczywiście rzeczywistość wciąż się zmienia, przechodząc ze skrajności w skrajność. Łatwo ufać życiu, gdy wahadło wychyla się w naszą stronę – kiedy wygrywa kandydat, którego popieramy; kiedy nasz projekt trafia do realizacji; gdy dostajemy to, czego chcemy, i wszystko układa się po naszej myśli.

Chodzi o to, żeby nie wpadać we wściekłość, kiedy kierunek się zmienia – nie popychać ani nie szarpać wahadła, nie próbować go przytrzymać ani przesunąć tam, gdzie nam odpowiada.

Najważniejsze to pamiętać, gdzie leży punkt równowagi tego wahadła. Nie znajdziesz go z prawej ani z lewej strony, tylko na górze, w miejscu, z którego zawsze się zwiesza.

Ten ośrodek stałości, ta oaza spokoju wyznacza moje powołanie. Zawsze pomaga mi ocenić, czy i jak powinnam działać.

Jesteśmy potrzebni światu na wiele różnych sposobów.

Poszukaj własnego.

Odnajdź swój głos

Lekcja 9

Kiedy nikt inny cię nie rozumie, sięgnij po pamiętnik

Najsłynniejszy pamiętnik w historii napisała dziewczynka przekonana, że nikt nigdy go nie przeczyta: „[...] wydaje mi się, że później ani ja sama, ani nikt inny nie będzie zainteresowany wynurzeniami jakiejś trzynastoletniej uczennicy. Ale cóż, właściwie nie o to chodzi, mam ochotę pisać, a jeszcze bardziej gruntownie i do woli wygadać się na temat wielu spraw"*.

Dziennik Anne Frank sprzedał się w ponad trzydziestu milionach egzemplarzy.

Myślałam o jego mocy, czytając dyskusję o pamiętnikach na stronie internetowej „New York Timesa". Pisarze próbowali odpowiedzieć na pytania: „Czy ludzie powinni rejestrować swoje życie?", „Czy w świecie blogów, tweetów i postów tradycyjne papierowe pamiętniki mają jeszcze rację bytu?", „Czy podzielą los notesów na adresy?".

Dawniej pamiętnik był świetnym prezentem gwiazdkowym. Ja najbardziej lubiłam te zamykane na kluczyk.

* Anne Frank, *Dziennik. 12 czerwca 1942–1 sierpnia 1944*, przeł. Alicja Dehue-Oczko, Kraków 2003.

Wow! Można było przelewać myśli na papier, mając pewność, że nie pozna ich wścibskie rodzeństwo – dopóki się nie okazało, że do otworzenia kłódki wystarczy zwykły spinacz.

Niektórzy lamentują, że najpierw pamiętniki przegrały z blogami, teraz blogi przegrywają z Facebookiem, a na koniec Facebook przegra z Twitterem. Czy naprawdę każde uczucie z odmętów naszych serc da się zamknąć w dwustu osiemdziesięciu znakach?

Nie sądzę.

W internecie piszesz dla odbiorców, których nie widzisz. Pamiętnik ma tylko jednego czytelnika: ciebie. No dobrze, dwóch, jeśli liczyć Boga. Prowadząc dziennik, nie chcesz zdobywać znajomych ani subskrybentów. Chcesz zachować prywatność. Dlatego tworzysz sekretny szyfr, zamiast używać prawdziwych imion swoich bliskich.

Dla mnie pamiętnik stał się najlepszym sposobem na ukojenie obolałego serca. W dzieciństwie czułam się bardzo zagubiona i samotna, chociaż wychowywałam się w rodzinie z jedenaściorgiem dzieci. Kiedy zaczęłam prowadzić dziennik, miałam jakieś dwanaście lat. Opisywałam w nim chłopców, w których byłam zakochana, powierzałam mu wszystkie tajemnice i zmartwienia. Są takie dni, gdy twoich problemów nie rozumie nikt oprócz pamiętnika. Jest idealnym towarzyszem na dobre i na złe.

Zawsze noszę notes w torebce. Pomaga mi on uchwycić najpiękniejsze chwile dnia i zabrać je ze sobą do domu.

Jestem wielką zwolenniczką codziennego pisania w pamiętniku. To świetny sposób na uwolnienie się od natarczywych myśli, obaw i wątpliwości, które tylko zaśmiecają nam umysł. Kiedy przelejesz je do dziennika, w twojej głowie i w twoim sercu zwolni się przestrzeń na pozytywne emocje.

Warto też co kilka tygodni przekartkować pamiętnik i przeczytać dotychczasowe notatki. Nie po to, żeby je poprawiać albo redagować, lecz żeby poszukać w swoim zachowaniu schematów, wskazujących istotne tendencje. Jeśli przez trzy tygodnie narzekasz w dzienniku na pracę, to chyba pora zmienić albo ją, albo swoje nastawienie.

Pamiętnik może stać się kompasem, który poprowadzi cię przez życie.

Ja nie pokazuję mojego dziennika nikomu. Nawet mężowi. To uświęcona przestrzeń, przeznaczona tylko dla mnie. Ma pozostać prywatna. Kiedyś używałam specjalnego kodu na wypadek, gdyby ktoś przeczytał go bez pytania. Teraz doszłam do wniosku, że nie odpowiadam za zranione uczucia tego, kto się na to odważy.

Jednak jeśli chcesz, możesz wpisać na pierwszej stronie ostrzeżenie: „UWAGA. Czytasz na własne ryzyko. Wszelkie podobieństwo do prawdziwych postaci, żyjących lub nieżyjących, jest czysto przypadkowe". Albo wybierz mój dawny sposób: zmieniaj imiona i posługuj się szyfrem.

Prowadzę dziennik od dzieciństwa, dlatego tak ważne są daty. Po latach będziesz chciał wiedzieć, kiedy opisałeś jakieś cudowne doświadczenie. Ja zdążyłam zgromadzić ich całe mnóstwo. Mam kilkadziesiąt stron fantastycznych wspomnień.

Każdego ranka poświęcam chwilę na to, żeby zanotować, co mi się śniło. Na szafce nocnej mam specjalny dziennik na sny. Szukam w nich wzorów i symboli na wypadek, gdyby podświadomość próbowała mi coś przekazać.

W innym notesie spisuję krótkie modlitwy za tych na świecie, którzy potrzebują ich najbardziej. Czasami po prostu trzymam nad nim dłoń i modlę się za wszystkich, którzy są w nim wymienieni.

Później przechodzę do pisania z duszy. Najpierw przez pół godziny medytuję w milczeniu. Po prostu siedzę w wygodnym fotelu z obiema stopami opartymi o ziemię i kieruję uwagę do wewnątrz.

Słucham bicia swojego serca. Słucham szeptu swojej duszy. Nasłuchuję głosu Boga, sprawdzając, czy chce mi udzielić jakiejś wskazówki na nadchodzący dzień. I wreszcie otwieram dziennik i zaczynam pisać. To moja kolej na zabranie głosu, więc opowiadam Bogu o wszystkim, co kryje się w moim sercu i umyśle. Zwykle Mu dziękuję, ale czasem mam mętlik w głowie i błagam, żeby pomógł mi się w nim rozeznać.

Otwieram serce i znów nasłuchuję w ciszy. Czekam na odpowiedź Boga, a potem zapisuję to, co według mnie chce mi przekazać. Najczęściej słyszę zapewnienia: „Nie martw się, Regino, ja tu rządzę. Mam wszystko pod kontrolą". Zawsze są to czułe, życzliwe słowa. Ten cichy, spokojny, kochający, łagodny głos prowadzi mnie przez cały dzień.

Z kolei każdego wieczora uzupełniam swój dziennik obfitości. On też leży przy moim łóżku. Przed zaśnięciem przypominam sobie miniony dzień, szukając wszelkich przejawów dobroci, jakich doświadczyłam od innych ludzi. Zapisuję je wszystkie. Później zastanawiam się, w jaki sposób ja obdarzyłam dobrocią bliźnich. Dzięki temu zasypiam w poczuciu wdzięczności i szczęścia. Mam też ochotę okazywać życzliwość innym.

Odkąd zaczęłam pisać, za co jestem wdzięczna, w moim życiu pojawiło się więcej radości. Wdzięczni ludzie rzadziej narzekają. Z czasem coraz łatwiej i częściej zauważa się kolejne powody do wdzięczności.

Pisanie każdego dnia choćby kilku zdań porządkuje myśli. Wycisza umysł. Uspokaja serce. Pomaga podejmować lepsze decyzje. I podnosi jakość snu. Nie zabierasz do łóżka żadnych męczących myśli – pozbywasz się ich, zanim przyłożysz głowę do poduszki.

Według mnie lepiej jest pisać ręcznie niż na komputerze. Trzymanie długopisu w dłoni i przesuwanie nim po kartce wydaje mi się ważne, bo pobudza zmysł dotyku. Poza tym przy komputerze będziesz wprowadzać więcej zmian i tekst stanie się zbyt wygładzony i idealny. Albo zamiast pisać, zaczniesz surfować po internecie i przeglądać Facebooka i Twittera.

Lubię kreślić słowa, robić rysunki, gryzmolić serduszka albo gwiazdki i pisać kolorowymi flamastrami. Najważniejsze, żeby niczego nie poprawiać. Po prostu pisz. Daj się ponieść fali słów.

Kiedy piszesz, używaj pióra lub długopisu – nigdy ołówka. Pisanie ołówkiem jest jak prowadzenie samochodu z zaciągniętym hamulcem ręcznym. Poruszasz się naprzód, ale daleko nie zajedziesz. A przy tym ołówek zapewnia wyjście awaryjne – gumkę do ścierania. Nie używaj jej. Zetrzesz to, co najlepsze.

Znajdź długopis, którym łatwo się pisze, bo tusz sączy się z niego jak krew z żyły. Tym właśnie jest pisanie – wydobywaniem na zewnątrz esencji samego siebie.

Dla takiej beksy jak ja najlepsze są długopisy wodoodporne. Kolorowe pisaki przydadzą się artystycznej duszy, która lubi wyrażać emocje za pomocą pełnej gamy barw.

Nie kupuj eleganckiego dziennika z magnetycznym zapięciem albo skórzanym rzemykiem i reprodukcją dzieła Vincenta van Gogha albo Leonarda da Vinci na okładce. Będziesz się wstydzić w nim pisać. Im tańszy notes, tym większe prawdopodobieństwo, że go zapełnisz. Ja wybieram zeszyty z gładkimi kartkami/z kartkami bez linijek czy kratek, żeby móc zaszaleć.

Zatrzymaj swoje pamiętniki na zawsze. Jeśli musisz, schowaj je głęboko, ale nie pal ich – nie warto puszczać wspomnień z dymem.

O czym masz pisać? O zwykłych i niezwykłych chwilach. O cudownych i podłych ludziach. Życie postawi na twojej drodze jednych i drugich. Zapisuj pytania, myśli, wiersze, sny, wróżby z chińskich ciasteczek, urywki rozmów, zmartwienia, wyznania miłości, pogodę, listy przeczytanych książek, charakter znajomych, sceny z życia, problemy i rozwiązania.

Natknęłam się kiedyś na taki cytat: „Każdy nosi w sobie dobrą wiadomość. Dobra wiadomość jest taka, że nawet nie wiesz, jaki możesz być wspaniały! Jak mocno potrafisz kochać! Co potrafisz osiągnąć! I jaki kryjesz w sobie potencjał!”.

Dzięki pamiętnikowi zgromadzisz dość dowodów, żeby się o tym przekonać.

Lekcja 10

Znajdź muzykę swojego życia

Mój pierwszy wnuk Asher nadał mi nowe imię. Długo je wybierał.

Potrafił już powiedzieć „tata", „mama", „dziadzia", a nawet „awokado". Wołał po imieniu kelnerów i sprzedawców, których spotykał – a mnie nie. Zawsze patrzył mi w oczy i parskał śmiechem. Starałam się nie brać tego do siebie.

Próbowałam go nauczyć, żeby mówił do mnie „baba" albo „babcia". Nie dało rady. Ćwiczyłam z nim słówka „mimi" i „nana". Bez skutku. Nie mógł się zdecydować, czy jestem Reginą czy babcią. Aż w końcu pewnego dnia nazwał mnie po swojemu.

Gita.

Zaczął na mnie mówić Gita.

W sanskrycie „gita" znaczy „piosenka".

To piękne imię.

Chociaż czasem trudno sprostać oczekiwaniom, jakie się z nim wiążą. Siostra Ashera, River, utarła mi kiedyś nosa. Śpiewałam właśnie piosenkę *Remember me* z filmu

Coco, zawodząc głośno i teatralnie niczym śpiewaczka operowa. Wydzierałam się na całe gardło, lekko fałszując – no dobrze, bardzo – a moja czteroletnia wówczas wnuczka stwierdziła: „Jak na kogoś, kto nazywa się Gita, to śpiewasz beznadziejnie".

W rzeczywistości nie jestem aż taka kiepska – ale nawet gdybym była, i tak nie powstrzymałoby mnie to przed śpiewaniem. Robię to wszędzie: pod prysznicem, w samochodzie, a nawet w sklepach i restauracjach, czym ściągam na siebie zaskoczone spojrzenia.

Muzyka ma wielką moc: potrafi zmienić nasz nastrój lub nastawienie, a nawet wyrwać nas z rozpaczy. Mówi się, że kto śpiewa, modli się dwa razy – a przecież przy modlitwie nie da się fałszować, prawda?

Kiedyś należałam do parafii ze świetnym kierownikiem muzycznym. Larry Davis z Newman Center zachęcał wszystkich do śpiewania. Przed mszą przechadzał się nawą, brzdąkając na gitarze, i przekonywał wiernych, żeby nie bali się fałszować. „Jeśli fałszujecie, śpiewajcie jeszcze głośniej" – namawiał. Zawsze parskaliśmy śmiechem, ale w głębi duszy czuliśmy ulgę, że nie musimy się przejmować, jak wypadniemy.

Dziecięcy śpiew chórem – to zawsze pięknie brzmi. Pojedynczo dzieci najczęściej nie trafiają w nuty. Za to razem? Uzyskują idealną harmonię.

W dzieciństwie często sama kołysałam się śpiewem do snu. Mama rzadko zaglądała do mojej sypialni na piętrze, ale raz przyszła poprosić, żebym przestała wyć, bo nikt nie może zasnąć.

Wychowywałam się wśród muzyki. Śpiewałam kołysanki rodzeństwu. Nuciłam pod nosem. W szkole średniej zapisałam się do chóru tylko po to, żeby móc zaczynać dzień piosenką. Akt śpiewania, używania i słyszenia własnego głosu dodawał mi sił.

Podobno ludzie czytają po to, żeby wiedzieć, że nie są sami. Myślę, że tak samo działa na nas muzyka. A przynajmniej tak działa na mnie – zwłaszcza piosenki country. Kiedy ich słuchasz, wiesz, że ktoś kiedyś już cierpiał z miłości tak samo jak ty, tyle że w kowbojkach i kapeluszu do kompletu.

Dawniej nie znosiłam muzyki country. Kiedy byłam mała, piosenkarki tego gatunku nosiły fryzury à la Marge Simpson i długie dziewczęce sukienki do ziemi, w których wyglądały zdecydowanie za delikatnie dla facetów w rodzaju Johnny'ego Casha. Nic dziwnego, że śpiewały piosenki takie jak *Stand by Your Man* (Trwaj przy swoim mężczyźnie) – były zbyt przerażone, żeby odejść od partnera. Wszystkie brzmiały dla mnie tak samo – wydawały mi się żałosne i marudne. A mężczyźni wcale nie byli lepsi – nie potrafili utrzymać związku ani pracy i ciągle pakowali się w kłopoty przez alkohol.

Przez wiele lat ściszałam radio na piosenkach country, aż przyszedł moment, kiedy przemówiły do mojego serca. Był sobotni wieczór. Idealny moment na randkę. A ja nie miałam z kim się umówić. Niedawno zakończyłam kolejny kiepski związek. Nie mogłam wysiedzieć w domu, więc postanowiłam pójść do kina. Sama – pierwszy raz w życiu. Uważałam, że do kina chodzi się we dwoje, a nie w pojedynkę.

Wybrałam film *Słodkie marzenia*. Nie pamiętam, w którym kinie go zobaczyłam, ale nigdy nie zapomnę, że bileterka zapytała: „Tylko jedno miejsce?". Zabolało. Byłam przekonana, że wszyscy wokół zastanawiają się: „Kim jest ta desperatka, która przyszła sama?". I nagle zauważyłam kawalera numer 41 – mężczyznę, którego poznałam na aukcji dobroczynnej, gdzie można było wylicytować randkę. Umówiliśmy się raz. Przyjechał po mnie wypasionym sportowym samochodem, był przystojny i odnosił sukcesy zawodowe. Wow. Czułam, że to dla mnie trochę za wysokie progi, ale byłam pełna nadziei… Pod koniec wieczoru zaczęliśmy planować następne spotkanie, a ja wspomniałam, że samotnie wychowuję córkę. Drugiej randki nie było.

A teraz siedział przede mną z piękną kobietą, która zapewne nie miała dziecka. Gdy światła zgasły, poczułam się jeszcze bardziej samotna, bo pary przysunęły się do siebie i splotły dłonie.

Film się zaczął, a z głośników popłynęła muzyka. *Słodkie marzenia* to nie tylko historia Patsy Cline. To historia każdej kobiety. Słowa Patsy wyrażają uniwersalne cierpienie: „Szaleję. Szaleję z samotności. Szaleńczo płaczę, szaleńczo próbuję cię odzyskać, szaleję z miłości do ciebie". Chyba każdy kiedyś tak się czuł.

Kupiłam jej płytę i wpadłam po uszy. Od tamtej pory radio w moim samochodzie ustawione jest na stację z muzyką country. Pokochałam ją po tym, jak kolejny mężczyzna złamał mi serce i wytarł w nie buty – bo właśnie o tym opowiadały te piosenki.

Muzyka country ma tak proste melodie i tak przewidywalne teksty, że można śpiewać nawet te utwory, które słyszy się pierwszy raz. Mówią o prawdziwym życiu – o ludziach wyrzuconych z pracy, okłamywanych, zdradzanych i poniżanych. Im bardziej przygnębiająca piosenka, tym lepiej się czuję, kiedy jej słucham. Czyjeś życie wygląda choć odrobinę gorzej niż moje.

A cierpienie opisywane w piosenkach jest uniwersalne i ponadczasowe. Muzycy znajdują tylko nowe sposoby, żeby je wyrazić, na przykład: „Czasem jesteś przednią szybą samochodu, a czasem rozgniecionym na niej owadem" albo „Jeśli najdą cię wspomnienia, a uczucia ożyją, daj mi znać, wyciągnij rękę, a uratujemy tę miłość". Albo „Tylko nie myśl, że piję, żeby o tobie zapomnieć, skarbie – nie jesteś warta tej whisky".

Potrafię się wczuć w ten ból, modlitwy, zawiedzione nadzieje i niespełnioną miłość. Muzyka country ma piosenkę na każdą okazję: na złamane serce – „Jeśli telefon milczy, wiedz, że to ja"; na noc w barze – „Im więcej piwa, tym jesteś ładniejsza"; na podejrzenia o zdradę: – „Dzwoniło twoje alibi"; na koniec związku: „Weź te drobne i zadzwoń do kogoś, kogo to obchodzi".

Myślę, że każdemu przydałby się rzewny utwór na ścieżce dźwiękowej życia. Ale nie przesadzaj z piosenkami w stylu „Jak on mnie skrzywdził!", bo nie przesłuchasz ich bez pudełka chusteczek. Stwórz taką listę, która raduje twoje serce.

Dawniej w chwilach smutku ciągle nuciłam w duchu temat przewodni z serialu M.A.S.H. – piosenkę *Suicide is Painless* (Samobójstwo nie boli). Niedobrze powtarzać sobie te słowa zbyt długo.

Teraz na mojej ścieżce dźwiękowej znaleźli się tacy wykonawcy jak Michael Jackson, Queen, Norah Jones, Michael Buble, Bruno Mars, Aretha, Adele i Bon Jovi. Podkręcam głośność przy piosenkach *White Wedding* Billy'ego Idola, *I Got a Feeling* Black Eyed Peas i *Call Me* Blondie, a świat od razu staje się piękniejszy.

Jak brzmi twoja piosenka? Pary wybierają swój ulubiony utwór, ale przecież każdy może mieć własny. A właściwie – jak brzmi ścieżka dźwiękowa twojego życia? Koniec z użalaniem się nad sobą – pora się sobą zachwycać!

Muzyka ma wielką moc. Kiedy walczyłam z rakiem, Louis Armstrong przekonywał mnie, że świat jest cudowny – i w tym momencie tak było. *Daniel* Eltona Johna przypomina mi moją pierwszą wyprawę na plażę. A kiedy słyszę *Shut up and Dance with Me!*, w myślach tańczę z siostrami, siostrzenicami i bratanicami na naszym zjeździe rodzinnym.

Dzięki takim serwisom jak Pandora i Spotify możesz z łatwością znaleźć ulubioną muzykę i stworzyć playlistę do pracy albo na trening, do czekania na samolot i do opłakiwania złamanego serca. Dobierzesz odpowiednie utwory na moment, gdy poznałeś wymarzonego partnera, i na rodzinny obiad, gdy masz ochotę wszystkich zamordować.

Jeśli nie lubisz muzyki, która dźwięczy ci w głowie, zmień stację w swojej duszy.

Tylko od ciebie zależy, co w niej gra.

Lekcja 11

Poszerz swoje słownictwo

Według instytutu Global Language Monitor w języku angielskim istnieje przynajmniej 1 041 000 słów, a co dziewięćdziesiąt osiem minut powstaje następne.

Dlaczego więc dziewięćdziesiąt procent wszystkich naszych wypowiedzi wykorzystuje tak ubogie słownictwo?

Kiedyś zadałam czytelnikom moich felietonów następujące pytanie: „Które słowo lub wyrażenie jest waszym zdaniem najbardziej nadużywane?". Do redakcji przyszły setki odpowiedzi. Najbardziej irytujące okazało się słówko „jakby". To, jakby, najbardziej, jakby, wkurzający wyraz ze wszystkich. Ludzie nie przepadają też za określeniami: „fantastyczne" i „niesamowite". Jeden z czytelników stwierdził: „To niemożliwe, żeby wszystko budziło tak wielki entuzjazm".

Niektórzy nienawidzą zdania: „Jest, jak jest".

Zarówno: „rozumiesz?", jak i „rozumiem" zostały uznane za denerwujące, podobnie jak: „nieważne", „serio?", „stary" i „tak tylko mówię".

Kolejny leksykalny zgrzyt to: „spoko".

Często brakuje nam słów albo rzucamy je na wiatr. Ale może to słowom brakuje nas, bo bez przerwy używamy tych samych wyświechtanych frazesów. Nadużywane, tracą swój sens. „Ekstra". „Świetnie". „Cudownie". „Idealnie". Próbujemy odnaleźć ich moc, dorzucając jeden czy dwa wykrzykniki. Albo stawiając ich dwadzieścia. Używamy dużych liter: „MEGA!", „EKSTRA!", „SUPER!", jakby to mogło nadać im większe znaczenie.

Tymi samymi słowami opisujemy talerz frytek, przyłożenie na miarę wygranego meczu i szybki numerek. Czy nie stać nas na większą kreatywność?

Uważam, że niektórych słów powinniśmy się pozbyć raz na zawsze. Tych, których wszyscy nie lubimy, takich jak *moist*, czyli „wilgotny". Ludzie wzdrygają się na jego dźwięk. Nie mogę go używać przy mojej córce, bo dostaje gęsiej skórki. Tak wiele osób nie znosi tego słowa, że na Facebooku istnieje nawet strona: „I HATE the word »moist«", czyli „NIENAWIDZĘ słowa »wilgotny«".

Inne znienawidzone wyrazy w języku angielskim to *ointment* (maść), *panties* (majtki), *laxative* (środek przeczyszczający) i *slacks* (spodnie). Ja głosuję za wykreśleniem ze słownika słówka *indeed* (dokładnie).

Natomiast jeśli chcesz ocalić od zapomnienia słowa, które wyszły z użycia, możesz zajrzeć na stronę savethewords.org. Wybierasz dowolny wyraz z listy, na przykład *succisive* (zwięzły), *crassulent* (otyły), *fumicate* (odkazić) czy *mingent* (oddający mocz), i zaczynasz używać go w rozmowach albo nazywasz nim swoje zwierzę domowe.

Hmm. Spróbujmy:

„Rendling, do nogi!"

„Siad, Lubency, siad. Grzeczna sunia".

Nie, lepiej oszczędzać te antyki na grę w Scrabble – dzięki nim poczujesz się fantastyczny, a przy okazji wkurzysz przyjaciół.

Inny tekst, który brzmi dla mnie jak zgrzyt paznokci na szkolnej tablicy, to: „Żaden problem". Ludzie rzucają go, kiedy im dziękujesz, zamiast odpowiedzieć: „Nie ma za co".

Słuchając wywiadów telewizyjnych, można wpaść w furię, bo co chwila pada w nich słowo „absolutnie", a wszystko jest „niewiarygodne" i „niesamowite".

Jedna osoba skarżyła się na powiedzonko „No cóż", którym wiele osób zaczyna każde zdanie.

No cóż, coś w tym jest.

Wywiady ze sportowcami są pełne nadużywanych, pustych, wciąż powtarzanych słów, po które trenerzy i zawodnicy sięgają tak często, że nie niosą one już żadnej prawdziwej treści.

Emerytowana nauczycielka łaciny i francuskiego podzieliła się ze mną listą wyrażeń, które najbardziej ją drażnią. Było ich sporo. Nie lubi nadużywania „wie pan/pani" i „to znaczy". Naliczyła ich niemal trzydzieści w jednym wywiadzie sportowym.

Denerwuje ją, kiedy ktoś mówi: „w obecnym momencie" zamiast „teraz". Jej spis znienawidzonych słów kończyła wyliczanka „niesamowicie", „totalnie", „mój błąd", „serio" i „stary".

Wiele osób narzeka na wszechobecne przekleństwa. Mnie też czasem męczą. Któregoś wieczora na przełomie lata i jesieni wybrałam się na spacer o tej cudownej porze, kiedy zachodzące słońce rozświetla korony drzew, dzieci sąsiadów bawią się w przydomowych ogródkach, a rodzice siedzą na schodach na ganku, podziwiając widok. Moja dzielnica wyglądała jak wyjęta z ilustracji Normana Rockwella. Było jeszcze na tyle ciepło, żeby mieć otwarte okna. Przechodziłam właśnie obok domu, w którym rodzina siedziała przy kolacji, gdy nagle dobiegł mnie wrzask matki: „Kurka, coś ty zrobił z jego książką do matmy?". Tylko że zamiast „kurka" użyła słowa, którego mamy nie powinny wymawiać w obecności dzieci.

Przyspieszyłam kroku. Przecznicę dalej jakiś kierowca zatrzymał się, żeby inny samochód zdołał przecisnąć się wzdłuż rzędu zaparkowanych aut. Mężczyzna, który stał za nim, wpadł w furię. „Kurczę! Kurczę! Kurczę!" – powtarzał.

Nie cytuję go dokładnie, ale łatwo się domyślić, co naprawdę wykrzyczał.

Nie jestem pruderyjna. Spodziewam się usłyszeć przekleństwa na trybunach sportowych, zwłaszcza na meczu drużyny Cleveland Browns. Spodziewam się ich w pracy, szczególnie w redakcji, kiedy wszyscy usiłują zdążyć z wydaniem na czas. Przyzwyczaiłam się, że słyszę je w samochodzie, kiedy ktoś zajeżdża drogę kierowcy.

Ale parsknęłam śmiechem, oglądając balonowe fiasko podczas Narodowej Konwencji Partii Demokratycznej. Coś nie zadziałało, a pracownik odpowiedzialny za wypuszczenie setek balonów z ogromnej siatki stracił nad sobą panowanie, nie zdając sobie sprawy, że ma włączony mikrofon, a jego wiązankę słyszy cały kraj.

Dziennik „New York Times" narzekał kiedyś, że „królowej przekleństw", czyli słowa na „k", używa się dziś w charakterze przecinka.

Ach, królowa przekleństw. Kiedy miałam dziesięć lat, wydawało mi się, że sama wymyśliłam to słowo. Naprawdę. Nie pamiętam, gdzie je usłyszałam, ale któregoś dnia miałam pecha i wyrwało mi się w obecności rodziców. Co było dalej? Mogłam wybrać, czy zjem sos tabasco czy mydło.

Może przeklinanie to prosty sposób na zdrowe rozładowywanie napięcia. Dawniej wulgaryzmy były stałym elementem w każdej redakcji, tak jak linijki typograficzne i maszyny do pisania. Teraz każdy się boi, że dostanie naganę od działu kadr za tworzenie wrogiego środowiska pracy.

Nie chcę zakazywać przekleństw, ale uważam, że nie zawsze jest na nie miejsce i pora. Tym miejscem nie są T-shirty ani naklejki na zderzaki, a rodzinny obiad z dziećmi to zdecydowanie zły moment.

Jedna z moich przyjaciółek używała królowej przekleństw na wszelkie możliwe sposoby, dopóki nie została matką. Inna ciągle klęła przy swoim czteroletnim synku, więc w końcu zwróciłam jej uwagę, że ze względu na niego powinna się powstrzymać. Na następnym spotkaniu miała do mnie pretensje, że zawstydziłam ją przy dziecku.

Odparowałam, że powinniśmy się wstydzić przeklinania przy dzieciach.

Nie mówię, że lepiej wybierać łagodniejsze: „kurka wodna", „motyla noga" albo „a niech to dunder świśnie", chociaż rozśmiesza mnie, kiedy postaci w filmach rysunkowych dla dzieci przeklinają po swojemu.

A jeśli chodzi o królową przekleństw, to nadużywanie osłabi jej moc.

W końcu królowa pojawia się publicznie tylko na specjalne okazje.

Lekcja 12

Wielka literatura ratuje nas wszystkich

Onieśmielają mnie księgarnie. Na widok długich rzędów bestsellerów i dzieł uznanych pisarzy zaczynam wątpić, czy mój głos jest jeszcze potrzebny.

Ale później przypominam sobie tych wszystkich autorów, którzy do mnie przemówili, i wiem już, że gdzieś na świecie jest ktoś, kto czeka na moją historię – opowiedzianą na mój sposób.

Twoje słowa też przyniosą komuś pociechę.

Mnie pomogły słowa i historia Mayi Angelou. Ta fenomenalna kobieta łączyła kilka ról: poetki, pisarki, aktorki i aktywistki.

Autorka *Wiem, dlaczego ptak w klatce śpiewa* dzieliła się swoimi przemyśleniami z 385 tysiącami obserwatorów na Twitterze nawet jako osiemdziesięciosześciolatka, jeszcze na kilka dni przed śmiercią w 2014 roku. Miałam ogromny zaszczyt usłyszeć, jak przemawia na Uniwersytecie Ohio czternaście lat wcześniej, podczas Weekendu Mam.

Córka ostrzegała mnie, że ta impreza może wymknąć się spod kontroli. Mówiła, że niektóre matki przesadzają z alkoholem i podrywają studentów. Któregoś roku kilka kobiet pokazało im pośladki. (Nie, ja do nich nie należałam). Gabrielle kończyła już studia, więc to był nasz ostatni Weekend Mam. Jej dwie współlokatorki też zaprosiły swoje mamy. Urządziłyśmy sobie ucztę w ich mieszkaniu, a potem wybrałyśmy się w szóstkę na wykład Mayi Angelou.

Moja córka chodziła na zajęcia z kultury afroamerykańskiej i zarażała znajomych miłością i głębokim szacunkiem do tej poetki. Maya Angelou w wieku ośmiu lat padła ofiarą gwałtu, a potem zeznawała przeciwko sprawcy w sądzie. Zapadł wyrok skazujący, ale mężczyzna został pobity na śmierć, zanim trafił do więzienia. Po tym zdarzeniu dziewczynka zaniemówiła na niemal pięć lat. Później wyznała: „Myślałam, że jeśli się odezwę, znów kogoś zabiję".

Głos to potężna broń. Młoda Maya Angelou była przekonana, że gwałciciel zginął od siły jej słów. A jej słowa naprawdę miały moc. Mogły ratować życie.

Dziewczynka, która w dzieciństwie straciła głos, odnalazła go dla nas wszystkich. Ptak wyfrunął z klatki i uwił gniazdo w naszych sercach. Oto jak brzmiał jej ostatni tweet: „Wsłuchaj się w siebie – w tej ciszy możesz usłyszeć głos Boga".

Tego dnia byłam akurat u Gabrielle. W pewnym momencie moja córka z cichym okrzykiem podniosła wzrok znad ekranu komórki i powiedziała: „Maya Angelou nie żyje". Później wspominałyśmy ten piękny weekend, podczas którego odkryłyśmy potęgę kobiet – i potęgę każdej kobiety.

Dowiedziałyśmy się wtedy, że nie jest nią „krągłość naszych bioder, kształt naszych pośladków ani rozmiar naszych piersi". Nie chodzi o to, żeby wspiąć się po szczeblach kariery na sam szczyt ani żeby przebić szklany sufit.

Nie, nie, nie.

Maya Angelou nauczyła nas, że nie musimy szukać naszej potęgi, bo nosimy ją w sobie.

Najlepiej pamiętam jej historię o tym, jak została nazwana brzydką kobietą. Poetka opowiadała długo i nieśpiesznie, jak się wtedy poczuła.

Widać było, że zraniło ją to do głębi. Wyraźnie wiedziała też, że każda z nas kiedyś to przeżyła. To cierpienie, które przenika pod skórę i zostaje tam niezależnie od jej koloru. Ten uniwersalny ból.

Ona go w nas ukoiła.

Przeczytała swój wiersz *Fenomenalna kobieta*, jakby to była piosenka. W pewnym sensie to hymn każdej kobiety. Mówi o jej – o naszej – tajemnej mocy.

„Nie pamiętam, o czym był wykład, ale zapamiętałam, jak przeczytała *Fenomenalną kobietę* – powiedziała moja córka. – Wolno. W przemyślany sposób. Każde słowo miało znaczenie. To była magia".

Maya Angelou pokazała nam, jaka moc drzemie w „rozpiętości naszych ramion, szerokości naszych bioder, wygięciu naszych warg". Jadłyśmy jej z ręki, a ona chętnie nas karmiła.

Kiedyś powiedziała: „Nauczyłam się, że ludzie zapomną, co powiedziałeś, i zapomną, co zrobiłeś, ale nigdy nie zapomną, jak się przy tobie czuli".

To prawda, Mayu Angelou. Ani moja córka, ani ja nigdy nie zapomnimy, jak się przy tobie poczułyśmy.

Podziwiam też pisarza Franka McCourta, który przeżył okres największej biedy w Irlandii. Moi dziadkowie ze strony ojca przypłynęli do Stanów Zjednoczonych z Zielonej Wyspy na początku dwudziestego wieku. Ameryka dała im to samo co McCourtowi – nadzieję.

Przez lata w każdym domu irlandzkich katolików w Stanach Zjednoczonych można było znaleźć dwie rzeczy: zdjęcie Johna F. Kennedy'ego i fotografię papieża. Podejrzewam, że teraz jest w nich również egzemplarz *Prochów Angeli*.

Frank McCourt porusza czytelników od pierwszych słów swojej powieści: „Kiedy myślę o swoim dzieciństwie, zastanawia mnie, jak udało mi się przeżyć. Było to, naturalnie, żałosne dzieciństwo, bo nad szczęśliwym dzieciństwem w ogóle nie warto się zastanawiać. Gorsze od normalnego żałosnego dzieciństwa jest żałosne irlandzkie dzieciństwo, a jeszcze gorsze – żałosne irlandzkie dzieciństwo katolickie"*.

Ze wszystkich przejmujących historii z tej książki, pełnych subtelnych, tragicznych detali, najlepiej pamiętam tę o poduszce. O poduszce z niewielkim wgłębieniem. Frank McCourt wspominał dzień, w którym zmarł jeden z jego młodszych braci. Kiedy z domu zabrano ciało, po chłopcu została jedynie poduszka z odciskiem jego główki. Wciąż mam ją przed oczami.

* Frank McCourt, *Prochy Angeli*, przeł. Hanna Pawlikowska-Gannon, Warszawa 2007.

Frank McCourt nigdy nie mówił wprost o swojej biedzie. Wolał ją pokazać. Pisał o tym, że miał tylko jedną koszulę, którą nosił do spania, do szkoły, do kościoła, na mecze i do sadów, z których kradł owoce. Śmierdział tak, że ludzie się od niego odsuwali.

Uratował siebie – i nas – dzięki pisaniu.

Gdy zachorował na tyfus, spędził w szpitalu wiele miesięcy, rozkoszując się zdrowymi posiłkami, czystą pościelą, a przede wszystkim wielką literaturą. To tam odkrył Szekspira. Napisał o nim tak: „Nie wiem, co to znaczy, ale to mnie nie obchodzi, bo to jest Szekspir, i kiedy wymawiam te słowa, czuję, jakbym trzymał w ustach klejnot".

Dał nadzieję nauczycielom na całym świecie.

Przez dwadzieścia siedem lat uczył w nowojorskich szkołach publicznych. W autobiografii zatytułowanej *Nauczyciel* opisał swój pierwszy dzień w zawodzie. Uczniowie zaczęli się bić, a jeden cisnął w drugiego kanapką z kiełbasą. Frank McCourt podniósł ją z podłogi i zjadł. Jak wielu nauczycieli odkrył, że jego podopieczni fałszują usprawiedliwienia, więc dał im podchwytliwe zadanie: mieli napisać usprawiedliwienie dla Adama, Ewy albo Szatana. Opowiadał uczniom o swoim życiu, żeby lepiej się zachowywali.

Jego pisanie jest niczym światełko w tunelu dla najbiedniejszych. Nosił rozpadające się buty, żebrał, żeby mieć co jeść w Boże Narodzenie, widział śmierć swoich młodszych braci: bliźniaków Olivera i Eugene'a, a potem obserwował bezbrzeżne cierpienie swojej matki. A mimo to ten mężczyzna z popsutymi zębami i chorymi oczami, mężczyzna bez żadnego wykształcenia, został gwiazdą literackiego świata.

Miał sześćdziesiąt sześć lat, kiedy jego książka *Prochy Angeli* zdobyła Nagrodę Pulitzera w dziedzinie biografii. Sprzedała się w czterech milionach egzemplarzy i doczekała się ekranizacji. Jej druga część *I rzeczywiście* trafiła na listę bestsellerów tuż po publikacji.

To jeden z najlepszych pisarzy, jakich poznałam w życiu. Miałam zaszczyt przedstawić go publiczności, kiedy przyjechał na wykład do Cleveland. Nigdy tego nie zapomnę.

Jak to możliwe, że tak drobny i kruchy człowiek przemawiał z taką siłą? Dopilnowałam, żeby poznała go również moja córka.

Zmarł w wieku siedemdziesięciu ośmiu lat, ale nadal motywuje mnie do tego, by sięgnąć po długopis. Potęga jego słów i świadectwo jego życia sprawiają, że wciąż mam ochotę pisać. Kiedyś powiedział: „Jeśli dożyjesz sześćdziesiątych piątych urodzin, masz obowiązek przekazać ludzkości swoje refleksje. Właśnie po to dostałeś trochę więcej czasu".

Każdy z nas ma do powiedzenia coś, co powinien usłyszeć ktoś inny.

Lekcja 13

Wyrażaj się poprzez twórczość

Przed wyjazdem na rekolekcje w zachodniej części Stanów Zjednoczonych czytałam, jak się zachować w razie spotkania z niedźwiedziem, grzechotnikiem lub pumą.

Nie byłam przygotowana na szwaczki.

Całe stado szwaczek.

A dokładniej salę konferencyjną pełną kobiet pikujących kołdry.

Jesienią 2016 roku wyruszyłam samotnie w okolice wulkanu Mount Shasta w stanie Kalifornia na rekolekcje duchowe prowadzone przez Sarah Weiss, właścicielkę SpiritHeal Institute. Wraz z kilkunastoma innymi uczestniczkami pragnęłam pogłębić więź z naszym Stwórcą i doświadczyć potęgi tworzenia. Miałyśmy uczyć się jej od pradawnych mędrców, obcować z Matką Naturą i oddawać cześć duchowi tej krainy podczas ceremonii odprawianych w jaskiniach, przy wodospadach i strumykach oraz na ścieżkach wijących się wokół wulkanu.

Kilka dni przed rekolekcjami Sarah zamieściła na swojej stronie internetowej zdjęcie ogromnego niedźwiedzia, który wybiegł jej przed maskę samochodu. „Właśnie dlatego musicie zachowywać się ODPOWIEDZIALNIE i NIGDY NIE ZAPOMINAĆ, gdzie jesteście – napisała. – Ten niedźwiedź może kojarzy się z uroczym pluszowym misiem, ale nie ma z nim nic wspólnego! Zrobiłam mu zdjęcie z samochodu z odległości około trzech metrów. Niedźwiedź po prostu przechodził na drugą stronę drogi, zupełnie jak wiewiórka albo jeleń".

Plan rekolekcji zakładał noclegi, piesze wycieczki i medytacje w pobliżu wulkanu Mount Shasta i noclegi w miasteczku McCloud z populacją rzędu 1300 mieszkańców (nie licząc szwaczek).

Dotarłam do McCloud dwa dni przed rozpoczęciem zajęć, żeby zaaklimatyzować się w górach. Szczyt Mount Shasta znajduje się na wysokości ponad 4300 m n.p.m. Powietrze jest tam rozrzedzone, a temperatury wahają się od 7 stopni Celsjusza rano do 30 stopni po południu. Przyjechałam spakowana na każdą ewentualność.

Wcisnęłam do torby szorty, spodnie sportowe, bluzę z polaru, płaszcz przeciwdeszczowy, buty trekkingowe, apteczkę, latarkę, rękawiczki, nauszniki, folię termiczną, ponczo i mój osobisty toi toi (czterolitrową torbę strunową z małą jaskrawopomarańczową łopatką, serwetkami i chusteczkami odświeżającymi). Kupiłam sobie nawet kijki trekkingowe, czołówkę i sakwę na wodę.

Zameldowałam się w przytulnym hotelu McCloud Mercantile i postanowiłam się po nim rozejrzeć. To wtedy przypadkiem trafiłam do sali konferencyjnej z dwoma tuzinami szwaczek. Poczułam się jak we śnie. Każda kobieta miała własną maszynę do szycia, przybory do pikowania, materiał i przekąski dla całej grupy. Wyglądało to jak wielki piknik z pikowaniem. Nigdy dotąd czegoś takiego nie widziałam.

Poznałam Cindy Needham, zdeklarowaną maniaczkę pikowania i organizatorkę wyjazdowych warsztatów My Time Quilting (Mój czas na pikowanie). Ponad dziesięć lat wcześniej rzuciła etat w branży medycznej, żeby spełnić swoje marzenie – chciała pikować kołdry i uczyć tej sztuki innych.

Stoły w sali konferencyjnej – teraz stanowiska szwalnicze – tworzyły istny labirynt. Kobiety rozmawiały, śmiały się i podjadały, nie przerywając szycia. Kilka najodważniejszych sączyło nad tkaninami czerwone wino. Sala buzowała radością i kreatywnością, a ja nagle zapragnęłam wrócić do pikowania.

Gdy miałam dziewiętnaście lat, uwielbiałam to zajęcie. Od tamtej pory minęło kilka dekad i okazało się, że w sztuce pikowania dokonał się duży postęp. Poczułam się jak dinozaur, gdy wspomniałam o nożyczkach, kredzie i tekturowych wykrojach podklejonych papierem ściernym, żeby materiał nie zsuwał się przy wycinaniu. Uczestniczki warsztatu parsknęły śmiechem. „Już nie używamy nożyczek" – wyjaśniła mi jedna z nich. Cóż za herezje!

Kobiety posługiwały się nożami krążkowymi, które lekko i precyzyjnie sunęły przez materiał. Prasowały go żelazkami maleńkimi jakby prosto z domku dla lalek. Nosiły też rękawiczki, do których przywierała tkanina, dzięki czemu się nie ślizgała.

Wpadłam w zachwyt. Odnalazłam bratnie dusze, chociaż wcale ich nie szukałam. W warsztatowym sklepiku kupiłam poduszeczkę na igły w kształcie kurczaka. Chciałam, żeby przypominała mi o szwaczkach i o tej wersji mnie, którą obudziły do życia.

Kiedyś kochałam szyć pikowane kołdry. Ale to było w innym życiu. W życiu, które wiodłam, zanim zostałam samotną matką. W życiu, które wiodłam, zanim sięgnęłam po pióro. W życiu, które wiodłam, nim zaczęłam pracować jako dziennikarka i pisarka. W życiu, o którym zdążyłam już zapomnieć.

Kilkadziesiąt lat wcześniej uszyłam brązowo-pomarańczową kapę. Środek każdego kwadratu był pomarańczowy, co symbolizowało ogień płonący w kominku albo żar domowego ogniska. Później wykorzystałam błękitne skrawki na dziecięcą kołderkę, zaczęłam pracować nad narzutą ze wzorem w gwiazdy, której nigdy nie skończyłam, i zrobiłam dla mamy kapę z aplikacjami symbolizującymi jej jedenaścioro dzieci. Wyhaftowałam na niej nawet nasze imiona.

Potem na długo zarzuciłam to hobby – do czasu, gdy na świat przyszły moje wnuki. Wtedy uszyłam podwójną narzutę na łóżko z postaciami z *Ulicy Sezamkowej* i Muppetami – swoje kwadraty miał Kermit, Elmo, Wielki Ptak, Ciasteczkowy Potwór oraz Bert i Ernie. Do pokoju wnuczka zrobiłam gruby dywanik, żeby mógł czytać, leżąc na brzuchu. Udekorowałam dywan kilkoma aplikacjami: na jednej słoń siedział na stosie książek, na drugiej duża mysz czytała gromadce myszek, a na trzeciej pies spał w łóżku, przyciskając do piersi tom bajek.

Gdzie się podziała ta twórcza istota? Odnalazłam ją w sali konferencyjnej jeszcze przed rozpoczęciem rekolekcji.

Uczestniczki warsztatu udzieliły mi mnóstwa rad. Dowiedziałam się, że warto zaglądać do lokalnych pasmanterii w poszukiwaniu inspiracji, zapisać się na kurs na platformie Craftsy.com i kupić tradycyjną maszynę do szycia z długim ramieniem, które pozwoli wygodnie obracać materiał przy pikowaniu. „Nie chcę, żeby moja maszyna do szycia była mądrzejsza ode mnie" – stwierdziła jedna z kobiet. Ze mną jest tak samo.

Zaproszono mnie na pokaz ukończonych prac następnego dnia o dziesiątej rano. Koleżanki z rekolekcji zaplanowały na ten czas pieszą wycieczkę, ale ja zostałam w hotelu, bo obiecałam zajrzeć do nowo poznanych szwaczek. Cieszę się, że dotrzymałam słowa. Kiedy weszłam do sali, Cindy oświadczyła, że rozmawiały o mnie cały wieczór. Były zachwycone, że odnowiły moje zainteresowanie szyciem i pomogły mi odnaleźć siebie sprzed lat.

Cindy postawiła krzesło na środku sali. Uczestniczki warsztatu ustawiły się przed nim w kolejce, a później każda z nich zaprezentowała mi swoje dzieło. Byłam ich całą publicznością. Ja jedna. Co za zaszczyt. Poczułam się doceniona.

Na widok ich kołder rozdziawiłam usta z wrażenia. Zobaczyłam projekty przygotowane specjalnie na Boże Narodzenie, Halloween i urodziny. Jedna z kobiet uszyła kołdrę z ogromną gwiazdą, która skojarzyła mi się z finałem pokazu fajerwerków. Inna ozdobiła swoją gigantycznym kwiatem równie zachwycającym jak te na obrazach Georgii O'Keeffe.

Te kołdry otulały nie tylko ciało, ale i duszę.

„Uszyłam po jednej dla każdego z wnucząt – powiedziała jedna ze szwaczek. – Dzięki temu zawsze będą czuły moją bliskość".

„Szycie jest pewną formą medytacji – zauważyła inna. – Tyle że można rozmawiać".

Trafiłam na plemię kobiet tryskających energią i kreatywnością. I odkryłam, że ja również do niego należę. Odnalazłam swój dom.

„Pikując, wyrażamy siebie" – stwierdziła Cindy.

Ze mną jest tak samo.

Dzięki tym kobietom odzyskałam swój głos. Opuściłam ich warsztat gotowa rozpocząć rekolekcje. Uśmiechnęłam się, czując, jak ogarnia mnie ten głęboki spokój, który płynie z odnalezienia zagubionej części siebie.

Lekcja 14

Każdy z nas jest uświęconą tajemnicą

Był tajemniczym człowiekiem.

Prawdopodobnie każdy mieszkaniec miasta Kent w stanie Ohio i student tutejszego Uniwersytetu Stanowego choć raz go spotkał – i poczuł na jego widok niepokój albo zdziwienie.

Większość ludzi nie wiedziała, jak miał na imię, więc nie domyślili się, o kogo chodzi, kiedy miejscowa gazeta doniosła o śmierci Roberta E. Wooda.

Wszyscy mówili na niego Chamski Bob, bo wystawał na skrzyżowaniach w całym mieście, pokazując światu środkowy palec.

Był zaniedbany i niechlujny. Miał pociągłą twarz i długą postrzępioną brodę, przypominającą drucianą szczotkę do naczyń. Omijał pęknięcia na płytach chodnikowych, a zanim przeszedł przez ulicę, wiele razy wspinał się na krawężnik i zeskakiwał na jezdnię. Miotał słowem na „k" bez powodu i bez ostrzeżenia. Jego wybuchy agresji budziły w innych złość i strach.

Ale obsceniczne gesty, przekleństwa i dziwactwa, które mogły być symptomem zaburzeń neurologicznych albo choroby psychicznej, nie dawały pełnego obrazu tego mężczyzny. Tak naprawdę go nie znaliśmy.

Robert Wood był artystą.

Najwięcej dowiedziałam się o nim po jego śmierci. Mieszkałam w Kent jedenaście lat, więc widywałam jego środkowy palec regularnie. Starałam się schodzić mu z drogi. Nie miałam pojęcia o jego twórczości, dopóki moja przyjaciółka Judy nie zadzwoniła do mnie przed ślubem mojej córki. Oświadczyła, że w ramach prezentu kupi parze młodej obraz Chamskiego Boba z serii poświęconej babom. Tak przynajmniej zrozumiałam przez telefon.

„W porządku" – odpowiedziałam.

Okazało się, że chodziło o *żaby,* a piękne płótno w odcieniach fioletu i zieleni zawisło w wyeksponowanym miejscu w domu mojej córki.

Robert był absolwentem wydziału malarstwa na Uniwersytecie Stanowym w Kent i laureatem wielu nagród artystycznych. Kiedyś rysował bezustannie – w barze, na ławce w parku, a nawet w kościele. Urodził się w Youngstown w stanie Ohio, a do Kent przeniósł się w latach sześćdziesiątych. Pracował z farbami olejnymi, akwarelami i flamastrami.

Właściciel miejscowej galerii sztuki znał Roberta piętnaście lat.

„Był skomplikowanym człowiekiem – przyznał. – Czasem trudno odróżnić idiotę od mędrca".

Osobowość artysty przeszkadzała w sprzedaży jego prac w galerii. Jej właściciela – jak wielu ludzi – zdumiał tłum na pogrzebie Roberta w 2012 roku. Tego sobotniego poranka w Kościele Unitarian Uniwersalistów w Kent zgromadziło się blisko dwieście osób.

Robert był dla nich kimś w rodzaju bohatera ludowego. Podczas mszy właściciel galerii odczytał jego esej zatytułowany *O duchowości w sztuce*. „Kreatywność daje poczucie siły i samokontroli. Zatem jak sztuka mogłaby nie być uduchowiona?"

Wygląda na to, że Robert znał się na wszystkim: od filozofii przez politykę, muzykę, filmy, historię sztuki i mitologię aż po medycynę. Chociaż mieszkał w Kent ponad pół wieku, nie uważał się za miejscowego. Mówił o sobie, że jest turystą. Zawsze miał świeże spojrzenie na to, co go otaczało.

Jego największym talentem nie było malowanie obrazów, lecz życie w świecie, do którego nie pasował. Niedzielne wieczory spędzał w kościele nad sztalugami. Podczas pogrzebu miejscowy pastor zwrócił się wprost do niego:

„Za to cię kochałem, Robercie – wyznał. – Zamieniałeś to, co niewygodne, w piękno".

Czy Robert Wood był geniuszem, czy bardzo chorym człowiekiem?

Pokazał nam, że jedno nie wyklucza drugiego.

Niemal każde miasto ma swojego Roberta, kogoś, kto wyróżnia się z niewłaściwych powodów – dziwnym zachowaniem, ubiorem albo stylem życia – a równocześnie ma wrażliwą duszę. Często jej nie zauważamy, bo dajemy się zmylić etykietce: „bezdomny", „chory psychicznie" albo gorzej: „lump", „świr". W rzeczywistości tacy ludzie wzbogacają lokalną społeczność swoim nieokrzesanym urokiem.

Miasta uniwersyteckie często przyciągają oryginałów i odmieńców. O Kent zrobiło się głośno za sprawą wydarzeń z 4 maja 1970 roku, kiedy żołnierz Gwardii Narodowej otworzył ogień do tłumu studentów protestujących przeciw wojnie w Wietnamie. Czworo młodych ludzi straciło życie, a dziewięcioro zostało rannych. Upłynęło kilkadziesiąt lat, zanim Kent i miejscowa uczelnia otrząsnęły się po tej tragedii. Miasto po przejściach przyciągało ludzi po przejściach. Było i wciąż jest miejscem dla ekscentryków, gdzie każdy znajdzie dla siebie niszę.

Okazało się, że Robert miał wielu przyjaciół, którzy oferowali mu prysznic albo miejsce w samochodzie, jeśli musiał gdzieś dojechać. Jadał darmowe gorące posiłki w miejscowych kościołach, a mimo to kiedyś oddał swoje zakupy potrzebującej rodzinie. Wdawał się w intelektualne dyskusje z tymi, którzy nie dawali się zwieść pozorom i potrafili dostrzec jego piękny umysł.

Kiedy mieszkałam w Kent, wszyscy głowili się, co mu dolega. Istniało nawet coś w rodzaju fanklubu Roberta, który nigdy jednak nie rozwikłał jego zagadki. Czy zniszczyły go narkotyki? Czy cierpiał na syndrom Tourette'a? Chorobę afektywną dwubiegunową? A może schizofrenię?

Nie jestem pewna, czy ktoś zdołał to ustalić. Na początku każdego roku akademickiego martwiłam się, że nowy rocznik studentów okaże się mniej wyrozumiały niż poprzednie i zareaguje na jego wybuchy agresją. Bałam się o niego zwłaszcza w weekendy, kiedy w barach na Water Street piwo lało się strumieniami.

W którymś momencie Bob otrzymał pomoc lekarską – albo złagodniał dzięki sztuce. Stał się bardziej zrównoważony i zdobył uznanie jako artysta. Częściej udzielał się towarzysko; widywano go na letnich koncertach muzyki kameralnej i w teatrze. Zaczął prezentować swoje obrazy i rysunki publiczności. Sprzedawał je na miejscowym bazarze i lokalnych targach sztuki.

Kiedy kierowniczka ośrodka opieki społecznej, w którym stołował się Robert, usłyszała, że zmarł w wieku sześćdziesięciu ośmiu lat na zawał, napisała:

„Być może ekscentrycy są wcieleniami Boga, bo rzucają nam wyzwanie, żeby szukać boskości głęboko w ich wnętrzu. Na co dzień maskują ją zachowania, które spychają ich na margines społeczeństwa. Robert był dla swojej społeczności prawdziwym wyzwaniem, bo skrywał talent i mądrość za zniechęcającą fasadą".

Słowo „łaska" oznacza niezasłużone błogosławieństwo od Boga. Pastor Melissa Carvill-Ziemer zauważa: „Gdy chcemy iść za Jego przykładem, obdarzenie łaską niektórych ludzi wymaga wiele wysiłku, bo budzą w nas strach. Czasem miłość jest aktem odwagi".

Melissa powiedziała mi, że wszyscy, którzy odważyli się pokochać Roberta, czegoś się od niego nauczyli.

„Potrafił lepiej niż wielu z nas dostrzec w człowieku człowieka" – stwierdziła.

Ten mężczyzna był równocześnie tajemnicą i arcydziełem stworzenia.

Jak każdy z nas.

Lekcja 15

Za sukcesem każdego pisarza stoi inspirujący nauczyciel

Każdy potrafi przytoczyć przynajmniej jeden niezapomniany cytat nauczyciela, którego uwielbiał albo nie znosił. Często to ich słowa zadecydowały, kim dziś jesteśmy.

Pan Roberto, który w liceum uczył mnie biologii, zawsze ostrzegał swoich uczniów: „Nie ma czegoś takiego jak darmowy obiad". W dziewiątej klasie na lekcji przemawiania publicznego pan Singer poradził, żebyśmy po prostu opowiadali ciekawe historie, które mają początek, środek i koniec. Kiedy uczyliśmy się strzelać z łuku, wuefista dał nam wskazówkę na całe życie: „Łatwiej trafisz w dziesiątkę, jeśli wiesz, w co celujesz".

Czytelnicy często przysyłają mi śmieszne powiedzonka swoich nauczycieli:

„Weź ślub dla pieniędzy. Miłości można się nauczyć".

„Nawet ślepej kurze czasem trafi się ziarno".

„Możesz ubrać małpę w garnitur za tysiąc dolarów, ale i tak narobi w spodnie".

„Usta się ruszają, ale to wcale nie znaczy, że mózg pracuje".

„Zaznaczcie to gwiazdką, obrysujcie albo podkreślcie – wszystko jedno, bylebyście to zapamiętali".

„Gdy wszystko inne zawiedzie, przeczytajcie instrukcję".

Niektórych czytelników uczyły zakonnice. Oto próbka ich komentarzy:

„Dziewczęta, nogi to nie karty, żeby je rozkładać".

Uczeń, który spojrzał na zegar w trakcie klasówki, mógł usłyszeć: „Czas płynie, ale to nie powód, żebyś ty lał wodę".

Pewien nauczyciel muzyki zawsze powtarzał: „Fałszujecie, jakby wam słoń na ucho nadepnął".

Matematyk straszył uczniów: „Przed bramami niebios święty Piotr zada wam jedno pytanie: co to jest równanie kwadratowe?".

Dziewczyny, które malowały się na lekcji fizyki, zostały upomniane słowami: „A czy w łazience zajmujecie się fizyką?".

Każdy z nas trafił kiedyś na wspaniałego nauczyciela, który go ukształtował, odciskając niezatarty ślad w jego sercu, umyśle i duszy. Dla mnie był nim pan Ricco, nauczyciel języka angielskiego w dziewiątej klasie. Wywarł na mnie największy wpływ, bo dzięki niemu poznałam potęgę słów. Co tydzień zadawał mi wypracowanie, a ja wbrew własnej woli zakochałam się w pisaniu. Wybierałam nudne tematy, żeby przestał mnie dręczyć i skapitulował – ale to ja musiałam ogłosić kapitulację. Zawsze będę mu wdzięczna za jego upór.

Był wspaniałym człowiekiem. Kochał literaturę, operę i dobre wino. Jako nauczyciel nie tylko był w stanie wytrzymać z nastolatkami, ale wpajał nam głód piękna i prawdy, zarażając nas swoją pasją życia.

W 1971 roku nie znosiłam go za to, ile zadawał nam lektur do przeczytania i wypracowań do napisania.

Mógł wybrać inny zawód. Mógł wybrać inne miejsce do życia. Zamiast tego rok w rok uczył opryskliwych dziewiątoklasistów, jak napisać porządny, ciekawy akapit tekstu.

Kilka lat temu dowiedziałam się, że pan Ricco przechodzi na emeryturę, i postanowiłam mu podziękować. W czasie godzinnej jazdy do Ravenny wyobrażałam sobie, jak krąży po klasie, czytając na głos Dickensa, i droczy się z zaciekawionymi uczniami, którzy zaglądają do środka przez szybę w drzwiach.

Kiedy układał test, zawsze w którymś momencie jako jedną z odpowiedzi do wyboru wpisywał: „galaretka limonkowa", żeby rozluźnić atmosferę. Każdy z nas parskał śmiechem, gdy docierał do tego miejsca.

Raz zabrał nas na wycieczkę do parku stanowego, obiecując dyrekcji, że zanim zaczniemy grać w baseball, przeczytamy jakieś arcydzieło literatury. Do baseballa też miał talent – wybite przez niego piłki szybowały w dal, jakby posłał je tam zawodowiec.

Jadąc do mojego rodzinnego miasta, myślałam o tym wszystkim, co zawdzięczam panu Ricco. Kiedyś nie miałam pojęcia, że lekcje z nim zrobią ze mnie pisarkę.

Gdy zaparkowałam przed szkołą, gmach wydał mi się znacznie mniejszy, niż pamiętałam. Chciałam iść prosto do naszej dawnej sali na pierwszym piętrze, na końcu korytarza po lewej, ale po drodze zajrzałam do sekretariatu. „Przyszłam do pana Ricco" – oświadczyłam.

Nie potrafiłam powiedzieć o nim „Sam Ricco". Nadal byłam jego uczennicą. To się nigdy nie zmieni.

„Nie ma go dziś" – rzuciła kobieta za biurkiem. Jak to możliwe, że nie przyszedł do pracy w swój ostatni dzień przed emeryturą? „Zmarł mu ktoś bliski" – wyjaśniła. Nie wiedziała, kiedy odbierze swoje rzeczy.

Wróciłam do domu, czując pustkę. Nie byłam pewna, co właściwie chciałam mu powiedzieć. „Dziękuję" zabrzmiałoby tak banalnie. Potrzebowałabym wielu godzin, żeby wyrazić wdzięczność za to, że zmusił nas do przeczytania *Iliady* i *Odysei*. Za to, że tak długo ćwiczył z nami konstruowanie zwięzłych, rzeczowych akapitów, aż weszło nam to w krew. Za to, że nauczył nas rozróżniać czasowniki statyczne od dynamicznych. Za to, że opowiadał nam o operze, sztuce i dobrych winach. Za to, że uczył nas obcować z pięknem i kulturą. Za to, że został w Ravennie i pokazał nam, ile znaczą dla niego uczniowie. Za to, że każdemu nastolatkowi z tego małego miasteczka otworzył okno na świat.

Wiele lat później miałam jednak okazję mu podziękować. Zaskoczył mnie, przychodząc na moje spotkanie z czytelnikami. Z radości zakręciło mi się w głowie. Przyniósł ze sobą prezent – dwie płyty kompaktowe z nagraniami oper i butelkę wina.

Powiedziałam mu, że wciąż uwielbiam *Iliadę*. Pokochałam ją od pierwszego zdania:

> Gniew mi opiewaj bogini, Peleusa syna, Achilla
> Zgubny, który tak wiele nieszczęścia przysporzył Achajom*.

Rozmawialiśmy też o *Wielkim Gatsbym*, kolejnej z jego ulubionych lektur. Przerabiał ją z kolejnymi pokoleniami przez kilkadziesiąt lat, a mimo to wciąż był nią zafascynowany.

„Ta ostatnia strona... – rzucił, kręcąc głową z podziwem – ostatnia strona zawiera lekcję dla całej ludzkości. Mówi wszystko, co trzeba wiedzieć".

Jak się kończy *Wielki Gatsby*?

Pan Ricco nie zacytował słów, które miał na myśli. Jak zwykle okazał się świetnym nauczycielem – sprawił, że nabrałam ochoty, żeby sięgnąć po tę książkę i zajrzeć na ostatnią stronę.

Antoine de Saint-Exupéry napisał kiedyś: „Jeżeli chcesz zbudować statek, nie zwołuj ludzi, aby zbierali drewno, nie organizuj im pracy, ale raczej naucz ich tęsknić za bezkresem oceanu".

To właśnie robił pan Ricco. Uczył nas tęsknić za oceanem.

A co jest na ostatniej stronie *Wielkiego Gatsby'ego*? Zdradzę wam tylko fragment, żebyście zapragnęli przekonać się sami, jak brzmi całość.

> I kiedy tak siedziałem, zastanawiając się nad daleką i nieznaną mi przeszłością, pomyślałem o zdumieniu Gatsby'ego,

* Homer, *Iliada*, przeł. Paweł Popiel, pl.wikisource.org/wiki/Iliada_(Popiel).

gdy po raz pierwszy złowił wzrokiem zielone światełko na końcu przystani Daisy. Odbył długą drogę do tego granatowego trawnika i myślał, że już jest u celu, tak blisko był spełnienia swoich marzeń. Nie wiedział, że już są za nim, gdzieś w tyle, w rozległym wzroku za miastem, gdzie ciemne pola republiki roztaczają się wśród nocy.

Gatsby wierzył w zielone światło, w orgiastyczną przyszłość, która rok po roku ucieka przed nami. Wymknęła się nam wówczas, lecz to nie ma znaczenia – jutro popędzimy szybciej, otworzymy ramiona szerzej... I pewnego pięknego poranka...

Tak oto dążymy naprzód, kierując łodzie pod prąd, który nieustannie znosi nas w przeszłość*.

Dziękuję, panie Ricco.
Dziękuję.

* Francis Scott Fitzgerald, *Wielki Gatsby*, przeł. Ariadna Demkowska-Bohdziewicz, Warszawa 1985.

Lekcja 16

Twój głos może być muzyką dla czyichś uszu

Nigdy nie było lepszego momentu, żeby dać się usłyszeć.

Podcasty zyskują coraz większą popularność, a radio przeżywa renesans kilkadziesiąt lat po tym, jak po wynalezieniu telewizora wróżono mu śmierć.

Przez sześć lat prowadziłam cotygodniową audycję w oddziale stacji National Public Radio. Byłam też gościem niezliczonych programów w Stanach Zjednoczonych i w Polsce. Uwielbiam słuchać ciekawych pomysłów, fascynujących opowieści i ludzi, którzy dzielą się swoimi przeżyciami i obnażają duszę.

Moja audycja nie była poświęcona sprawom publicznym, lecz prywatnym – skupiała się na kwestiach, które dotyczą nas wszystkich. Nadawany przez trzy lata program *The Regina Brett Show* miał być dla słuchaczy inspiracją. Chciałam dodać im odwagi do działania, pokazując, jak przezwyciężyć problemy życiowe, które nie pozwalają nam zasnąć, i trudności, z których zwierzamy się tylko przyjaciołom; jak rozwiązać dylematy, o których dyskutujemy przy kawie, i jak znieść przykrości, o których nie śmiemy nikomu powiedzieć.

Program cechowała swobodna atmosfera i otwartość na emocje. Goście dzielili się refleksjami i radami, jak zapewnić lepsze życie sobie i innym. Chciałam natchnąć słuchaczy, żeby zmieniali świat – i siebie samych.

Może twój kontakt z radiem ogranicza się do słuchania, ale jeśli będziesz miał szansę poprowadzić audycję albo siądziesz przed mikrofonem w charakterze gościa, pamiętaj o poniższych wskazówkach, dzięki którym lepiej wypadniesz w eterze.

Przede wszystkim jeśli jesteś gościem, warto zapoznać się z programem, w którym występujesz. Posłuchaj i/lub obejrzyj kilka odcinków i dowiedz się:

Kto gra pierwsze skrzypce: gość czy prowadzący? Kto więcej mówi? Kim są najwierniejsi słuchacze? Co oprócz wywiadu obejmuje audycja? Muzykę? Konkursy? Quizy? Telefony, e-maile albo komentarze na Facebooku od słuchaczy?

Jaki jest główny cel programu? Czy ma zapewniać rozrywkę? Informować? Prowokować? Tonować nastroje? Czy dużo się w nim mówi o biznesie, sporcie, aktualnościach, sztuce albo polityce? Czy toczy się w zawrotnym tempie czy przypomina raczej swobodną przyjacielską rozmowę przy kawie? Jaki ma ton: stanowczy, gawędziarski czy konfrontacyjny?

Najlepsza rada, jaką mogę ci dać, brzmi:

Przygotuj się ponad miarę, a potem daj się ponieść.

Jeśli wywiad odbywa się w siedzibie radia, sprawdź adres. Zostaw sobie czas na nieprzewidziane sytuacje: korki w godzinie szczytu, wypadek, opóźnienia. Wymień się numerami telefonu z wydawcą albo prowadzącym – czasem coś się zmienia w ostatniej chwili. Dowiedz się, gdzie jest parking i czy będziesz potrzebować zezwolenia na wjazd. Ustal, gdzie spotkasz się z osobą kontaktową.

Nawet jeśli masz rozmawiać z prowadzącym przez telefon i nie zobaczysz się z nim twarzą w twarz, powinieneś znać jego nazwisko i nazwisko producenta oraz numery kontaktowe – między innymi na wypadek, gdyby trzeba było odwołać wywiad. Dopilnuj, żeby druga strona dostała twoje dane kontaktowe. Dopytaj, o której godzinie masz zadzwonić albo spodziewać się telefonu. Potwierdź te ustalenia w e-mailu albo SMS-ie, żeby mieć je zapisane, gdyby uciekły ci z pamięci.

Udzielając wywiadu z domu, wyłącz radio. Jeśli to możliwe, rozmawiaj z prowadzącym przez telefon stacjonarny. Wyłącz opcję połączeń oczekujących. Wycisz dzwonki innych telefonów, wyłącz wszystkie budziki, pagery, zegarki, minutniki itp. Upewnij się, że z twojego domu albo biura nie dobiega żaden hałas. Kiedyś w mojej audycji tłem dla rozmowy z gościem przez telefon było nieprzerwane ujadanie jego psa.

W trakcie wywiadu nie zajmuj się niczym innym. Nie sprawdzaj nawet poczty elektronicznej. Skup się na programie.

Zastanów się wcześniej, co chcesz powiedzieć. Zapisz na kartce kilka kwestii do poruszenia albo miej przy sobie swój artykuł albo książkę.

Jeśli program będzie emitowany w telewizji albo w internecie, unikaj pstrokatych ubrań, jaskrawej kraty oraz bladych beżów i szarości. Nie wkładaj wymyślnego stroju z mnóstwem dodatków, zrezygnuj z ogromnych kolczyków (będą ci przeszkadzać, gdy założysz słuchawki) i ciężkich bransoletek (żeby nie stukać nimi w stół i w mikrofon).

Zabierz do radia butelkę wody. Przed programem nie pij mleka ani nie jedz nabiału, żeby nie musieć ciągle chrząkać. Odstaw też napoje gazowane.

Zanim usiądziesz przed mikrofonem, idź do toalety. Audycja może potrwać nawet godzinę bez żadnych przerw, więc uważaj, żeby nie przeholować z kawą. Wyłącz telefon komórkowy i inne urządzenia mogące wydawać dźwięki.

Weź kilka głębokich, spokojnych oddechów. W toalecie uderzaj przez chwilę pięściami w klatkę piersiową jak goryl, żeby dodać sobie animuszu. Odmów krótką modlitwę, jeśli ci to pomaga, albo powtarzaj w duchu pozytywne afirmacje.

Zorientuj się, do którego mikrofonu masz mówić i jak daleko powinien się znajdować od twoich ust. Zwykle jest to mniej więcej odległość pięści. Udawaj, że jesteś w telewizji. Uśmiechaj się. Mów z ożywieniem. Gestykuluj. Opanuj do perfekcji radiowy obrót – kiedy przekręcasz głowę, żeby spojrzeć na prowadzącego albo zerknąć w notatki, nie odsuwaj ust od mikrofonu, a twój głos się nie zachwieje. Jeżeli potrzebujesz odkaszlnąć, chrząknąć albo napić się wody, wciśnij przycisk, który na chwilę wycisza mikrofon. Jeśli to możliwe, włóż słuchawki, żeby słyszeć osoby, które dzwonią do radia.

Gdy rozmowa toczy się w studiu, utrzymuj kontakt wzrokowy z prowadzącym. Ważne, żeby w razie potrzeby mógł ci pokazać, że masz mówić szybciej lub wolniej.

Możesz mieć przy sobie notatki, ale nie czytaj z nich słowo w słowo ani nie szeleść nimi przy mikrofonie.

Zrozum, na czym polega twoja rola. O czym chcesz opowiedzieć słuchaczom? Co mają wynieść z tej audycji? Jaki jest twój najważniejszy przekaz?

Mów po swojemu. Masz coś do powiedzenia. Pozwól innym to usłyszeć. Nie mamrocz pod nosem. Nie wdawaj się w rozwlekłe wyjaśnienia. Nie zaczynaj od Adama i Ewy. Wybierz to, co najciekawsze. Unikaj odpowiedzi jednym słowem. Cisza w eterze to radiowy koszmar, więc nie zwlekaj zbyt długo z reakcją na pytania.

Wyraźnie wymawiaj dłuższe i trudniejsze słowa, nazwiska, numery telefonu i adresy stron internetowych.

Jeśli zaskoczy cię pytanie, na które nie znasz odpowiedzi, sprowadź rozmowę na temat, o którym wiesz więcej. Zacznij tak: „To ciekawa kwestia, ale warto się również zastanowić, czy…".

Po programie posłuchaj, jak wypadłeś. Poproś o opinię kilka osób, których zdanie szanujesz. Niezależnie od tego, jak się oceniasz, bez wahania przyjmij zaproszenie do następnej audycji.

Jeśli prowadzisz podcast albo program radiowy, może przyda ci się to, czego nauczyłam się, siedząc za mikrofonem:

Określ swoją osobistą misję, którą chcesz realizować w audycji. Nadaj jej żartobliwy i łatwy do zapamiętania tytuł. Jaki masz styl? Jaką niszę chcesz zagospodarować? Czy potrafisz opisać to w dwóch słowach? Albo w dwóch zdaniach?

Co chcesz osiągnąć w swoim programie? Najważniejsze, żebyś zachęcił ludzi do regularnego słuchania. Ile będzie trwał? Czy zamierzasz zapraszać jednego gościa czy więcej osób? Czy będziesz miał współprowadzącego? Czy planujesz stworzyć stronę internetową audycji? Czy potrzebujesz dżingla na rozpoczęcie i zakończenie programu? Czy wystarczy ci jeden czy wybierzesz kilka dla poszczególnych segmentów? Czy możesz wzbogacić swój program innymi efektami dźwiękowymi? Jeśli się na to zdecydujesz, postaraj się, żeby uzupełniały audycję, zamiast przyćmiewać jej treść.

Zanim zaczniesz działać, stwórz listę gości i tematów, żeby sprawdzić, czy nie zabraknie ci pomysłów.

Przed każdą audycją zastanów się, jaki cel ma to wydanie. Znajdź najlepszych, najbardziej elokwentnych rozmówców. Zaproś reprezentantów różnych stanowisk. Wyszukuj oryginalnych gości, promuj nowe głosy, których nikt dotąd nie słyszał. Ściągaj najlepiej poinformowanych ekspertów, autorów publikacji na omawiany temat i zwykłych ludzi, którzy znają go z doświadczenia.

Jeśli zapraszasz pisarza, przed programem przeczytaj jego książkę.

Jasno określ rolę każdego z gości. Co dana osoba wnosi do audycji? Stawiaj na różnorodność opinii, podejść i stanowisk. Przeprowadź z gośćmi wywiad wstępny, żeby upewnić się, czy pasują do programu. Pomyśl, kogo zaprosić, żeby wydał się interesujący jak największej liczbie słuchaczy.

Opracuj system odnotowywania, kogo zapraszasz, jak przekazujesz mu informacje i jaką drogą potwierdzasz jego wizytę – przez telefon, SMS-em czy e-mailowo. Sprawdź, czy goście mają stronę internetową, na której mogą zamieścić link do twojego programu. Zachęcaj ich, żeby informowali o wizycie w programie na swoim blogu, Twitterze i Facebooku. Dopilnuj, żeby wiedzieli, kto jeszcze wystąpi w audycji i czego od nich oczekujesz. Jeśli zapraszasz kilka osób, zdecyduj, czy wolisz formułę wywiadu czy rozmowy. Stwórz listę „stałych bywalców", którzy przyjdą do programu, jeśli ktoś inny odmówi w ostatniej chwili.

Do jakich wniosków próbujesz dojść? Z jaką refleksją chcesz pozostawić słuchaczy? Jakie proponujesz rozwiązanie danej kwestii? Dlaczego ten problem jest ważny dla społeczeństwa?

Jeśli przygotowujesz tekst do odczytania na antenie, pisz tak, jakbyś mówił. Używaj potocznych słów. Najlepiej sprawdzają się krótkie zdania oznajmujące, zawierające jedną myśl. Zamiast przymiotników stawiaj na sugestywne czasowniki. Posłuchaj, jak brzmi gotowa wersja tekstu.

Gdy tylko potwierdzisz obecność gościa w programie, wrzuć notkę o nim na profile audycji w mediach społecznościowych.

Przed wejściem na żywo przywitaj się z gośćmi przez telefon albo osobiście i pozwól im się usłyszeć i zamienić ze sobą kilka słów. Wyjaśnij im, gdzie mają usiąść, jak korzystać z mikrofonu itp. Przeprowadź próbę mikrofonu i sprawdź, czy głośność w słuchawkach jest odpowiednia. Upewnij się, czy dobrze wymawiasz imiona i nazwiska gości – i dopytaj, czy nie wolą używać pseudonimu.

Masz trzydzieści sekund, żeby przekonać do siebie słuchaczy – zmiana stacji to jeden prosty ruch. Daj im powód, żeby zostali przy odbiornikach. Wzbudź ich zainteresowanie. Powiedz, jaki jest przekaz twojego programu i o czym będzie aktualne wydanie. Wyjaśnij, co się w nim wydarzy, dlaczego temat, który wybrałeś, jest ważny i do czego przyda im się ta wiedza.

Zaprezentuj krótko swojego gościa. Nie czytaj jego życiorysu od a do zet – wybierz jeden ciekawy szczegół. Jeśli nie siedzi z tobą w studio, powiedz, skąd łączy się z programem. Podaj jeden czy dwa dowody na jego kwalifikacje w danym temacie. W trakcie audycji przedstawiaj gości ponownie dla spóźnionych słuchaczy.

Mów z przekonaniem – bądź odważny i pewny siebie, nawet jeśli się denerwujesz.

Zadawaj po jednym pytaniu. Nie wrzucaj trzech albo czterech do jednego zdania, bo wszyscy będą zdezorientowani. Nie naprowadzaj gości na odpowiedź, która twoim zdaniem jest prawidłowa. Stawiaj na pytania otwarte typu: „Jak się pan czuł, kiedy pierwszy raz był pan…?”; „Jak zareagowałaś, kiedy to powiedziała?”; „I co było dalej?”; „Co ma pan przez to na myśli?”.

Dziennikarz Studs Terkel świetnie wyjaśnił, jak należy rozmawiać z gośćmi. „Dobry wywiad radiowy powinien brzmieć jak rozmowa, a nie przesłuchanie. Niech publiczność ma wrażenie, że was podsłuchuje. Jesteś częścią duetu – w dodatku mniej ważną. Pomóż drugiej osobie wyrazić to, co chce powiedzieć, zamiast wkładać jej w usta własne słowa".

Skup się na wypowiedzi gościa. Zwróć uwagę na to, co mówi, a co przemilcza. Jeśli musisz odpowiedzieć na jego zaczepkę, zrób to z szacunkiem. To ty chronisz słuchaczy przed nudą. Zadawaj trudne pytania, wymagające złożonych odpowiedzi, a nie usypiających statystyk.

Pamiętaj, żeby podać tytuł audycji, adres jej strony internetowej i nazwy profili w mediach społecznościowych. Rób gościom zdjęcia i zamieszczaj je na Facebooku, Twitterze i Instagramie.

Podziękuj każdemu z gości i wyjaśnij słuchaczom, jak mogą podzielić się refleksjami po audycji w mediach społecznościowych.

Po programie przesłuchaj nagranie na spokojnie. Zastanów się, co się sprawdziło, a co nie. Czy zaprosiłbyś tego gościa jeszcze raz? Wyślij mu podziękowanie e-mailem albo SMS-em.

A jeśli ci się podobało, powtórz to.

Lekcja 17

Słowa z głębi serca trafiają w głąb serc

Ludzie boją się publicznych wystąpień bardziej niż śmierci.

Strach przed przemawianiem na forum plasuje się w rankingach tuż za lękiem przed pająkami, wężami, psami i zarazkami. To sprawia, że już wychodząc na scenę, czuję się nieustraszona. Wystarczy wstać, ubrać się i przyjść, gdzie trzeba, żeby zostać bohaterem.

Przemawiałam już setki razy. Publiczność mnie nie peszy, ale kilka godzin przed wystąpieniem zaczynam się stresować. Mam wątpliwości, czy sobie poradzę, serce bije mi jak szalone i nie potrafię zebrać myśli. Stojąc przed tłumem słuchaczy, czasem czujemy się niepewni i bezbronni. Niektórzy radzą: „Wyobraź sobie publiczność w bieliźnie". Nie, dziękuję. Dla mnie to zbyt dziwaczne. Wolę porozmawiać ze swoim strachem. Mówię mu: „Przestań. Nawet nie jesteśmy jeszcze na scenie, więc daj mi spokój".

Większość ludzi za każdym razem daje trzy przemówienia: to, które sobie zaplanowali i wielokrotnie przećwiczyli; to, które faktycznie wygłaszają; i to najlepsze, które przychodzi im do głowy dopiero w drodze do domu.

Zwykle mówimy za długo. Prawie nigdy nie słychać narzekań: „Ta mowa była za krótka". Bez względu na to, ile mądrych i zabawnych rzeczy masz do powiedzenia, głowy słuchaczy przyswoją tylko tyle, ile zniosą ich pośladki. Zwracaj uwagę na publiczność. Jeśli ludzie ziewają, przysypiają albo wychodzą, pora zejść ze sceny.

Najważniejsza rada, jaką kiedykolwiek usłyszałam, brzmi:

Mów z głębi serca.

Słowa, które płyną z serca, dotrą do serc publiczności. Najlepsze przemówienia uświadamiają słuchaczom prawdę o nich samych, a nie o tobie. Pomóż im uwierzyć w siebie, nie w ciebie.

Jeśli kiedyś będziesz miał okazję przedstawiać mówcę, pamiętaj o tych wskazówkach:

Włóż coś wygodnego, w czym czujesz się pewnie. Dowiedz się, jakiego koloru będzie tło. Jeśli wystąpisz w czerni przed czarną kurtyną, publiczność zobaczy tylko głowę zawieszoną w przestrzeni.

Zamiast zanudzać wszystkich długą biografią mówcy, opisz go kilkoma faktami związanymi z tematem wystąpienia.

Przygotuj się. Czuję się niezręcznie, kiedy ktoś mnie przedstawia, podając błędne informacje.

A jeśli to ty masz przemawiać, daj z siebie wszystko. To moje rady dla ciebie:

Poznaj swoją publiczność.
Publiczność to świętość. Dostosuj wystąpienie do konkretnych słuchaczy. Weź pod uwagę ich wiek, płeć, poziom wykształcenia i zawód.

Co już wiedzą na temat, o którym mówisz?

Powiąż swoją wiedzę i doświadczenia z ich potrzebami. Tu chodzi o nich, nie o ciebie.

Sprawdź, jaki jest cel wydarzenia, na którym przemawiasz: rozrywka, edukacja, przekonanie do czegoś czy zbiórka funduszy? Musi ci zależeć na poruszanej kwestii i na słuchaczach. Co możesz im zaoferować?

Nie powtarzaj za każdym razem tego samego. Uwzględnij w swoim wystąpieniu miasto lub miejsce, w którym przemawiasz, bieżące wydarzenia itp. Bądź fair wobec słuchaczy. Poświęcili czas, żeby się z tobą spotkać. Potraktowali cię priorytetowo, więc zrewanżuj się tym samym.

Przygotuj się ponad miarę, a potem daj się ponieść.
Nie powinieneś czytać z kartki, ale warto mieć przy sobie notatki albo plan przemówienia. Ja zabieram swoje zapiski na scenę, ale rzadko z nich korzystam. Są moim kołem ratunkowym – dają mi pewność, że poradzę sobie, nawet jeśli nagle stracę wątek.

Uwielbiam karteczki o wymiarach 10 x 15 cm. Można na nich zapisać fragmenty wystąpienia, a przy tym łatwo je przetasować, żeby znaleźć tę, której potrzebujesz.

Ron Hoff, autor świetnej książki o przemawianiu *I Can See You Naked* (Widzę cię nago) – daje prosty przepis: „Opowiedz kilka żartów, historii albo anegdot. Potem uprzedź, o czym zamierzasz mówić. Dorzuć kolejną porcję żartów, historii i anegdot. Powiedz to, co zaplanowałeś. Wtrąć jeszcze jeden żart, historię lub anegdotę. Na koniec przypomnij, o czym mówiłeś".

Naucz się zaczynać i kończyć z przytupem. Nie wystarczy po prostu zapełnić czas gadaniem – niech słuchacze zapamiętają twoją mowę i coś z niej wyniosą.

Bądź sobą. W czym jesteś najlepszy? Wykorzystaj to. Pokaż jak najwięcej siebie. Zaprezentuj się od najlepszej strony.

Możesz śmiać się z samego siebie, ale nigdy ze słuchaczy. Bądź po ich stronie.

Używaj tablicy multimedialnej, slajdów, filmów i Power Pointa tylko wtedy, kiedy naprawdę ich potrzebujesz, żeby dotrzeć do słuchaczy. Przed wystąpieniem zawsze sprawdź, czy wszystko działa.

Promuj swoje przemówienie.
Powiadom o nadchodzącym wystąpieniu przyjaciół i znajomych. Poproś, żeby przekazali tę informację dalej.

Jeśli reprezentujesz jakąś organizację albo instytucję, poproś ją o zamieszczenie informacji o imprezie na stronie internetowej, na blogu, w newsletterze i w innych publikacjach wewnętrznych.

Skontaktuj się z przedstawicielami lokalnej prasy i dopilnuj, żeby mieli wszystkie dane potrzebne do zapowiedzenia imprezy. Wytypuj dziennikarza, który najlepiej pasuje do tego tematu.

Zaproponuj miejscowym stacjom radiowym i telewizyjnym wywiad zapowiadający wystąpienie.

Używaj mediów społecznościowych przed spotkaniem, w jego trakcie i po nim, żeby przyciągnąć słuchaczy oraz wypromować siebie i swoją organizację. Pisz o wydarzeniu, rób zdjęcia i udostępniaj je.

Zanim dotrzesz na miejsce...

Nie przejadaj się, tylko zaspokój głód, żeby nie burczało ci w brzuchu. Ja zawsze zabieram ze sobą okulary do czytania, wodę i pasek, do którego można przypiąć baterię do mikrofonu, bo w większości sukienek nie ma do czego jej przyczepić.

Nie pij napojów gazowanych, bo będziesz odczuwał nieprzyjemne tego skutki przez całe przemówienie. Nie jedz lodów, bo zaciska się od nich gardło. Umyj zęby i użyj nici dentystycznej, żeby uchronić pierwszy rząd przed resztkami jedzenia. Upewnij się, czy zastosowałeś dezodorant. Sprawdź, czy w twojej kreacji nie ma plam ani dziur wygryzionych przez mole.

Poruszaj się przed lustrem w ubraniu, które planujesz włożyć. Kiedyś wybrałam za krótką bluzkę i za każdym razem, kiedy unosiłam ręce przy mówieniu, raczyłam publiczność widokiem gołego pępka. Nie miałam o tym pojęcia, dopóki któraś z kobiet nie upomniała mnie w liście, że świetnie przemawiam, ale nie potrafię się ubrać.

Pij tyle, żeby nie zemdleć z odwodnienia – ale nie przesadzaj, bo będziesz potrzebować przerwy na toaletę.

Spakuj notatki, telefon i ładowarkę. Miej przy sobie numer komórkowy osoby, z którą masz się spotkać. Przyjedź przed czasem, żeby nie dokładać sobie stresu.

Na miejscu...

Rozejrzyj się po sali. Oswój się z nową przestrzenią. Zaprzyjaźnij się z nią.

Zrób próbę dźwięku. Przetestuj mikrofon. Czy nie ma zakłóceń? Czy możesz przypiąć sprzęt do bluzki? Czy dobrze się trzyma? Gdzie będziesz stać? Gdzie możesz położyć notatki, wodę i iPada? Jak będziesz kontrolować czas?

Zamień kilka słów z prowadzącym. Potwierdź temat i długość wystąpienia i upewnij się, że wiesz, kto się może pojawić. Zaprzyjaźnij się ze specem od technologii.

Oswój się z tym, jak wyglądasz na gigantycznym ekranie za sobą. Czasem oświetlenie będzie tak silne, że nie będziesz widział publiczności. Wtedy musisz sobie wyobrażać, że spijają każde słowo z twoich ust.

Jeśli słuchaczy jest dużo mniej, niż się spodziewałeś, skup się na tych, którzy przyszli, i daj z siebie wszystko.

Kilka minut przed wystąpieniem...

Wyłącz telefon komórkowy.

Pójdź ostatni raz do toalety. Sprawdź, czy masz czyste zęby, buty i ubranie.

Ja przez krótką chwilę proszę Boga, żeby pobłogosławił wszystko, co myślę, widzę, słyszę i mówię. Modlę się za publiczność i wiem, że Bóg do nich dotrze, nawet jeśli mnie się to nie uda. Usta są moje, ale wypowiadam Jego słowa.

Stań przed lustrem w pozycji Supermana – wyprostuj się i oprzyj dłonie na biodrach. Potem uderz kilka razy pięściami w klatkę piersiową jak goryl, żeby dodać sobie animuszu.

Podejdź do mikrofonu pewnym krokiem. Połóż notatki na pulpicie. Uważnie ustaw stopy na ziemi. Poczuj się w pełni obecny. Na koniec obrzuć publiczność wzrokiem. To twój moment – ale jesteś tu dla nich.

Uśmiechnij się. Naciesz się tą chwilą.

Jeśli się spodobasz, zaproszą cię jeszcze raz. Jeśli nie, już nigdy nie będziesz musiał tego robić. Tak czy inaczej będzie dobrze.

W trakcie przemówienia...

Przykuj uwagę publiczności, zaczynając od żartu, zaskakującego faktu albo prowokacyjnego pytania.

Ilustruj najważniejsze tezy krótkimi przykładami.

Nie bój się pauz. Zawieś głos przed ważnym słowem, zdaniem albo koncepcją, żeby stopniować napięcie. Chwila milczenia działa jak bezgłośne werble. W ten sposób zainteresujesz twoich słuchaczy.

Stój prosto. Gestykuluj, ale bez przesady. Nie baw się krawatem, apaszką ani bransoletką. Obrzucaj wzrokiem całą publiczność, szczególnie osoby w głębi sali i przy ścianach.

Jeśli stracisz wątek, umilknij i weź głęboki oddech. Nie dukaj bezradnie. Po prostu przerwij na chwilę, upij łyk wody i wróć na właściwe tory.

Na koniec...

Wymyśl ciekawe zakończenie. Wybierz najciekawszą historię, żeby wywrzeć niezatarte wrażenie. Pozostaw po sobie niedosyt, żeby oklaski nie były wyrazem ulgi, że wreszcie zamilkłeś.

Jeśli jest na to czas, odpowiedz na kilka pytań. Zawsze powtarzaj je do mikrofonu, żeby wszyscy słyszeli, o czym mowa. Jeśli słuchacze nie mają pytań, sam zadaj sobie pierwsze, żeby ich ośmielić. Podziękuj prowadzącemu i sponsorom i zakończ krótkim cytatem albo anegdotą.

A potem spójrz na publiczność – nie po to, żeby rozkoszować się jej aplauzem, tylko żeby pobłogosławić ją na pożegnanie.

Słowa leczą

Lekcja 18

Każde imię jest warte zapamiętania

William Szekspir powiedział kiedyś: „Nie ma słodszego dźwięku niż własne imię".

Większość z nas uwielbia je słyszeć.

Bardzo lubię gry urządzane na przełamanie lodów na imprezach dla narzeczonych albo przyszłych rodziców. Jedna z zabaw polega na tym, żeby się przedstawić i wyjaśnić, dlaczego nosi się właśnie takie imię. Ludzie opowiadają fascynujące historie – niektórzy zostali nazwani po dziadku lub babci, inni na cześć bohaterów wojennych, pisarzy albo postaci filmowych.

Kiedy ktoś zwraca się do nas po imieniu, czujemy, że naprawdę się dla niego liczymy. Przestajemy być anonimowi w świecie pełnym nieznajomych. Dlatego to takie ważne, żeby zapamiętywać imiona.

Kiedyś mawiałam: „Nie mam pamięci do imion". I naprawdę tak było.

Godzinę po lunchu nie potrafiłam sobie przypomnieć, jak się nazywa osoba, z którą go zjadłam. Jako dziennikarka, pisarka i mówczyni poznaję przelotnie mnóstwo ludzi, więc wytrenowałam swój mózg, żeby ich nie zapamiętywał.

Ale nikt nie lubi czuć się przeoczony albo nieistotny. Wszyscy chcemy coś znaczyć.

Doprowadzam do szału moją przyjaciółkę Thrity Umrigar, bo poprawiam wszystkich, którzy źle wymawiają jej imię. Ona już przestała się tym przejmować. Pochodzi z Mumbaju, a mieszka w Stanach Zjednoczonych. Amerykanie nie są przyzwyczajeni do imienia Thrity. Rymuje się ze słowami „pretty" i „witty", ale ludzie mówią na nią Tritty albo Trudy. Zawsze zwracam im uwagę.

Dale Carnegie, autor książki *Jak zdobyć przyjaciół i zjednać sobie ludzi*, napisał: „Pamiętaj, że własne nazwisko to dla człowieka najsłodsze i najważniejsze spośród wszystkich słów świata"*.

Uwielbiałam, kiedy rodzice wołali mnie po imieniu, bo zanim do niego doszli, zwykle musieli wymienić wszystkie moje siostry: „Theresa, Patty, Maureen, Joan, Mary..." i ostatecznie z „Reginy" często robiła się „Marygina".

Bywam nazywana Virginią. Christiną i Reginą przez „g" zamiast przez „dż". Nawet moja babcia ze Słowacji nie potrafiła dobrze wymówić mojego imienia – w jej ustach brzmiało jak Virginia. Najbardziej nie lubię, kiedy ludzie mówią na mnie „Redżajna", rymując moje imię z angielskim określeniem najintymniejszej części kobiecego ciała. Chcą być zabawni, ale ja czuję się skrępowana. Kiedyś na

* Dale Carnegie, *Jak zdobyć przyjaciół i zjednać sobie ludzi*, przeł. Paweł Cichawa, Warszawa 1997.

sali wykładowej profesor wywołał mnie w ten sposób po odbiór pracy. Kilkuset studentów parsknęło śmiechem, a ja spłonęłam krwistym rumieńcem.

Po łacinie moje imię – Regina Maria – znaczy Królowa Maria. Moja mama wyjaśniła, że wybrał je ksiądz. Urodziłam się w dniu Nawiedzenia Najświętszej Maryi Panny. Gdy Maryja odwiedziła swoją kuzynkę Elżbietę, w jej łonie poruszyło się dzieciątko, a ona wypowiedziała słynne słowa, które stały się częścią modlitwy „Zdrowaś Mario": „Błogosławionaś ty między niewiastami i błogosławiony owoc żywota twojego".

Moja córka Gabrielle Veronica Brett nazwała swoje dzieci tak, żeby każde z nich miało drugie imię po mamie. Nazywają się: Asher Brett, Ainsley Veronica i River Gabrielle.

Chociaż z mojego doświadczenia wynika, że dzieci słyszą swoje drugie imię tylko wtedy, gdy wpadną w tarapaty. Podobno rodzice nadają je nam właśnie po to, żebyśmy wiedzieli, że nabroiliśmy.

Nauczyciele i trenerzy często nawet nie próbują się dowiedzieć, jak dziecko lubi być nazywane. Do małego Jamesa bez pytania zwracają się Jimmy, na Williama mówią Billy, a na Suzanne wołają Susie.

Moja córka poślubiła mężczyznę, który używa drugiego imienia. Oficjalnie nazywa się Kerry, tak jak hrabstwo w Irlandii, ale kiedy był mały, ktoś uznał to imię za dziewczęce. Od tamtej pory mój zięć przedstawia się jako James.

Ważne też, żeby odpowiednio zapisać imię. Czy nowa znajoma nazywa się Vicki czy Vicky? Theresa czy Teresa?

Dianne czy Diane? Nikt nie chce otrzymać źle zaadresowanej kartki urodzinowej.

Imiona i nazwiska mają tak wielkie znaczenie, że na studiach dziennikarskich za pomyłkę w ich pisowni w artykule automatycznie dostawaliśmy dwóję. Wykładowcy nie mieli litości. Wiedzieli, że gazeta to przekaz historyczny, więc właściwe dane są kluczowe.

Na spotkaniach z czytelnikami zawsze proszę, żeby przeliterowali swoje imię, zanim podpiszę im książkę. John może okazać się Jonem, a Tom – Thomem. Wyjątkowej czujności wymagają wszystkie Amy, bo czasem chodzi o Amie, Amee, Ami, Aimee albo Amee. Lepiej się upewnić.

Mój mąż ma świetną pamięć do imion. Zapamięta, jak się nazywa twój partner, dzieci i kot. Nie znosi zapominać takich szczegółów. Gdy wchodzi do pokoju i zauważa znajomą osobę, od razu szuka w pamięci jej imienia, a w razie potrzeby posiłkuje się telefonem, żeby znaleźć o niej informacje. Dba o to, żeby każdy poczuł się ważny. Jego osobistą supermocą jest rozpoznawanie ludzi po tyle głowy.

Mamy jednak pewną zasadę: jeśli nie przedstawiamy kogoś sobie nawzajem, to dlatego, że nie pamiętamy, jak się nazywa. Jemu zdarza się to rzadko, mnie – często.

Aktorka Mindy Kaling uważa, że „brak pamięci do imion" nie powinien być akceptowany społecznie. „Taka przypadłość nie istnieje – stwierdziła. – Zapominanie, jak ktoś się nazywa, to nie choroba neurologiczna, tylko wybór. Podejmujesz decyzję, że nie będziesz się starał tego zapamiętać. To tak, jakbyś mówił: »Z góry uprzedzam, że jestem chamski«".

Nie chcę wydać się taka innym, dlatego pracuję nad sobą. Stosuję się do wszystkich porad ekspertów:

Przede wszystkim podjęłam świadomą decyzję, że będę zapamiętywać imiona. Zaczęłam mówić: „Mam pamięć do imion".

To decyzja, żeby skupić się przede wszystkim na drugiej osobie zamiast na tym, jak wypadam w jej oczach. Wtedy staje się dla mnie na tyle ważna, że zapamiętuję ją, a nie to, co pomyślała na mój temat albo do czego może mi się przydać.

Staram się aktywnie słuchać, być w pełni obecna i nie błądzić myślami. Patrzę rozmówcy w oczy i zwracam uwagę na ich kolor. Kiedy angażujesz się całym sobą w kontakt z drugim człowiekiem, pokazujesz, że ci na nim zależy, a taka chwila pozostaje w pamięci obu stronom.

Skup się na drugiej osobie. Nie myśl o sobie, nie planuj, co powiesz za chwilę. Podejmij mentalne, duchowe i emocjonalne zobowiązanie, żeby naprawdę się z nią spotkać oko w oko, serce w serce, dłoń w dłoń.

Gdy przenosisz uwagę z siebie na rozmówcę, wszystko się zmienia. Teraz nie chodzi ci o to, żeby pokazać siebie, tylko o to, żeby kogoś poznać. Nie pragniesz zaimponować mu tym, kim jesteś – wolisz dowiedzieć się, kim jest on. Sekret polega na tym, żeby bardziej chcieć go zapamiętać, niż zostać przez niego zapamiętanym. Przyjdź na spotkanie z intencją nawiązania prawdziwej więzi – a nie tylko przydatnej znajomości.

Ktoś mi poradził, że umysłu można używać jak aparatu fotograficznego. Wystarczy skupić się na czymś wyjątkowym u nowo poznanej osoby i zrobić mentalnie zdjęcie – pstryk! – żeby utrwalić jej obraz w swoim mózgu.

Jeśli nie dosłyszałeś, jak się nazywa, poproś, żeby przedstawiła się jeszcze raz. Potem powtórz jej imię głośno, wyraźnie i pewnie. Zadbaj o poprawną wymowę, żebyś nie zapisał w pamięci złej wersji. Wpleć je w naturalny sposób w rozmowę.

Czasem pytam o pisownię imienia i wyobrażam je sobie na kartce papieru. Łatwiej zapadają mi w pamięć słowa, które zobaczę. Dobrze sobie radzę z zapamiętywaniem imion na zajęciach łucznictwa, bo widzę je na tablicach wyników. Imię przeczytane na wydruku albo na identyfikatorze zostaje ze mną na dłużej.

Pomagają też skojarzenia: Betty blondynka. Brązowooki Bob. Wybierz cechę, która wyróżnia daną osobę, i powiąż ją z jej imieniem. Tylko nie mów swoich skojarzeń na głos.

Użyj imienia nowego znajomego przy pożegnaniu.

Jeśli zdążyło wylecieć ci z głowy, przyznaj po prostu: „Chcę lepiej zapamiętywać imiona, więc proszę, przypomnij mi, jak się nazywasz".

A jeśli wszystko inne zawiedzie, ucieknij się do techniki, z której korzystała aktorka Zsa Zsa Gabor – mów do wszystkich: „Kochanie".

Lekcja 19

Szczere przeprosiny mogą naprawić relację

Większość z nas nie potrafi przepraszać.

Idzie nam to tak nieporadnie, że po sieci krąży rysunek planszy do gry w *Bingo*, na której liczby zastąpiono przykładami kiepskich przeprosin: „Przepraszam, jeśli ktoś poczuł się urażony", „Zostawmy ten temat", „To słowa wyjęte z kontekstu", „Przykro mi, że tak to odbierasz", „Żartowałem", „Nie miałem złych intencji".

Słyszymy te frazesy od kochanków, polityków i celebrytów. W rzeczywistości to tylko puste słowa:

„Przepraszam, jeżeli cię zraniłem".

Jak to: „jeżeli"? Czyli masz wątpliwości, czy mnie zraniłeś?

„Przepraszam, ale..."

Żadnych „ale". Przeprosiny to nie wykręty. Nie możesz zasłaniać się kiepskim dniem, zespołem napięcia przedmiesiączkowego, trzecim piwem czy retrogradacją Merkurego.

„Przykro mi, że cię zawiodłem".

Przydałoby się więcej konkretów. W czym dokładnie mnie zawiodłeś? Zostawiłeś podniesioną deskę w toalecie, pożyczyłeś mój samochód bez pytania czy wdałeś się w namiętny romans z moją najlepszą przyjaciółką?

„Jeśli czujesz się urażona, to przepraszam".

Wygląda na to, że gdybym nie poczuła się urażona, to nie miałbyś sobie nic do zarzucenia.

„Żałuję, że moje uwagi mogły zostać przez niektórych źle odebrane".

W takim razie warto przeformułować przeprosiny, zwracając się bezpośrednio do tych, których dotyczą.

„Żałuję, że źle mnie zrozumiałeś".

Nie przerzucaj na innych odpowiedzialności za własne problemy z komunikacją.

„Przykro mi, że do tego doszło".

Do czego właściwie doszło i jaką odegrałeś w tym rolę?

„Przepraszam, że zraniłem twoje uczucia. Przykro mi, że przeze mnie jesteś zdenerwowana".

Nie przepraszaj za emocje, które odczuwam. Mam do nich prawo i są moje. Przyznaj, czym mnie zraniłeś, i przeproś właśnie za to.

„Jestem ci winien przeprosiny".

To wszystko? To nie są przeprosiny. To weksel.

„Przykro mi, że tak się czujesz".

To zdanie nie ma nic wspólnego z przeprosinami.

„Przepraszam. Przecież już cię przeprosiłem".

Słyszę twoją złość, ale nie słyszę żalu.

„Tak bardzo mi przykro. Czuję się strasznie. Boże, nie mogę tego znieść".

Naprawdę przejmujesz się moją reakcją czy tylko szukasz u mnie pocieszenia?

„Biorę pełną odpowiedzialność za to, co zrobiłem".

Świetnie. Ale co to znaczy? Co będzie dalej: skończysz romans? Zwrócisz dług? Oddasz się w ręce policji?

„Podjąłem złą decyzję".

Jeśli dopuściłeś się napaści seksualnej, gwałtu albo kradzieży, to nie była „zła decyzja", tylko poważne przestępstwo.

Z nieudolnych przeprosin słyną celebryci. Śpiewa o tym Brad Paisley w utworze *Celebrity* (Sława): „Na każdym kroku słyszysz brawa – tak działa sława. Zmieniam dziewczyny bez końca, ślub i rozwód w ciągu miesiąca. Gdy związek się rozpada, narzekam – ach, ta sława, tak ciężko być celebrytą".

W telewizyjnych komediach bohaterowie często nie potrafią powiedzieć po prostu: „Przepraszam". Albo przeciągają to słowo do kilkunastu sylab: „przeeee-praaaaszaaaam", jakby mówili w zwolnionym tempie, albo mamroczą „przprszm" tak szybko, że nie można mieć pewności, co właściwie powiedzieli.

Dlatego piosenka Eltona Johna *Sorry Seems to be the Hardest Word* (Przepraszam to chyba najtrudniejsze słowo) trafiła na szczyt listy przebojów. Nikt nie lubi przyznawać się do błędu. Czujemy się wtedy bezbronni. Obawiamy się, że to zniszczy naszą karierę, związek czy reputację. Bardziej martwimy się stanem swojego ego niż relacjami.

Amerykańskie korporacje rzadko biorą odpowiedzialność za swoje błędy. Zamiast tego specjalnie powołana komisja opracowuje oświadczenie, z którego nic nie wynika: „Pragniemy skierować najszczersze wyrazy ubolewania do wszystkich, którzy mogli ucierpieć…”.

Dlatego tak podobało mi się całostronicowe ogłoszenie wykupione przez firmę Kentucky Fried Chicken w brytyjskiej prasie, kiedy w przedsiębiorstwie zabrakło kurczaków. Na zdjęciu słowo „Przepraszamy” zostało umieszczone obok pustego kubełka z logo KFC, w którym litery miały przestawioną kolejność – FCK, jakby głosiły: „O, k…”.

To było oryginalne i szczere.

Czasem człowiek chce po prostu usłyszeć słowo „przepraszam”, zwłaszcza kiedy wina jest ewidentna. Kilka lat temu jakiś mężczyzna wjechał w tył mojego samochodu, spychając mnie na drugi pas autostrady.

Jego karoseria tak wgniotła się z przodu, że wybiegłam z auta, żeby sprawdzić, czy nic mu się nie stało. Był cały i zdrowy. I wściekły. Na mnie. Przed chwilą uderzył w mój samochód, a teraz kipiał ze złości, bo nie podobała mu się sytuacja, w której się znalazł. A może tak się zawstydził, że zadziałał jego mechanizm obronny z dzieciństwa. Tak czy inaczej godzinę czekaliśmy razem na pomoc drogową, a on przez cały ten czas ani razu nie powiedział: „Przepraszam, że w panią wjechałem” ani nie zapytał: „Czy nic pani nie jest?”.

Za to niektórzy – najczęściej kobiety – bez przerwy za wszystko przepraszają. Czy to oznaka uprzejmości? Być może. Ale część z nich przeprasza nawet za to, że żyje. Kiedyś byłam jedną z nich. Gdy ktoś się oparzył, wyciągając jedzenie z piekarnika, wołałam z drugiego końca kuchni:

„Tak mi przykro!”, jakbym mogła zamienić się w rękawice kuchenne, żeby mu tego oszczędzić. Brałam na siebie winę za wszystko, za co nie odpowiadałam, ale nigdy nie zastanowiłam się nad sobą dość głęboko, żeby przeprosić za krzywdy, które naprawdę wyrządziłam innym.

Uwielbiam słuchać przeprosin, nawet tych niezdarnych. Kiedyś pewna kobieta podeszła do mnie i wykrztusiła: „Przepraszam, że tak beznadziejnie cię potraktowałam”. Podejrzewam, że to z nią miał romans mój narzeczony. Nie wyjaśniła, o co chodzi, a ja o nic nie zapytałam. Potrzebowała zrzucić z siebie ten ciężar – a mnie również zrobiło się dzięki temu lżej.

Koleżanka z byłej pracy zadzwoniła, żeby powiedzieć: „Przykro mi, że byłam dla ciebie taką suką. Nie radziłam sobie z obowiązkami”. Te przeprosiny wywołały uśmiech na mojej twarzy. Wyjaśnienia koleżanki pomogły mi zrozumieć jej zachowanie.

Uzdrowiło mnie przypadkowe spotkanie ze starą przyjaciółką. Przeprosiła, że nie stanęła na wysokości zadania, kiedy najbardziej jej potrzebowałam. Wiedziałam, o jakiej sytuacji mówi. Po sesji terapeutycznej poświęconej molestowaniu, którego doświadczyłam w dzieciństwie, bardzo chciałam z kimś porozmawiać. Zebrałam się na odwagę, żeby do niej zadzwonić, ale ona po chwili stwierdziła, że musi kończyć, bo będzie oglądać film z mężem. Byłam zdruzgotana. Pomyślałam, że obarczyłam ją zbyt wielkim ciężarem.

Po latach wyznała mi, że zawsze miała ogromne wyrzuty sumienia po tym, jak zostawiła mnie w potrzebie.

Tamtego dnia skończyła rozmowę dlatego, że bała się zdenerwować męża. Wcale nie chodziło o mnie. „Tak mi przykro, że nie mogłaś na mnie liczyć" – usłyszałam. Te proste słowa zagoiły ranę w głębi mojej duszy.

Ja przez całe dzieciństwo krzywdziłam jedną z sióstr. Często pożyczałam od niej nowe ubrania, nie pytając o zgodę. Chociaż minęło już wiele lat, wciąż mi to wypominała, więc w końcu przeprosiłam ją za to, że sięgałam po jej własność. Wytłumaczyła mi wtedy, co bolało ją najbardziej. Wyśmiewałam się z niej, bo pracowała w fabryce – a to dzięki tej pensji mogła sobie pozwolić na zakup nowych rzeczy. Zupełnie tego nie pamiętałam, ale dla niej to wspomnienie wciąż było żywe. Teraz mogłam poprosić, żeby wybaczyła mi te nieżyczliwe słowa.

Nikt nie lubi przyznawać się do winy. Wydaje nam się, że poczujemy się po tym podle, ale tak naprawdę przeprosiny są dla nas wyzwoleniem. Kiedy otwierasz serce, wreszcie możesz poczuć w pełni swój wstyd i na zawsze się od niego uwolnić.

W prawdziwych przeprosinach nie umniejszasz swojej winy, obracając sprawę w żart albo mamrocząc pod nosem: „Sorry". Przyjmujesz do wiadomości, że źle postąpiłeś, i bierzesz za to pełną odpowiedzialność. Nie przerzucasz jej na nikogo innego, zwłaszcza na osobę skrzywdzoną twoim działaniem albo brakiem działania. Przyznajesz się do błędu, żeby móc wyciągnąć z niego wnioski, zamiast bezmyślnie go powtarzać.

Najlepiej przepraszać osobiście, twarzą w twarz, nie w SMS-ie ani w poście na Facebooku. Ktoś mi powiedział, że list z przeprosinami jest dobrym rozwiązaniem tylko wtedy, gdy zraniłeś odbiorcę listownie. Jeśli skrzywdziłeś go osobiście, powinieneś go tak samo przeprosić.

Tylko żadnego samobiczowania. Ani błagania o wybaczenie. Daj odbiorcy przeprosin trochę czasu. Wybaczanie to proces, a nie błyskawicznie działający lek na twój dyskomfort.

Postaraj się wynagrodzić krzywdę, którą wyrządziłeś. Zaproponuj odpowiednią rekompensatę i wywiąż się z tej obietnicy.

Przyjmując przeprosiny, okazujesz winowajcy wspaniałomyślność. Niektórzy wolą dalej czuć się ofiarą. Nie musicie padać sobie w ramiona, łapać się za ręce i zapewniać o dozgonnej przyjaźni. Ale masz szansę pożegnać się ze swoim cierpieniem i zostawić je za sobą. Odetchnij głęboko, naprawdę usłysz przeprosiny, poczuj je, powiedz: „Dziękuję", i zakończ temat. Kiedy uwolnisz drugą osobę od poczucia winy, sam też poczujesz się wolny.

Przeprosiny na zawsze odmieniły moją relację z córką. Głęboko ją zraniłam, nawet o tym nie wiedząc. Kiedy się zaręczyła, nie zaangażowałam się całym sercem w poszukiwania sukni ślubnej. Czuła się tak, jakby to był dla mnie przykry obowiązek. Wiele lat później pomagałam wybrać suknię ślubną przyjaciółce – a moja córka wreszcie wyrzuciła z siebie swój żal z przeszłości.

Słuchając jej, miałam ochotę bronić się i tłumaczyć swoje zachowanie. Ale nie mogłam. Miała rację. Nie zapewniłam jej takiego wsparcia, jakiego potrzebowała. Dlatego otworzyłam serce na jej słowa. Mówiła samą prawdę, przy okazji wspominając wiele innych sytuacji, w których nie mogła na mnie liczyć. Na początku czułam się tym przytłoczona, ale wiedziałam, że muszę jej wysłuchać do końca.

Kiedy naprawdę dotarły do mnie słowa córki, mogłam ją przeprosić i zobaczyć naszą relację z jej punktu widzenia. Wtedy zrozumiałam, ile mam jeszcze do zrobienia, żeby być dla niej lepszą mamą. Jej szczerość była darem dla nas obu.

Robert Brault powiedział: „Życie staje się prostsze, kiedy nauczysz się przyjmować przeprosiny, których nigdy nie usłyszałeś".

Staje się prostsze także wtedy, gdy przepraszamy tych, których krzywdzimy.

Lekcja 20

Najlepsza komunikacja staje się komunią

W dawnych czasach ktoś by do nas zadzwonił. Ale żyjemy w nowych czasach, dlatego dowiedzieliśmy się z Facebooka.

To tam przeczytałam o śmierci mojego kuzyna.

Na początku byłam wstrząśnięta, jak zawsze po odejściu kogoś bliskiego. I to podwójnie, bo nie spodziewałam się takiej wiadomości na Facebooku. Ale ten wstrząs wywołał falę współczucia, która przetoczyła się przez cały kraj, od Nowego Jorku aż po Kalifornię.

Dziś nie obowiązuje już dawna zasada, żeby zadzwonić ze złą wiadomością do trzech osób, z których każda przekaże ją kolejnym trzem i tak dalej, aż wszyscy się dowiedzą. Kiedyś pomyślałabym, że ten tradycyjny sposób był lepszy, ale nasza facebookowa więź pozwoliła wszystkim, którzy kochali Kevina, nawiązać błyskawicznie kontakt i pocieszać się nawzajem.

Czasem narzekam na wszechobecność technologii i zżymam się, że wszyscy powinniśmy wyłączyć telefony komórkowe i komputery, przestać żyć na Facebooku, Twitterze czy Instagramie i nawiązać realne więzi.

Istoty ludzkie jeszcze nigdy nie dysponowały tyloma drogami porozumiewania się ze sobą. Mamy e-maile, SMS-y, rozmowy telefoniczne, tweety, posty, wiadomości na czacie; mamy Skype'a i Facetime'a, a mimo to odnoszę wrażenie, że coraz trudniej nam do siebie dotrzeć.

Dlaczego komunikacja stała się taka skomplikowana?

Metod jest zdecydowanie za dużo. Wszystkie są dobre, ale każdy używa innej. Mój dentysta nadal potwierdza wizyty telefonicznie, ale w naszym domu zawsze trafia na automatyczną sekretarkę. Na telefon stacjonarny dzwonią już tylko ci, którzy nie znają naszych numerów komórkowych, na przykład politycy prowadzący kampanię wyborczą. Nic dziwnego, że ludzie je likwidują.

Trudno nadążyć za tym, kto jak się komunikuje z otoczeniem. Z moimi rodzicami było łatwo. Nie mieli komputera, a w ich domu stał jeden telefon. Teraz, kiedy oboje nie żyją, kontaktuję się z nimi tylko w modlitwach.

Mam dziesięcioro rodzeństwa. Jeden z moich braci zrezygnował z telefonu stacjonarnego, ale można się z nim dogadać SMS-owo i na Facebooku, a od czasu do czasu również przez komórkę. Drugi lubi rozmawiać przez telefon, ale tylko kiedy prowadzi. Jedna z sióstr prosi, żeby nie wysyłać jej e-maili, bo ma skrzynkę zapchaną wiadomościami od swoich studentów. Inna korzysta z poczty elektronicznej, ale z pewnym zastrzeżeniem: jeśli w e-mailu chodzi o coś ważnego, prosi, żeby do niej zadzwonić i upewnić się, czy na pewno go przeczytała.

Nasz starszy syn jest uzależniony od SMS-ów. Sprawdza telefon co pięć sekund. Co innego, jeśli SMS jest od nas – wtedy nie odpisuje całymi dniami.

Kolejna kwestia to kontakt z bratanicami, bratankami, siostrzenicami i siostrzeńcami. Niektórzy komunikują się wyłącznie przez Facebooka. Jeden bratanek raz w roku wysyła mi e-mailem prawdziwą epistołę na temat swoich życiowych bolączek. Kartki z podziękowaniami od młodszych dzieci w rodzinie przychodzą tradycyjną pocztą. Zachowuję je wszystkie na pamiątkę.

Kiedyś umówiłam się na kolację z przyjaciółką, którą znam od ponad trzydziestu lat. Dawniej co tydzień rozmawiałyśmy godzinami przez telefon. Teraz zazwyczaj obserwujemy się tylko na Facebooku, klikając „lubię to". W końcu po wymianie niezliczonych e-maili i SMS-ów udało nam się ustalić czas i miejsce spotkania. Kiedy i dlaczego ludzie przestali rozmawiać przez telefon?

Po trzech godzinach nadrabiania zaległości w meksykańskiej restauracji twarzą w twarz, oko w oko, enchilada w empanadę doszłyśmy do wniosku, że nie możemy znów stracić kontaktu. Przed wyjściem z knajpki zapytałam moją przyjaciółkę, jaką preferuje metodę komunikacji. „Rozmawiasz jeszcze przez telefon?" – upewniłam się.

Parsknęła śmiechem i opowiedziała mi, jak przegapiła SMS-ową naradę rodzinną. Przed urodzinami jej synowej wszyscy uzgodnili, że zrzucą się na prezent. Niestety moja przyjaciółka nie miała o tym pojęcia, bo nikt nie dał jej znać.

Facebook wywołał urodzinową rewolucję. Jeśli zaznaczysz datę przyjścia na świat w swoim profilu, życzenia złożą ci absolutnie wszyscy, łącznie z dalekim kuzynem twojego sąsiada. Miło przeczytać życzliwe wpisy osiemdziesięciu pięciu osób, które ledwo znasz, ale to nie to samo, co usłyszeć przez telefon, jak bliscy śpiewają ci *Sto lat*, fałszując przy tym niemiłosiernie.

Jednak pojawia się pytanie: jak powiadomić o śmierci w rodzinie? Zadzwonić do każdego z osobna? Wysłać zbiorczy e-mail? Wrzucić post na Facebooka? Napisać do wszystkich SMS-y?

Kiedy jedna z moich kuzynek straciła syna, rodzina nie przekazywała sobie tej informacji telefonicznie. Przeczytałam o jego śmierci na Facebooku i jak wszyscy zostawiłam po prostu komentarz pod tym wpisem. Na początku było mi z tym dziwnie, ale czytając słowa osób, które go znały, poczułam z nimi silną więź.

Tak działa prawdziwa komunikacja: łączy ludzi. I nie jest to kwestia technologii, tylko człowieczeństwa tych, którzy jej używają.

W *Sztuce komunikacji według mistrza zen* Thích Nhất Hạnh pisze o technologii już w pierwszym rozdziale: „To, co czytasz i piszesz, może pomóc ci wyzdrowieć, więc zastanawiaj się nad tym, co konsumujesz. Gdy piszesz e-mail lub list pełny zrozumienia i współczucia, podczas pisania go odżywiasz siebie. Nawet jeśli jest to tylko kilka zdań, wszystko, co piszesz, może odżywić ciebie i osobę, do której piszesz"*.

* Thích Nhất Hạnh, *Sztuka komunikacji według mistrza zen*, przeł. Barbara Mińska, Białystok 2015.

SMS. Tweet. Post. Polubienie. Udostępnienie. E-mail. Dopóki jesteś uważny, każda metoda komunikacji jest dobra. Jeżeli włączasz Facebooka, żeby sprawdzić, ile osób udostępniło twój post, to kierujesz się własnym ego. Jeśli wchodzisz do internetu, żeby zobaczyć, komu pomogłaby modlitwa, to kierujesz się łaską.

Wróćmy do Kevina.

Pewnego smutnego marcowego dnia jego brat napisał na Facebooku, że Kevin trafił na pogotowie. Od pięciu lat walczył z rakiem, a teraz okazało się, że ma zapalenie płuc i musi zostać zaintubowany. Sądziłam, że z tego wyjdzie. Był tylko dwa lata starszy ode mnie.

Kilka dni później na Facebooku pojawił się kolejny post:

„Kevin Walsh przez blisko pięć lat zmagał się z rakiem. Ostatni tydzień spędził w szpitalu podłączony do respiratora. W ciągu tych dni zdarzało się, że otwierał oczy, kiedy wypowiadaliśmy jego imię. Niestety jego organizm jest zbyt słaby, żeby to przetrwać. Kevin był bardzo szczęśliwy, miał wspaniałych przyjaciół i żył po swojemu. Dziś o ósmej wieczorem zostanie odłączony od respiratora".

Z zaskoczenia zaparło mi dech w piersiach. A potem uświadomiłam sobie, że to święte zaproszenie, żeby zatrzymać się w biegu i być przy Kevinie duchem, modląc się za niego w chwili, gdy kończy życie.

Kondolencje spływały od krewnych z całego kraju: z Kalifornii, Arizony, Florydy i Nowego Jorku. Z radością czytałam o tym, jak uczynnym, życzliwym i szczodrym człowiekiem był Kevin. Wspominaliśmy szelmowski uśmiech mojego kuzyna, jego zwyczaj, żeby straszyć nas swoją ogromną żabą – i to, jak mocno kochał życie.

Ktoś zamieścił zdjęcia Kevina ze stadniny, w której pracował: na jednym obsługuje ciężki sprzęt, na drugim jest z nowo narodzonym źrebakiem, na trzecim przytula bratanicę, na czwartym pomaga siostrzeńcowi wsiąść na konia.

Wspominaliśmy też przyjęcia rodzinne w domu Walshów z okazji ukończenia studiów albo urodzin, kiedy graliśmy w piłkę na łące i huśtaliśmy się na oponie, którą chłopcy potrafili rozbujać tak mocno, że przy zderzeniu z drzewem wstrząs mózgu byłby gwarantowany.

Dowiedziałam się, że Kevin miał psa Węgielka, że w końcu ożenił się z Glorią, z którą spotykał się od wielu lat – i że nie chciał pogrzebu.

Był cichy i skryty. Nie należał do osób, które pojawiają się na zjazdach rodzinnych. W pewnym sensie urządziliśmy mu stypę w internecie.

Niektórzy żyją na cały regulator. Kevin żył raczej jak mnich.

Trapista Thomas Merton napisał: „Najgłębsza płaszczyzna komunikacji to już nie komunikacja, a komunia. Nie używa słów. Dokonuje się poza słowami i poza językiem, i poza pojęciem".

Ostatecznie nie liczy się to, jak się kontaktujemy, lecz że pozostajemy w kontakcie.

A kiedy robimy to, jak należy, komunikacja staje się komunią i jednoczy nas ze sobą.

Lekcja 21

Twoja historia nie ma jeszcze zakończenia

List był gotowy do wysłania. Musiała się tylko zebrać na odwagę, żeby wrzucić go do skrzynki.

Carol włożyła w niego całe serce i całą swoją duszę. „Od zawsze dręczyła mnie tajemnica mojej tożsamości – nie dawało mi spokoju, że nie znam swoich korzeni, swojego pochodzenia, historii chorób w rodzinie. Tylko inni adoptowani są w stanie zrozumieć to poczucie niekompletności. W mojej układance brakowało kilku puzzli. Dorastając w rodzinie, która wyglądała inaczej niż ja, zawsze przyciągałam uwagę i słyszałam komentarze na swój temat".

Carol miała nadzieję, że pisze do swojej biologicznej matki, ale nie była tego pewna. Jej adopcja została sfinalizowana 23 stycznia 1964 roku, zaledwie kilka tygodni po tym, jak w stanie Ohio zaczęło obowiązywać nowe prawo. Ustawa utajniała dane około 400 tysięcy dzieci adoptowanych w okresie od 1 stycznia 1964 do 18 września 1996 roku. Carol straciła dostęp do swojego aktu urodzenia, chociaż osoby adoptowane przed

1964 rokiem albo po 1996 roku miały do nich wgląd. Po trzydziestu dwóch latach stan Ohio w końcu odtajnił te dokumenty, ale ona zdążyła już poradzić sobie w inny sposób.

Carol to jedyna siostra mojego męża. Oprócz niego ma jeszcze dwóch braci – a cała trójka to bruneci. Przez lata próbowała rozwiązać zagadkę swojego pochodzenia. Chciała znaleźć odpowiedź na pytanie, które prześladowało ją przez całe dzieciństwo: „Po kim odziedziczyłaś blond włosy?". Marzyła, że wreszcie będzie mogła powiedzieć lekarzom przeprowadzającym wywiad rodzinny, czy ktoś z krewnych chorował na cukrzycę, na raka albo na serce.

Carol zawsze wiedziała, że jest adoptowana. Jej rodzice adopcyjni, którzy już nie żyją, nie trzymali tego w sekrecie, ale też niewiele jej wyjaśnili. Tata powiedział, że pojechał po nią do hrabstwa Columbiana. Do adopcji doszło, gdy miała sześć miesięcy.

Pomocy udzieliła jej agencja Adoption Network Cleveland. Urzędniczka Linda Bellini pewnego dnia przysłała Carol e-mail, po którym serce zamarło jej w piersi. Agencja trafiła na dokument, zawierający pełne nazwisko Carol z chwili urodzin. Biologiczna matka nazwała ją Beth. W akcie znalazł się również inicjał drugiego imienia – „I". Carol poprosiła mnie, żebym nie ujawniała nazwiska z dokumentu – chciała uszanować prywatność kobiety, która przez lata nie zdradziła swojego sekretu.

Linda napisała: „Z uzupełnionego aktu wynika, że urodziła się pani w Cleveland, ale w adopcję zaangażowane było hrabstwo Columbiana. Być może pani biologiczna mama, osiemnastoletnia panna, została tam wysłana do domu samotnej matki przez swoją rodzinę".

Carol wyszukała na Facebooku kobietę o nazwisku z aktu urodzenia i w odpowiednim wieku, żeby być jej biologiczną matką. Przesłała nam wszystkim link do zdjęcia nieznajomej z prośbą: „Powiedzcie, czy widzicie między nami podobieństwo. Znalazła ją agencja Adoption Network Cleveland po wytężonych poszukiwaniach. Wow".

Kobieta na zdjęciu wyglądała zupełnie jak Carol, tylko starsza o osiemnaście lat.

Potem siostra mojego męża znalazła jej adres w książce telefonicznej i napisała do niej list z mnóstwem pytań. Chciała poznać historię chorób w rodzinie oraz swoje drzewo genealogiczne i dowiedzieć się, jakie imię kryje się pod inicjałem „I".

W liście wyjaśniła:

„Jeśli oddała pani dziecko do adopcji, to sądzę, że chodziło o mnie. Jeśli nie, to być może moją mamą jest inna kobieta z pani rodziny, na przykład siostra albo kuzynka.

Jeżeli się pomyliłam, proszę przyjąć moje najserdeczniejsze przeprosiny. A jeśli mam rację, to zaręczam, że nie chcę zakłócać pani życia, wkraczać w nie bez zaproszenia ani ujawniać prawdy utrzymywanej w tajemnicy przez tyle lat. Nie mam żadnych ukrytych motywów ani planów, kieruje mną jedynie wielka ciekawość i ogromna wdzięczność. Jeśli mam rację, to chciałabym przede wszystkim podziękować pani i Bogu za to, że mogłam przyjść na świat.

Mam nadzieję, że nawiąże pani ze mną kontakt i pomoże mi znaleźć brakujące elementy układanki, jaką jest moje życie. Po prostu chciałabym wiedzieć, czy pani naprawdę jest moją matką... a jeśli tak, to że mnie pamięta".

Po wysłaniu listu Carol była równocześnie podekscytowana i przestraszona. „To wielka tajemnica" – powiedziała mi.

Jej rozwiązanie przyszło e-mailem po kilku dniach.

Temat wiadomości brzmiał: „I oznacza Irene".

„Beth Irene, nigdy nie zostałaś zapomniana – odpisała matka Carol. – Dziękuję, że się ze mną skontaktowałaś. Kiedy zobaczyłam twoją datę urodzin, byłam pewna, że to ty. Odpowiem na wszystkie twoje pytania. Jeśli chcesz zadzwonić, napisać e-mail albo list, zrób to bez wahania. Będę czekać na sygnał od ciebie. Niech Bóg Cię błogosławi".

Carol zadzwoniła. Rozmawiały przez godzinę. Dowiedziała się, że po urodzeniu ważyła 3820 gramów. Że w jej żyłach płynie irlandzka i niemiecka krew. I że odziedziczyła po mamie nieśmiałość, piegi i blond włosy. Córka podziękowała jej za dar życia.

Biologiczna mama Carol mieszka w małym miasteczku w stanie Ohio. Nigdy nie powiedziała swoim bliskim, że oddała dziecko do adopcji.

Przez kilkadziesiąt lat obie kobiety pragnęły się odnaleźć, ale nie wiedziały, jak to zrobić. Przy pierwszym spotkaniu twarzą w twarz wylały morze łez, ściskały się bez końca i opowiedziały sobie całe życie. Okazało się, że biologiczna matka Carol wyszła za mąż za jej ojca.

Oprócz trzech braci adopcyjnych Carol ma rodzonego brata. Jej biologiczny ojciec zmarł kilka lat wcześniej, więc mogła tylko o nim posłuchać i zobaczyć go na zdjęciach.

Tego roku w lipcu urządziliśmy dla Carol wielkie przyjęcie z okazji pięćdziesiątych urodzin, na które zaprosiliśmy również jej biologiczną mamę. Cudownie było zobaczyć je obok siebie. Pierwszy raz matka mogła świętować urodziny córki razem z nią. Wręczyła Carol łańcuszek z zawieszką w kształcie serca, bo właśnie tam nosiła ją przez te wszystkie lata.

Carol zwierzyła się, że w dzieciństwie w każde urodziny przed zdmuchnięciem świeczek na torcie zastanawiała się, czy biologiczna mama o niej myśli. „Myślałam…" – usłyszała.

Po przyjęciu Carol podziękowała nam w e-mailu za to, jak przyjęliśmy jej biologiczną matkę. „Odnalazłam kogoś, kogo chciałam poznać przez większość życia. A tak naprawdę odnalazłam również siebie. Obezwładnia mnie wdzięczność za to piękne doświadczenie".

Każde dziecko adopcyjne powinno poznać to uczucie.

Podobnie jak każda matka, która oddała dziecko do adopcji.

Dla wielu z nich cała historia zaczyna się i kończy tym wyznaniem: „Oddałam dziecko do adopcji". To brzmi tak, jakbyście z niego zrezygnowały, ale to nieprawda. Zawsze nosiłyście je w sercu, głębiej niż niejedna matka, która wychowała swoje potomstwo.

Cud życia to najcenniejsze, co możecie ofiarować dziecku. Warto też otworzyć serce na spotkanie po latach.

Nie powinnyście utrzymywać swojej tożsamości w tajemnicy aż do śmierci. To żaden wstyd wydać na świat dziecko, a później przekazać ten dar komuś innemu.

Obserwując szwagierkę z jej biologiczną matką, uświadomiłam sobie, że najpierw taka relacja przypomina subtelny taniec początkujących – możecie czuć się sobie obcy, chociaż jesteście rodziną. Łączy was wspólne DNA, ale nie macie wspólnych wspomnień. Opłakujecie utracone lata i cieszycie się tymi, które wam pozostały. Może pragniecie jak najszybciej nadrobić zaległości, ale zarazem potrzebujecie czasu, żeby zadecydować, kiedy i na jakich zasadach się spotykać.

Patrzyłam na to z boku i mój wniosek jest taki: każdy radzi sobie najlepiej, jak potrafi, mając określoną wiedzę i doświadczenia.

Nieważne, z czego wynikała decyzja o oddaniu dziecka do adopcji – to już przeszłość. Teraz zaczynacie nowy rozdział.

I możecie napisać go wspólnie.

Lekcja 22

Słowa uczynią cię nieśmiertelnym

Niektórzy ludzie uczą nas, jak kochać; inni uczą nas, jak żyć. Tylko nieliczni uczą nas, jak odchodzić.

Od Lissy McKinley mogliśmy uczyć się wszystkich trzech rzeczy.

Rzadko słyszymy rady, jak pożegnać się ze światem. Zbyt wielu ludzi zabiera ze sobą do grobu niewypowiedziane słowa, niezrealizowane projekty, niezagojone rany w sercu. Lissa uczyniła umieranie swoją ostatnią życiową misją.

W życiu zawodowym była znana jako doktor Elizabeth D. McKinley. Gdy zachorowała na raka, zaczęła uczyć świeżo upieczonych lekarzy, jak pacjentom oddziałów onkologicznych okazywać więcej współczucia. Kiedy pojawiły się przerzuty, zamiast czekać na śmierć, postanowiła traktować raka jak zwykłą chorobę przewlekłą. A gdy medycyna nie mogła jej już pomóc, ratowała się poezją.

Lissa miała trzydzieści pięć lat, gdy w 1996 roku zdiagnozowano u niej drugie stadium raka piersi. Pracowała wtedy jako internistka. Przeszła chemio- i radioterapię oraz rekonstrukcję piersi i kurację tamoksyfenem. Na dziesięć lat zapomniała o chorobie. Aż pewnej nocy złamała żebro, przekręcając się na drugi bok w łóżku.

Miała raka kości.

Powtórka chemio- i radioterapii. Niestety choroba rozprzestrzeniła się na wątrobę i płuca.

Kiedy ją poznałam, pełniła funkcję zastępczyni dziekana do spraw studenckich na Akademii Medycznej Uniwersytetu Case Western Reserve, gdzie wykładała medycynę. Jej praca polegała na przywracaniu zdrowia chorym. Siebie nie potrafiła wyleczyć, ale dzięki rakowi mogła lepiej pomagać innym. Poznała świat medycyny zarówno od strony lekarki, jak i pacjentki. Na zajęciach ze studentami dzieliła się tą unikalną perspektywą.

„Jako pacjentka dowiedziałam się rzeczy, których nie uczono mnie na studiach" – powiedziała. Na przykład kiedyś, gdy usuwała pacjentowi płyn ze spuchniętego kolana, usłyszała od mężczyzny: „Chociaż umieram, przez ostatnie pół roku moje życie było bogatsze niż kiedykolwiek wcześniej".

Nie nazywała raka darem, ale widziała w nim nauczyciela. Zanim zachorowała, należała do lekarzy, którzy nie potrafią rozmawiać z pacjentami. W swoich ostatnich latach wpajała studentom, żeby nie tylko leczyli chorych, lecz także słuchali ich obaw, trosk i historii. Szkoleni przez nią lekarze z rozmów z pacjentami onkologicznymi dowiadywali się, że życie bywa piękne, nawet gdy umierasz.

„Chcę, żeby potrafili pomóc ludziom nie tylko żyć, ale też umrzeć" – wyjaśniła.

Lissa kazała swoim studentom szczegółowo opisywać doświadczenie kontaktu z pacjentem. W ten sposób uczyli się słuchać, cenić i zapamiętywać opowieści osób, którym pomagali.

„Trzeba chować ich historie do kieszeni kitla i wyciągać je w odpowiednim momencie, żeby inspirowały nas do lepszego traktowania innych pacjentów" – tłumaczyła na wykładach.

Własną historią dzieliła się na blogu „Saving My Life One Poem at a Time" (Ratując własne życie wiersz po wierszu). Zapisywała tam refleksje, doświadczenia, błędy i sukcesy związane z życiem z rakiem. Pokazywała, jak choroba obciąża ją i jej rodzinę. Pisała o mdłościach, wymiotach i biegunce. O wyprawach na ostry dyżur i nad ocean. O przechodzonych badaniach i oglądanych musicalach. O lodach o smaku toffi i o wypadaniu z łóżka. O kroplówkach, którymi napełniano jej ciało, i o cewnikach, którymi je opróżniano. O smutku, radości i poezji, które towarzyszyły jej w tej drodze.

Dzieliła się z czytelnikami lękiem przed śmiercią, wątpliwościami, czy Bóg istnieje, przypływami i odpływami wiary w rytmie swojego ukochanego oceanu. Tak opisała jedną z transfuzji: „W moje rachityczne ramię wpływa czyjaś przepiękna krew, czerwona jak drzwi wiejskiej stodoły".

Odwiedziła Meksyk, Chiny, Turcję, Grecję i Peru nie po to, żeby skreślić te podróże z listy rzeczy do zrobienia przed śmiercią, tylko żeby czas, który jej pozostał, wypełnić wdzięcznością za te miejsca i mieszkających tam ludzi.

Lissa pisała na blogu o swojej decyzji o przerwaniu leczenia. „Będziemy musieli porozmawiać o śmierci, pogrzebie i różnych kwestiach praktycznych, ale mamy też szansę porozmawiać o nas, przypomnieć sobie, jak się poznaliśmy, zapisać, narysować, odtworzyć nasze wspomnienia – narodziny dzieci i ich przeróżne dziwactwa, za które je tak kochamy i z których wciąż uwielbiamy się śmiać (przykro mi, kochani!) – i zastanowić się, co przeżywamy dziś jako rodzina. Wydaje mi się, że rzadko skupiamy się na tym temacie, ale ja bardzo cenię te chwile. Warto o tym mówić, prawda?"

Na spotkaniach rodzinnych toczyła z bliskimi trudne, poważne rozmowy o śmierci. „Zgadnijcie, czego się dowiedziałam – napisała później. – Moje dzieci czują się bezpieczne i otoczone miłością mnóstwa osób".

Zaczęła się szkolić do pracy w hospicjum, żeby pomóc innym zrozumieć śmierć. Nawet umierając, troszczyła się o bliźnich.

„Niedawno ktoś żalił się, że jego życie nie potoczyło się zgodnie z planem – napisała Lisa. – Mam do was pytanie: czy życie kiedykolwiek toczy się »zgodnie z planem«? I czy my naprawdę tego chcemy? Trudno mi w to uwierzyć. Obawiam się, że to bardzo ograniczyłoby nasze możliwości... A ja w tej chwili żyję pełnią moich".

Bliskość śmierci wyostrzyła jej apetyt na życie, pomogła zrezygnować ze wszystkiego, co zbędne, i pozwoliła skupić się na najistotniejszych kwestiach.

Lissa umiała cieszyć się swoim czasem na ziemi jak mało kto. Człowiek uczy się tego, gdy musi o ten czas walczyć. „Jak zachować nadzieję? Codziennie rano trzeba się zastanowić, co zrobić, żeby mieć dobry dzień – i co jest dziś ważne. Musisz żyć tam, gdzie jesteś" – wyjaśniła.

W wieku pięćdziesięciu dwóch lat przestała być wojowniczką. Walcząc z chorobą nowotworową, traciła tak wiele energii, że nie miała siły na coś ważniejszego.

Na życie.

Pracowała na trzech etatach: jako lekarka, dziekan i pisarka. Trudno jej było opróżnić gabinet na Uniwersytecie Case Western Reserve, kiedy przeszła na emeryturę. „Czułam równocześnie ogromną ulgę i smutek. Wszystkie dokumenty z mojej kartoteki trafiły do kosza na śmieci. Tyle pracy na marne – napisała. – Ale zdjęcia z rocznikami studentów, które uczyłam, moja kolekcja książek i różne lubiane bibeloty przypomniały mi, jak kochałam tę pracę".

Chciała pomagać ludziom zrozumieć proces umierania. „Staram się zorientować, w co właściwie wierzę – przyznała mi. – Dokąd wszyscy zmierzamy?"

Lissa rozkoszowała się każdym posiłkiem, każdą piosenką, każdymi odwiedzinami przyjaciół, każdym spotkaniem ze znajomymi artystami i pisarzami, każdym wybuchem śmiechu ze swoim synem Willem, córką Kate i mężem Chipem. Chorowała na raka przez większość życia dzieci. „Dorastały ze świadomością, że nasz czas jest bardzo cenny" – stwierdziła.

Tak cenny, że tuż po poznaniu diagnozy Lissa wróciła do swojego gabinetu, wyrzuciła dotychczasowy dorobek naukowy i zaczęła wszystko od nowa, skupiając się na pracy ze studentami. „Uznałam, że nie powinnam marnować ani chwili dłużej na coś, na co nie mam już ochoty".

Kiedy lekarz Lissy doszedł do wniosku, że pora przenieść ją do hospicjum, przyśnił jej się mężczyzna, który krzyczał na nią: „Dlaczego siedzisz bezczynnie? W ten sposób nigdy nie wyzdrowiejesz". W tym śnie zapytała go, co w takim razie powinna zrobić. Odpowiedział: „Musisz zajrzeć w głąb siebie, żeby dokonać zmian".

Zajrzeć w głąb siebie.

„Może to znaczy, że mam się zatrzymać i skupić na odnalezieniu w życiu spokoju – zastanawiała się na blogu. – Dotąd sobie na to nie pozwalałam".

Zaczęła pisać o tym, jak odszukać w swoim wewnętrznym lesie polanę, na której można odpocząć. Każdego dnia zapuszczała się tam dzięki pisaniu, sztuce i poezji. „Alez ze mnie szczęściara, prawda?" – cieszyła się.

To my byliśmy szczęściarzami. Jej teksty trzymały ją przy życiu – a nas uczyły, jak się nim cieszyć.

Lissa zmarła otoczona rodziną, gdy przez zachmurzone listopadowe niebo przebił się promień słońca. Miała pięćdziesiąt trzy lata. Na ścianach pokoju, w którym odchodziła, wisiały dzieła sztuki. Bliscy, którzy przy niej trwali, czytali jej ulubione wiersze i mówili, jak ją kochają.

W ostatnim poście na blogu Lissa napisała: „Cześć wszystkim!".

Czy rzeczywiście sądziła, że pisanie uratuje jej życie?

Naprawdę je uratowało.

Uratowało jej słowa, żebyśmy mogli się nimi cieszyć.

Lekcja 23

Jeśli chcesz należeć do gangu, załóż dyskusyjny klub książki

Pisarz W. Somerset Maugham powiedział kiedyś: „Przy pisaniu powieści obowiązują trzy reguły. Niestety nikt ich nie zna".

Z klubem książki jest tak samo. Najczęściej przytaczana lista Zasad Dyskusyjnych Klubów Książki brzmi następująco:

1. O klubie książki się nie mówi.
2. O klubie książki się nie mówi.
3. Jedna książka naraz.
4. Zero notatek.
5. Dyskusja trwa, dopóki ktoś ma coś do powiedzenia.
6. Jeśli jesteś na spotkaniu klubu książki pierwszy raz, musisz wziąć udział w dyskusji.

Właśnie łamię pierwszą i drugą z przytoczonych zasad, ale to ważny temat. Często piszą do mnie kobiety, które mają wrażenie, że w ich klubie książki panują tak sztywne reguły jak w *Podziemnym kręgu*.

Według mnie dyskusje w klubie książki powinny być jedną z życiowych przyjemności, a nie kolejnym zadaniem do wykonania. Czytanie nie jest pracą domową, a spotkania to nie lekcje, na których trzeba wygłosić referat na zaliczenie.

Należę teraz do dwóch wspaniałych klubów książki. Jeden jest dla kobiet, drugi dla par.

Uwielbiam internetową pocztówkę z napisem: „Kiedyś próbowałem założyć gang, ale przerodził się w dyskusyjny klub książki". Mój kobiecy klub książki też przypomina gang. Nadałyśmy sobie nazwę Waleczne Wojownicze Wiedźmy, w skrócie WWW. Czytamy tylko książki opowiadające o kobietach albo napisane przez kobiety. Dlaczego? Bo kobiety stanowią połowę ludzkości. Bo pisarki od zawsze są niedoceniane w literaturze. Bo historie kobiet mają znaczenie.

Na pierwszy ogień poszła *Dzika droga* Cheryl Strayed. To było w 2012 roku. Oto przykłady książek, które omówiłyśmy od tamtej pory:

Their Eyes Were Watching God Zory Neale Hurston
Czas motyli Julii Alvarez
Jak być kobietą Caitlin Moran
Jej wszystkie życia Kate Atkinson
Odnaleziony świat. Opowieść z tajemniczego Bombaju Thrity Umrigar
Still Life with Bread Crumbs Anny Quindlen

Amerykaana Chimamandy Ngozi Adichie
Nora Webster Colma Toibina
Wszystko, czego wam nie powiedziałam Celeste Ng
Skóra Toni Morrison
Słowik Kristen Hannah
Za ścianą Sarah Waters
Year of Yes Shondy Rhimes
On My Own Diane Rehm
Brown Girl Dreaming Jacqueline Woodson
Fun Home. Tragikomiks rodzinny Alison Bechdel
Reading with Patrick Michelle Kuo
Słońce też jest gwiazdą Nicoli Yoon

Najciekawsze są te dyskusje, kiedy połowa grupy jest zachwycona książką, a drugiej połowie się ona nie podobała. Nasza rozmowa prawie przerodziła się w bójkę, kiedy omawiałyśmy *Pięćdziesiąt twarzy Greya*. (Lektura nie należała do najambitniejszych, ale co zrobić, została przegłosowana). Ja obstawiałam wygraną Amy, która naklejkę z imieniem zawsze nosi na bicepsie jak tatuaż.

Pewnego wieczoru nowa członkini klubu żartem zwróciła się „Perełko" do Pam, jednej z klubowiczek z najdłuższym stażem, która miała na sobie naszyjnik z pereł. Na szczęście Pam rzuciła jej tylko urażone spojrzenie, zamiast rzucić się na nią z pięściami.

Książka *When Women Were Birds* wywołała najbardziej żywiołową dyskusję w historii naszego klubu. Kobiety, które kochały swoje matki, były zdegustowane; kobiety, które miały trudną relację z matką – zafascynowane.

W końcu rozmowa zeszła na wspomnienia z dzieciństwa – wszystkie podzieliłyśmy się poruszającymi opowieściami o naszych mamach.

Grupa WWW sprawdza się, bo namawiamy członkinie, żeby przychodziły bez względu na to, jakie wrażenie zrobiła na nich książka. Zapraszamy nawet te panie, które nie dokończyły lektury. Umawiamy się w prywatnej sali w restauracji, żeby żadna z nas nie musiała gotować ani sprzątać. Każda z nas płaci za siebie i zostawiamy kelnerowi wysoki napiwek.

Nasza lista mailingowa liczy już 115 adresów. Muszę rozsyłać wiadomości w dziesięciu partiach, żeby Gmail mnie nie zablokował (kilka razy mi się to zdarzyło). Zwykle przychodzi od piętnastu do trzydziestu kobiet, a za każdym razem grupa ma inny skład.

Większość klubów czytelników przyjmuje zasadę: „Pilnować, czy wszyscy przeczytali wyznaczoną książkę". Strasznie mnie to drażni. Od razu przypomina mi się rysunek przedstawiający spotkanie klubu książki, gdzie na podłodze leżą zwłoki, a kobieta ściskająca dymiący pistolet pyta: „Kto jeszcze nie doczytał?".

Przyjaciółka opowiedziała mi, jak została wyproszona ze spotkania swojego klubu książki, bo wyszło na jaw, że nie skończyła powieści, którą mieli omawiać. Kto dobrowolnie zapisuje się do grupy rządzonej żelazną ręką? To niezawodna metoda, żeby klub się rozpadł. Strach nie działa zachęcająco.

Po co zakładać dyskusyjny klub książki, w którym członków odpytuje się jak uczniów z lektur? Taką formułę doceniłby co najwyżej profesor literatury. Według mnie nie warto czytać z przymusu. Nie marnuj ani ułamka sekundy na książkę, która ci się nie podoba. Jeśli nie wciągniesz się do czterdziestej strony, pora ją odłożyć.

Mój pierwszy klub książki szybko się rozpadł. Na początku było świetnie – spotkania w różnych domach z mnóstwem jedzenia, drinków i deserów. Do klubu należało dwóch profesorów literatury, którzy szczegółowo omawiali inne dzieła autora i analizowali temat, bohaterów i fabułę każdej powieści. Kiedyś razem z drugą buntowniczką zagłosowałyśmy na książkę z listy Oprah Winfrey, żeby wnieść w nasze spotkania trochę inspiracji i dobrej zabawy.

Wszyscy zamarli z wrażenia. Profesorowie zbojkotowali nasz wybór. Wyjaśnili, że nie mieli czasu przeczytać tej książki. Podejrzewam, że gdyby ktoś przyłapał ich na takiej lekturze, mogliby zostać wyrzuceni z uczelni.

Jak wybrać książkę? W klubie WWW prosimy o nominacje. Omawiamy zgłoszone opcje, a potem puszczamy po sali koszyk i karteczki. Można na nich wpisać tytuł jednej z nominowanych pozycji albo zaproponować inną książkę, której nie miało się odwagi wymienić na forum. Potem losujemy trzy kartki. Autorki wytypowanych propozycji przedstawiają swoje argumenty, a na koniec wszystkie bierzemy udział w głosowaniu.

Rzadko decydujemy się na długie książki. Te, które mają więcej niż 350 stron, zwykle odpadają.

Możesz skorzystać z listy laureatów Nagrody Pulitzera albo National Book Award. Warto poszukać inspiracji w bibliotece i miejscowej księgarni. Niektóre dyskusyjne kluby książki w styczniu ustalają listę na cały rok. Ja wolę comiesięczne głosowania. Część klubów skupia się wyłącznie na reportażach albo beletrystyce. Ja lubię uwzględniać także na przykład wspomnienia, biografie, książki dla młodzieży i poezję.

Jeśli spotykacie się w domach prywatnych, zmieniajcie gospodarza i podawajcie proste potrawy. Czasem kontrolę nad spotkaniem przejmują wielbiciele dobrej kuchni. Kończy się to tak, że przez godzinę czekasz, aż przyrządzą glazurę z octu balsamicznego do łososia albo skarmelizują cukier na crème brûlée specjalnym palnikiem. Lepiej urządzić imprezę składkową albo ograniczyć się do przekąsek, drinków lub prostych deserów.

Wyłączcie telefony komórkowe, nie rozmawiajcie o pracy, trzymajcie się tematu i nie pozwalajcie nikomu zbyt długo monopolizować rozmowy. Nie bądź zrzędą. Jeśli nie spodobała ci się książka, posłuchaj, co ciekawego znaleźli w niej inni, zanim zaczniesz ciskać na nią gromy. Jak w znanym powiedzeniu: „Bóg dał ci dwoje uszu i jedne usta, żebyś spędzał dwa razy więcej czasu na słuchaniu niż na mówieniu".

Co rozbija większość dyskusyjnych klubów książki? Nie sądzę, żeby chodziło o wybór lektur. Powodem może być presja, żeby zaimponować wszystkim wykwintnym poczęstunkiem, obecność gaduły, który wszystkim przerywa – albo zbyt wiele reguł.

Jak dla mnie podstawowa zasada klubu książki to:

Zasady są niepotrzebne.

Lekcja 24

Biblioteka to koło ratunkowe

Najwspanialszym prezentem, jaki kiedykolwiek dostałam od rodziców, była karta biblioteczna. Dzięki temu kawałkowi pomarańczowego plastiku z maleńkim metalowym czipem identyfikacyjnym mogłam wybrać się w podróż dookoła świata.

Nadal pamiętam zapach nowych książek na wystawie w dziale dziecięcym Biblioteki im. Reeda w Ravennie. Nigdy nie zapomnę, jak skradałam się po schodach do sekcji dla dorosłych na pierwszym piętrze, żeby czytać historie bez obrazków. Wciąż czuję ciężar stosu książek, z którym wychodziłam z biblioteki. Zabierałam ich do domu tyle, ile zmieściło mi się pod brodą.

Tata podwoził nas do biblioteki, a kiedy wracał po godzinie, ja i moje rodzeństwo dźwigaliśmy do samochodu naręcza książek – bilety, dzięki którym świat stał przed nami otworem.

Niektórzy uważają, że w dobie internetu biblioteki straciły znaczenie. Co za pomysł.

Powiedzcie to trójce moich wnucząt, które najchętniej nie wychodziłyby z biblioteki. Kiedy mają do wyboru: iść na pizzę czy po książki, wybierają to drugie. Wystarczy rzucić hasło „godzina bajek", a moja czteroletnia wnuczka pędzi do regału i wraca, taszcząc dziesięć książek z biblioteki. „Czytaj!" – rozkazuje, a później siedzi spokojnie, zasłuchana w mój głos.

Biblioteka działa jak okno na świat. To w szkolnej bibliotece zbierałam materiały do wszystkich szkolnych referatów, znajdowałam książki na każdy temat i odkrywałam wielkich pisarzy, którzy zainspirowali mnie do tworzenia.

Moi rodzice wychowali w Ravennie jedenaścioro dzieci. Miejscowa biblioteka była centrum naszego świata. Uważam, że to dzięki niej cała nasza jedenastka ukończyła studia. W domu brakowało pieniędzy na książki, ale mogliśmy je wypożyczać w bibliotece. Za darmo. Jestem wdzięczna każdemu podatnikowi, dzięki któremu miałam dostęp do książek, i każdemu podatnikowi, który zapewnia go moim i twoim wnukom. Zawsze głosuję za opłatami na rzecz bibliotek. W ten sposób mówię: „Dziękuję".

Moja mama często narzekała, że w Ravennie nie ma domu kultury z zajęciami dla dzieci. Myliła się – była nim biblioteka. Pełni taką funkcję w każdym mieście. Biblioteki organizują wiele wydarzeń i warsztatów dla rodzin i osób, które chcą zdobywać wiedzę, rozwijać się i po prostu dobrze się bawić.

August Wilson dorastał w biednej dzielnicy Pittsburgha. Biblioteka pozwoliła mu uciec od rasizmu i biedy.

Dzięki niej został dramaturgiem i zdobył dwie Nagrody Pulitzera.

Raya Bradbury'ego nie było stać na studia, więc chodził do biblioteki. Książkę *Fahrenheit 451*, klasyczne dzieło przestrzegające przed paleniem książek, napisał na maszynie do pisania w bibliotecznej piwnicy. „Wychowałem się w bibliotekach" – stwierdził.

Ze mną było podobnie. Mój tata, blacharz, zabierał nas do biblioteki, żebyśmy poznawali świat, którego nie umiał sam nam pokazać. Jego rodzina była tak biedna, że musiał przerwać naukę i pójść do pracy. Nie ukończył nawet liceum. Moja mama zaprowadzała do biblioteki moje młodsze rodzeństwo. Lokalni bibliotekarze odpowiadają za nasze sukcesy w równym stopniu co nauczyciele.

Nadal wspominam z rozrzewnieniem bibliotekę w moim rodzinnym mieście. W dziale dziecięcym wciąż stoi ten sam zegar z wahadłem. Najświeższe nabytki wyeksponowane na stolikach kusiły jak nowe modele samochodów, czekające na jazdę próbną. Były tam też akwaria i klatki ze świnkami morskimi, myszoskoczkami i papużkami. W dzieciństwie wpatrywałam się w nie godzinami. Ta część biblioteki pełniła przy okazji funkcję minizoo – mogliśmy obserwować zwierzęta i poznawać ich zwyczaje.

Darmowy dostęp do książek, filmów, płyt, materiałów naukowych, warsztatów i komputerów w bibliotekach publicznych jest dziś ważniejszy niż kiedykolwiek. Osoby bezrobotne mogą korzystać z internetu, żeby szukać pracy albo poznać wymagania na poszczególnych stanowiskach. Biblioteki oferują też wiele bezpłatnych usług takich jak doradztwo zawodowe i pomoc w opracowaniu CV, kursy komputerowe, szkolenia internetowe i przygotowanie do egzaminów na studia.

Część placówek organizuje rozmaite spotkania: kluby dyskusyjne dla fanów komiksów, rozmowy o książkach, wizyty pisarzy, czytanie bajek dla dzieci, zbiórki krwi, warsztaty kulinarne, pomoc w odrabianiu lekcji, wsparcie dla bezrobotnych i pokazy filmów. W bibliotece możesz pracować na komputerze, pobrać formularz rejestracji w spisie wyborców, dokumenty do głosowania korespondencyjnego i deklarację podatkową, posłuchać wykładu o autyzmie albo o podróżach i nauczyć się lepszej komunikacji z policjantami w ramach programu „Keep Calm and Let's Talk About It" (Spokojnie – porozmawiajmy o tym).

Biblioteki to magiczna przestrzeń. Oprócz rzędów regałów z klasyką literatury jest w nich też miejsce dla działu dziecięcego z rysunkami uczniów i zwierzętami w klatkach; w rogach stoją przeszklone gabloty z kolekcjami grotów, matrioszek albo starych monet, a przy stolikach licealiści flirtują nad grubymi tomami encyklopedii.

Strażnicy tej przestrzeni – bibliotekarze – też mają w sobie coś wyjątkowego. Uczą nas od wczesnego dzieciństwa szanować dorosłych, książki, ciszę i siebie nawzajem. Dobrze się czuję wśród innych czytelników w bibliotece. Odkąd centra handlowe zabiły śródmiejskie sklepiki, które musiały ustąpić miejsca klubom ze striptizem, biblioteki należą do nielicznych miejsc, gdzie wciąż panuje poczucie wspólnoty.

Wspieranie lokalnej biblioteki to najlepsza inwestycja w przyszłość twoich dzieci. Dlaczego to takie ważne?

Biblioteki przechowują zapis myśli ludzkości od zarania dziejów. Pozwalają spotkać się z Einsteinem, Gandhim, Matką Teresą, Sojourner Truth, Szekspirem i Langstonem Hughesem. Wystarczy przestąpić próg biblioteki, by zyskać dostęp do odpowiedzi na wszystkie pytania, jakie mogą przyjść ci do głowy.

Dzięki bibliotece możesz przenieść się w dowolne miejsce na ziemi. Nie potrzebujesz paszportu, żeby pojechać do Peru. Nie potrzebujesz samolotu, żeby zwiedzić rejon Morza Śródziemnego. Nie potrzebujesz rezerwacji, żeby wybrać się do Paryża.

Ralph Waldo Emerson nazwał bibliotekę uniwersytetem ludowym. To jedyna bezpłatna uczelnia, która przyjmuje wszystkich, bez czesnego i egzaminów wstępnych.

Nieważne, gdzie mieszkasz, z jakiej rodziny pochodzisz, jakie masz wykształcenie, ile zarabiasz – jeśli w twoim mieście jest biblioteka publiczna, świat może stanąć przed tobą otworem.

Jeśli mieszkasz w gorszej części miasta i nie czujesz się bezpiecznie na ulicy, w bibliotece znajdziesz schronienie.

Jeśli tak jak ja pochodzisz z małego miasteczka, biblioteka przyniesie ci nieskończone możliwości.

Jeśli nie stać cię na wakacje, idź do biblioteki. Jeśli nie masz pieniędzy na rozrywki dla dzieci albo wnuków, znajdziesz tam darmowe książki, płyty i filmy.

Biblioteki są też oazą wolności słowa, która należy do najcenniejszych zdobyczy ludzkości.

Pewien pracownik biblioteki opowiedział mi, jak starsza kobieta z silnym wschodnioeuropejskim akcentem zapytała go, ile książek może wypożyczyć.

„Na swoją kartę może pani wypożyczyć do pięćdziesięciu książek".

Spojrzała na niego zdumiona.

„Nie mówię dobrze po angielsku. Chciałam się dowiedzieć, ile mogę wypożyczyć książek naraz".

„Mówi pani bardzo dobrze – zapewnił i powtórzył: – Może pani wypożyczyć do pięćdziesięciu książek".

„Pięćdziesięciu?" – powtórzyła z niedowierzaniem, a potem z wdzięczności przeżegnała się i złożyła dłonie do modlitwy.

Biblioteka to nie luksus. To koło ratunkowe.

Lekcja 25

Jeśli chcesz dobrze pisać, czytaj

Z każdej księgarni i biblioteki wychodzę z naręczem książek.

Wszyscy mnie pytają: „Kiedy ty masz czas na czytanie?". Trzeba go sobie wygospodarować. Prezydent Barack Obama czytał każdego wieczora przed pójściem spać. Bill Gates pochłania prawie jedną książkę tygodniowo. Mark Zuckerberg – jedną na dwa tygodnie. Dan Gilbert, właściciel naszej lokalnej drużyny koszykarskiej Cleveland Cavaliers, codziennie czyta przez godzinę albo dwie.

Jeśli chcesz zostać pisarzem, musisz być czytelnikiem. Czytanie to nasz tajemny uścisk dłoni; karta biblioteczna jest dla nas dowodem na przynależność do sekretnego bractwa autorów. W tym rzemiośle narzędziami są słowa, więc jak można nie czytać?

Książki przenoszą nas w miejsca, których najpierw nie chcemy odwiedzić, a potem – opuścić. Kiedy w twoim sercu brakuje radości, książka może je nią napełnić. Gdy pisarza dopada brak weny, czasem impas pomagają przełamać słowa innego autora.

Są chwile, gdy mam wrażenie, że w całej historii świata jeszcze nikt nie był taki samotny jak ja. A potem trafiam na wiersz albo piosenkę, która idealnie opisuje mój stan, i od razu jest mi lepiej. Przynajmniej wiem, że nie tylko ja się tak czuję.

Jakich pisarzy czytasz? Zwróć na to uwagę. Książki, które wybierasz, pomogą ci odnaleźć i wypracować własny styl – albo przynajmniej dadzą ci odwagę i przyzwolenie na to, żebyś wyraził swoją prawdę.

Niektórzy uważają, że książki to już przeszłość. Internet zmienił sposób, w jaki czytamy, dlatego dziś trudniej nam skupić się na tekście. Przeglądamy media społecznościowe i surfujemy po internecie, marnując czas, który dawniej poświęcaliśmy na czytanie książek.

Sama miałam kiedyś ten problem. Otwierałam książkę, a zaraz potem miałam ochotę sprawdzić Facebooka i wciągał mnie wir aktualności: patrzyłam na zdjęcia wnuczka przyjaciółki, zachwycałam się najsłodszym szczeniaczkiem świata w okularach przeciwsłonecznych, podziwiałam kota, który podnosi klapę sedesu, żeby zrobić siku, wypełniałam test na to, jaką jestem kanapką, i oglądałam reklamę dla moli książkowych, którzy chcą nosić koszulkę z cytatem z ulubionej książki. Czemu nie? Może wtedy czytalibyśmy więcej.

Co powinien zrobić prawdziwy mól książkowy?

Wyłączyć internet.

Sama musiałam to zrobić. Kiedyś czytałam jedną książkę tygodniowo. Później zwolniłam do dwóch na miesiąc. Nad książką błądziłam myślami i zwykle sięgałam po iPhone'a, żeby poszukać czegoś na Pintereście... zanim się ocknęłam, mijało kilka godzin i trzeba było iść spać. Zbyt wielu z nas dostaje palpitacji serca po każdym tweecie Donalda Trumpa. Pochłaniają nas zdjęcia facebookowych znajomych, którzy uwieczniają każdy posiłek jak martwą naturę. Spędzamy coraz mniej czasu ze swoimi dziećmi, ale znamy z Pinteresta sto sposobów na zmianę wystroju ich sypialni.

Jesteś zbyt zajęty, żeby czytać?

Na to zawsze znajdziesz czas. Wystarczy, że wyłączysz stację CNN, FOX i Facebooka.

Odkąd przestałam spędzać każdą wolną chwilę w internecie, wróciłam do czytania jednej książki tygodniowo.

To, jak czytamy, nie jest przypadkowe. Nie wiem, co mój sposób lektury mówi o mnie, ale na pewno coś znaczy. Na przykład że jestem dyslektyczką. Albo Żydówką. Kiedy biorę do ręki nową książkę, najpierw sprawdzam, jak się kończy. Tak oceniam książki – nie po pierwszym akapicie, tylko po ostatnim. Większość ludzi myśli, że zepsułoby im to przyjemność z czytania. To zaskakujące, ale kiedy książka mnie wciąga, zapominam, jak się kończy.

Czasem dla czytania rezygnuję z jedzenia, seksu i snu. Tak mocno kocham książki, że chodzę niewyspana, bo nie śpię do trzeciej nad ranem, żeby dotrzeć do ostatniej linijki. Słowo pisane uderza mi do głowy. Nazwiska autorów odurzają mnie, jeszcze zanim zacznę czytać. Książki są moim nałogiem. W księgarni zachowuję się jak alkoholik w sklepie monopolowym. Nie potrafię poprzestać na jednej książce. Zawsze wychodzę, taszcząc cały stos.

Jako zakładki używam dużej fiszki 10x15 centymetrów. Zapisuję na niej tytuł i autora, a w miarę czytania dodaję najciekawsze cytaty. Na najlepsze książki potrzebuję trzech fiszek. Im więcej ich zużywam, tym bardziej zachwyciła mnie lektura. Jeśli dojdę do końca, a fiszka jest pusta, oddaję książkę na makulaturę. Nikt inny nie powinien się z nią męczyć jak ja.

A teraz kilka prostych rad dla czytelników – nazywam je Regałowymi Regułami Reginy:

Nic na siłę. Pierwsza Reguła Reginy brzmi: żadnych nudnych książek. Ludzie szczycą się tym, że przebrnęli przez *Ulissesa*, jakby dobrowolnie poddali się leczeniu kanałowemu. Nie powinieneś się zmuszać do czytania. Książka nie ma być dla ciebie pracą domową. Jeśli nie dostajesz już ocen do dziennika, nie zadawaj sobie nudnych lektur obowiązkowych.

Ustal racjonalną granicę. Daj książce czterdzieści stron. Jeśli nie zachwyci cię przez ten czas, to nie ma co na to liczyć. Jeżeli książka nie porwie mnie do czterdziestej strony, odkładam ją na półkę. Nawet jeśli zapłaciłam za nią prawie dwadzieścia dolarów, nie zamierzam poświęcać jej ani minuty dłużej. Przekazuję ją dalej – może zachwyci kogoś innego. Moja przyjaciółka proponuje inną zasadę: odejmij swój wiek od liczby 100. Tyle stron masz przeczytać, zanim się poddasz. Zawsze dziwili mnie ludzie, którzy czytają dalej książkę, chociaż im się nie podoba. Czytanie nie powinno być przykrą sprawą do załatwienia.

Pozwól sobie na własne zdanie. To, że wszystkim wokół podoba się jakaś książka, nie znaczy, że i ciebie zauroczy. Nawet klasyka literatury może nie przypaść ci do gustu. Ja teoretycznie powinnam uwielbiać Jamesa Joyce'a, bo mam irlandzkie korzenie. Spróbowałam przeczytać *Portret artysty w wieku młodzieńczym*. Nie dałam rady. Zaczęłam *Finneganów tren*. Znów porażka. Sięgnęłam po *Ulissesa*. Nigdy w życiu. Za to spodobała mi się książka *When Women Were Birds* (Kiedy kobiety były ptakami). Połowa członkiń mojego klubu dyskusyjnego była nią zachwycona, a druga połowa – zdegustowana. Prawie doszło do rękoczynów. To było nasze najfajniejsze spotkanie.

Zawsze czytaj więcej niż jedną książkę naraz. To obniża oczekiwania wobec każdej z lektur. Zawsze czytam równocześnie kilka książek. Taką, która mnie rozśmiesza, na przykład *Gdzie jesteś, Bernardette?*. Taką, która daje mi do myślenia, jak *Moja ziemia obiecana: triumf i tragedia Izraela*. I taką, która mnie rozwija, jak *Potęga teraźniejszości*.

Zostaw w książce swój ślad. Naznacz ją wrażeniami z lektury. Zaginaj rogi w *Dziewczynie z pociągu*. Zaznaczaj na kolorowo najlepsze fragmenty *Ziemi, planety ludzi*. Otaczaj kółkiem ulubione cytaty z *The Story Hour*. Podkreślaj akapity, które najbardziej cię zachwyciły w *Gwiazd naszych wina*. Chyba że wypożyczyłeś książkę z biblioteki.

Sięgaj po różne gatunki. Do wyboru masz ich mnóstwo. Książki dla dzieci. Poezję. Powieści. Kryminały. Opowiadania. Dramaty. Eseje. Książki historyczne. Analizy religijne. Poradniki. Autobiografie.

Spędzaj czas w bibliotece. Wspieraj miejscową bibliotekę. To darmowe książki! Czego chcieć więcej? Wypożyczaj je całymi tuzinami i oddawaj na czas – a przynajmniej w terminie opłacaj kary za przetrzymanie.

Zapisz się do dyskusyjnego klubu książki. To zmusi cię do czytania pozycji spoza twojej strefy komfortu. Nawet nie zdajesz sobie sprawy, jaka jest wąska, dopóki ktoś nie poleci autora, o którym nigdy nie słyszałeś, chociaż znają go wszyscy pozostali członkowie klubu.

Podejmij świadomą decyzję o czytaniu. Wybieraj książki zamiast Facebooka, gry w Angry Birds i oglądania telewizji. Niektórzy uwielbiają serial *House of Cards*. Domek z kart. Ja wolę dom pełen książek. Niektórzy uwielbiają program *Taniec z gwiazdami*. Ja wolę czytać słowa gwiazd.

A gwiazdą jest dla mnie każdy, kto wydał książkę.

Lekcja 26

Życie jest darem. Podaj go dalej

Dar życia może zaprzeć ci dech w piersiach. Lynda Corea nigdy nie zapomni odgłosu, z jakim płuca jej syna wypełniały się powietrzem.

Mike przyszedł na świat w 1983 roku. Urodził się z rzadką chorobą wątroby. Mając pięć tygodni, przeszedł operację, ale lekarze ze Szpitala Dziecięcego Rainbow w Cleveland orzekli, że przeżyje najwyżej sześć miesięcy. Wiedzieli, że jego wątroba długo nie wytrzyma.

Rodzice zabrali go do domu i otoczyli miłością. Mike nauczył się siadać. Potem raczkować. A potem chodzić. Lekarze dawali mu dwa lata życia. Mike dotrwał do jedenastych urodzin, ale jego stan szybko się pogarszał. Opadł z sił. Pożółkła mu skóra. Codziennie miał biegunkę.

Czekał na przeszczep dwa lata. Jego rodzice codziennie mieli przy sobie pager. Nie mogli oddalić się od szpitala na więcej niż osiemdziesiąt kilometrów. Mike nie zastanawiał się, które liceum wybrać. Nigdy nie planował przyszłości.

Jako trzynastolatek trafił do szpitala na trzy tygodnie. Wszyscy myśleli, że umrze. Mike spisał nawet testament – i to dwa razy. Wracając z nim do domu, jego rodzice nie byli pewni, ile zostało mu czasu. Tego samego dnia odebrali telefon ze szpitala.

Siedemnastolatka z Toledo zginęła w wypadku samochodowym. Kiedy Mike dowiedział się, że może być dawczynią jego wątroby, na dwie godziny zamknął się w szafie w swoim pokoju. Musiał pogodzić się z tym, że dostanie jej wątrobę, i zaakceptować, że czeka go operacja, której może nie przeżyć.

Po wyjściu oświadczył rodzicom, że już nie boi się śmierci.

„Jeśli umrę, pozwólcie lekarzom pobrać wszystko, co może pomóc innym" – poprosił.

Mike'owi przeszczepiono wątrobę tej dziewczyny w lutym 1997 roku. Dzięki niej mógł pójść do liceum, biegać, grać w baseball. Był świetny z matematyki i ukończył szkołę z wyróżnieniem. Dostał się na studia na Uniwersytet Stanowy w Ohio – jedyną uczelnię, na którą składał papiery. Studiował finanse i planował później pójść na prawo. Ostatnią sesję zaliczył w czerwcu 2006 roku.

Po egzaminie końcowym zadzwonił do mamy i opowiedział jej, jak zamierza świętować swój sukces. Chciał trochę odpocząć, poćwiczyć podnoszenie ciężarów, a potem wybrać się na przejażdżkę motorem. Lynda nie mogła się doczekać, aż zobaczy go na uroczystym rozdaniu dyplomów. Rozmawiali przez dwadzieścia minut.

Mike zwierzył się mamie, że czuje się wolny i gotowy na wszystko. Mama powiedziała, że go kocha.

To była ich ostatnia rozmowa.

O północy w domu Lyndy zadzwonił telefon.

„Pani syn miał wypadek. Leży w szpitalu stanowym w Ohio" – usłyszała w słuchawce.

Mike jechał swoim niebiesko-białym suzuki 650. Dziewczyna w samochodzie go nie zauważyła. Chłopak przeleciał w powietrzu dziesięć metrów i wylądował na głowie. Mimo kasku odniósł ciężkie obrażenia.

Jego rodzina szybko dotarła do Uniwersyteckiego Szpitala Stanowego Ohio w Columbus. Mike zapadł w śpiączkę. Był podłączony do respiratora. Miał krwotok i obrzęk mózgu, a lekarze nie potrafili mu pomóc. Lynda wiedziała, że Mike umiera.

Jego siostra Jessica też zdawała sobie z tego sprawę. Poprosiła personel, żeby zadzwonili na uniwersytet i sprowadzili do szpitala dyplom Mike'a. Uroczystość zakończenia studiów miała się odbyć za sześć dni. Mike by jej nie dożył, a rodzina chciała zapewnić mu ten ostatni moment triumfu.

Dyplom został dostarczony już dwie godziny później. Jessica odczytała jego treść na głos. Mike zmarł jako absolwent Uniwersytetu Stanowego w Ohio. Miał dwadzieścia dwa lata.

Lekarze pobrali jego serce, płuca, rogówkę, skórę, ścięgna, wiązadła i kości długie.

Na pogrzebie syna Lynda czuła spokój – wiedziała, że spełniła jego życzenie i podarowała życie innym chorym.

W nich mógł żyć dalej. Wiedziała też, że Mike zginął, robiąc coś, co kocha. Kiedyś powiedział nawet: „Mam nadzieję, że umrę na motorze, bo wtedy umrę szczęśliwy".

Lynda nadal modli się za dziewczynę, która go potrąciła. Była studentką – odebrała dyplom tego samego dnia, kiedy miał to zrobić Mike. Ich nazwiska widniały na tej samej liście absolwentów.

Lynda chciała nawiązać kontakt z ludźmi, którym przeszczepiono narządy Mike'a. Kiedy on otrzymał wątrobę, napisała do rodziców dawczyni list. Jej matka przez jakiś czas podtrzymywała korespondencję, ale okazało się to dla niej zbyt bolesne i te dwie kobiety nigdy się nie poznały.

Prośby o dane trafiają do zespołu do spraw pobierania narządów. Najpierw wymiana listów jest anonimowa, a z czasem, jeśli obie strony tego chcą, można umówić się na spotkanie. Lynda dostała odpowiedź od biorczyni płuc Mike'a – matki czworga dzieci i babci dwanaściorga wnucząt.

Te listy uzdrowiły obie kobiety.

Po dwóch latach korespondowania postanowiły spotkać się twarzą w twarz. Barb mieszka na południe od Pittsburgha, a Lynda w Ohio, mniej więcej dwie godziny od niej, więc umówiły się w restauracji w połowie drogi. Lynda przyjechała z córką. Najpierw rozmawiały, a potem poszły we trójkę do łazienki.

Barb przez chwilę patrzyła w milczeniu na Lyndę i Jessicę. Później zaproponowała: „Połóżcie mi głowy na piersi. Poczujecie płuca Mike'a".

Matka i córka przytknęły uszy do jej klatki piersiowej i słuchały. Każdy oddech Barb był owocem pracy płuc Mike'a. Wszystkie trzy się rozpłakały. Lynda mogłaby wsłuchiwać się w te bezcenne oddechy całą wieczność.

Ale w końcu westchnęła i oznajmiła: „To nie są już płuca Mike'a. Teraz należą do ciebie".

„Będę o nie dbać" – obiecała Barb.

Lynda cieszy się, że miała Mike'a przez dwadzieścia dwa lata. „Przeżyłam dużo więcej radości niż smutku – zapewnia. – Naprawdę wierzę, że Mike wypełnił już swoją misję na ziemi. Ale ja nie".

Kiedy ją poznałam, była wolontariuszką w organizacji non profit Lifebanc, ośrodku pobierania narządów, który działa w północnowschodniej części Ohio. Im więcej takich osób jak Lynda popularyzuje ideę przekazywania narządów, tym więcej dawców zgłasza się do ośrodka.

Jej syn był wdzięczny za każdy dzień nowego życia, które podarowała mu nieznajoma dziewczyna. Lynda czuła to samo. W Stanach Zjednoczonych codziennie ponad dwadzieścia osób umiera dlatego, że brakuje narządów do przeszczepów. Na liście oczekujących znajduje się 125 tysięcy osób.

Lynda wie, jak to jest cieszyć się z daru życia – i przekazać go następnej osobie z radością zabarwioną smutkiem. Mike jako jeden z niewielu Amerykanów był zarówno biorcą, jak i dawcą narządów.

W Polsce jeśli chcesz zarejestrować się jako dawca narządów, możesz zrobić to na stronie www.dawca.pl. Jeden dawca narządów może uratować i uzdrowić osiem osób. Jeden dawca narządów, oczu i tkanek może przekazać to, co ma najcenniejszego, ponad pięćdziesięciu ludziom.

Życie jest darem.

Podaj go dalej.

Ujmij się za innymi

Lekcja 27

Milczenie zabija

W Muzeum Auschwitz-Birkenau spodziewasz się poczuć bliskość śmierci, nie życia.

Przygotowujesz się na góry ludzkich włosów, stosy butów, sterty walizek, które znasz z każdego filmu dokumentalnego o Holocauście.

A potem zwala cię z nóg widok sali tętniącej radością.

Czas powoli zabija ostatnich ocalałych z Holocaustu. Ale tu się zatrzymał. Trwa w bezruchu, żeby dać świadectwo prawdzie przed światem, który zrobił tak niewiele w chwili, gdy było to najważniejsze.

Odwiedziłam obóz koncentracyjny w Auschwitz razem z siostrą podczas trasy promującej moją książkę w Polsce. Wyjechałyśmy z Krakowa w strugach deszczu. Za oknami przemykały wątłe czarne drzewa; Wisła, którą kiedyś spływały prochy tysięcy Żydów; billboard z plakatem filmowym; reklama smażonego kurczaka i tory kolejowe, którymi wieziono na śmierć całe rodziny.

Kiedy więzienia w Polsce były już pełne, naziści potrzebowali więcej miejsca. Dlatego zamienili pustą bazę wojskową w największy obóz śmierci na świecie. Nasz przewodnik był Polakiem. Uczulił nas, żebyśmy zwracały uwagę na słowa, których używamy. „To nie był polski obóz koncentracyjny. To był niemiecki nazistowski obóz koncentracyjny" – przypomniał.

Polska jako jedyny kraj europejski była okupowana w całości. Jej instytucje państwowe zostały zlikwidowane. Nazistowskie Niemcy zniszczyły polskie wojsko i system edukacyjny, zabiły trzy miliony polskich Żydów i trzy miliony Polaków bez żydowskiego pochodzenia.

Przed wejściem do Auschwitz widzimy nierówne litery układające się w napis, który witał więźniów. „Arbeit macht frei". Praca czyni wolnym. Za bramą ciągną się bloki, w których trzeba się zmierzyć ze straszliwą prawdą.

W bloku 10 prowadzono eksperymenty medyczne. W bloku 11 skazywano na śmierć. Stoi tam długi stół, przy którym sąd gestapo wydał dwieście wyroków śmierci w ciągu dwóch godzin. W łaźni, gdzie kobiety myły się przed egzekucją, na umywalce wciąż wiszą ich ubrania.

Jedną ze ścian pokrywają czarno-białe zdjęcia więźniarek. Z ich oczu bije strach, widoczny szczególnie u niemal identycznych bliźniaczek. Trudno otrząsnąć się z tego wrażenia.

Zatrzymujemy się na dziedzińcu. Przy Ścianie Śmierci płoną znicze. Tysiące stawało przed nią, by paść na ziemię po strzale oficera SS. Kule były za drogie, więc oprawcy przerzucili się na cyklon B. Widzimy puste puszki; z jednej wysypały się jasnoniebieskie granulki. Za szklaną ścianą piętrzy się góra włosów. Większość sprzedawano przedsiębiorstwom przemysłowym; wojsko niemieckie wykorzystywało je też do wzmacniania mundurów, rękawiczek i skarpet.

Naziści kradli wszystko. Zachowały się stosy szczoteczek do zębów, grzebieni i pędzli do golenia. Pokoje pełne butów. Splątana sieć drucianych oprawek okularów. Garnki, patelnie i miski przywiezione przez kobiety, które sądziły, że po przesiedleniu będą w nich gotować dla swoich rodzin. Więźniowie podpisywali walizki, żeby móc je odzyskać: Ella Newmann, Hedwig Klement, Petr Eisler, Franz Engl, Bela Stadler. Szli do obozu, niosąc na rękach dzieci w maleńkich bucikach, które też trafiły do gabloty.

Tak mnie to przytłoczyło, że nie byłam w stanie płakać. A potem weszłam do bloku 27 na multimedialną wystawę stałą Szoa, przygotowaną przez Izrael. To najbardziej poruszająca ekspozycja w całym Auschwitz.

Pusta sala nagle ożywa obrazem i dźwiękiem. Na wszystkich ścianach pojawiają się sceny z żydowskiego życia przed Holocaustem. Autentyczne czarno-białe filmy z obchodów święta Paschy, wesel, bar micw i potańcówek. Wakacje na plaży. Jazda na łyżwach. Parady. Posiłki i toasty. Szabasowe kolacje. Przyjaciółki spacerujące pod rękę. Mężczyźni w cylindrach. Matka, która ciągnie wózek z lalkami. Ojciec trzymający córkę za rączkę. Życie Żydów z Czechosłowacji, Rumunii, Polski, Węgier, Ukrainy, Austrii i Francji.

Łatwo dać się porwać radości, bijącej z tej muzyki, miłości i śmiechu. Ma się ochotę tam zostać i nigdy nie wychodzić, żeby utrzymać ludzi na filmach przy życiu.

Ale to niemożliwe. Wszyscy zginęli. Kiedy to sobie uświadamiasz, wybuchasz płaczem.

Ta sala otworzy ci serce na oścież. Zaraz potem zawładną nim dzieci. W następnym pomieszczeniu królują dziecięce rysunki naniesione na białe ściany. To rekonstrukcje autentycznych prac żydowskich dzieci, zamordowanych później w obozie. Ich rysunki przedstawiają to, co widziały wokół siebie i za czym tęskniły. Na jednym jest menora. Na innym ptak. Wózek dziecięcy. Oficer SS, który mierzy z broni. Martwe ciała, zwisające ze sznurów.

Wyszłam z Auschwitz z jednym pytaniem na ustach – i w duszy.

Jak? Jak? Jak?

Jak to się mogło stać?

Największą – a może jedyną – oznakę nadziei łatwo przegapić. Schodki w każdym bloku są wytarte od kroków tysięcy osób, które odwiedzają obóz, żeby stawić czoło prawdzie, która się tu dokonała.

Potem przeszłam z siostrą do Birkenau. W Auschwitz czułam się jak w muzeum; w Birkenau poczułam się jak na cmentarzu.

W obozie Birkenau, nazywanym też Auschwitz II, bo znajduje się mniej niż cztery kilometry od Auschwitz, zginęło ponad 1,1 miliona z 6 milionów Żydów zamordowanych podczas Holocaustu.

Do obozu idzie się wzdłuż torów kolejowych. Nawet w pochmurny dzień szyny zdają się lśnić upiornym blaskiem. Migoczą światłem, które niknie w bezkresnej nicości Birkenau.

Weszłam na wieżę strażniczą i stanęłam w punkcie, z którego kilkadziesiąt lat wcześniej strażnicy obserwowali rozległy teren – około 400 akrów z drewnianymi i ceglanymi barakami. Oni zamiast trawy widzieli piach, błoto albo śnieg. I dym. Niekończące się kłęby dymu.

Tory przecina żwirowa droga. Nagle stoisz na rampie kolejowej, w tym samym miejscu, w którym lekarz SS wskazywał kciukiem w lewo lub w prawo, skazując więźniów na natychmiastową zagładę albo na katorżniczą pracę i śmierć wywołaną głodem, zmęczeniem, torturami albo chorobą.

To tu wysiadali z pociągów Żydzi z całej Europy. Wieźli ze sobą wszystko, co mieli najcenniejszego. Dzieci. Majątek. Nadzieje na przyszłość. Tu rozdzielano rodziny. W Auschwitz można zobaczyć autentyczne zdjęcia z tego momentu: dzieci trzymające się za ręce, matki z niemowlętami w ramionach, stosy walizek.

Chorzy, słabi, dzieci, starcy, niepełnosprawni i kobiety w ciąży – wszyscy byli skazywani na śmierć. Ci, którzy przeszli selekcję, otrzymywali więzienne ubrania i numery. Mieszkali w budynkach przeznaczonych dla koni, nie dla ludzi. W jednym baraku na drewnianych pryczach spało ponad czterystu więźniów. Nocą nie mogli iść do ustępu – mieli tylko wiadra. W dzień korzystali z upokarzającej, nieosłoniętej latryny polowej – kilkunastu dziur obok siebie.

Poszłyśmy wzdłuż torów do ruin krematoriów. Naziści wysadzili je przed przybyciem wojsk radzieckich. Co roku góra cegieł coraz bardziej się rozpada.

Jeśli spojrzysz w dół, zobaczysz, którędy Żydzi wchodzili do „łaźni". Później strażnik otwierał właz w dachu i wrzucał do środka niebieskie granulki cyklonu B. Gaz zabijał wszystkich w pomieszczeniu. Ich ciała musieli palić inni więźniowie.

Wiecie to wszystko – ale kiedy staniecie w miejscu, w którym to się działo, wśród prochów tych wszystkich ludzi, dotrze to do was w nowy sposób.

Międzynarodowy pomnik ofiar obozu z tablicami w dwudziestu dwóch językach symbolizuje wszystkie kraje, z których przywożono tu Żydów na śmierć. „Niechaj na wieki będzie krzykiem rozpaczy i przestrogą dla ludzkości to miejsce, w którym hitlerowcy wymordowali około półtora miliona mężczyzn, kobiet i dzieci, głównie Żydów z różnych krajów Europy. Auschwitz-Birkenau 1940–1945" – głosi napis.

Przed wyjazdem kupiłam w księgarni książkę *Człowiek w poszukiwaniu sensu* Viktora Frankla. Potrzebowałam iskierki nadziei.

W drodze powrotnej do Krakowa myślałam o wszystkich, którzy zginęli w tym obozie. Tak wielu ludzi straciło tu życie, ale ten proces nie zaczął się na rampie kolejowej od ruchu kciuka w lewo czy w prawo. Jego początkiem były wiwatujące tłumy i bierni widzowie w zwykłych miastach w całej Europie.

Najpierw zasiano ziarna nienawiści, strachu i niewiedzy, które kiełkowały, gdy przywódcy polityczni karmili kłamstwami nieświadome tłumy. Kiełkowały, gdy uśmiechnięte dzieci wołały „Heil Hitler!", a ich rodzice żywiołowo oklaskiwali przemówienia polityczne, wieszczące zagładę całego narodu. Kiełkowały, gdy tysiące ludzi uczestniczyło w marszach szerzących nienawiść, a tysiące innych nie robiło nic, żeby ich powstrzymać.

Nic.

Viktor Frankl napisał: „Każdy człowiek na świecie przepytywany jest przez życie; każdy może mu odpowiedzieć tylko, odpowiadając za własne życie; odpowiadać życiu można jedynie przez bycie odpowiedzialnym"*.

Po wizycie w obozie koncentracyjnym zaczynasz się zastanawiać: jaką odpowiedź dajesz swoim życiem?

* Viktor E. Frankl, *Człowiek w poszukiwaniu sensu*, przeł. Aleksandra Wolnicka, Warszawa 2011.

Lekcja 28

Słowa są życiem

Od ostatniej wizyty w Polsce wciąż myślę o zdaniu: „Słowa są życiem"*. Ten cytat z jednej z moich ulubionych powieści, *Złodziejki książek*, równocześnie mnie prześladuje i inspiruje.

W Warszawie ogromne wrażenie zrobiło na mnie miejsce, którego nie znajdzie się w popularnych przewodnikach turystycznych. Wiele osób nie wie o jego istnieniu. Aleja Szucha 25 należała do najbardziej przerażających adresów w stolicy Polski. W piwnicy budynku znajdowała się kwatera główna gestapo. Dziś nad ogromnymi brązowymi drzwiami widnieje napis: „Mauzoleum Walki i Męczeństwa".

Ściany w celach dawnej siedziby gestapo wciąż mówią. Osadzani tam polscy patrioci powierzali im swoje ostatnie słowa. W dwóch wąskich korytarzach ciągną się rzędy cel z gołymi, posępnie szarymi murami. Zmyto z nich krew, ale wciąż widać dziury po kulach. I wiadomości od więźniów.

* Markus Zusak, *Złodziejka książek*, przeł. Hanna Baltyn, Warszawa 2008.

Mężczyźni i kobiety wydrapywali na ścianach ostatnie przesłanie dla świata. Swoje nazwiska. Deklaracje niewinności. Prośby o pomoc. Błagania o wolność.

Gdy nie pozostało im już nic innego, wciąż mieli słowa.

W muzeum obejrzałyśmy krótki czarno-biały film przedstawiający twarze ludzi torturowanych i zabitych w tym gmachu. Przeszłyśmy obok cel izolacyjnych i pomieszczeń do przesłuchań. Minęłyśmy salę z drewnianymi ławami, na których zatrzymani słuchali wrzasków torturowanych, czekając na swoją kolej.

W jednej z cel do podłogi nadal przykuty jest łańcuch z kajdanami. W pokoju, który służył gestapo za biuro, na półce leżą narzędzia tortur, metalowe pręty do bicia i sprzęt do rażenia więźniów prądem. Na ścianie wisi płowiejący portret Hitlera. Na jego widok trudno powstrzymać się od krzyku.

Jedna z ekspozycji podsumowuje potęgę każdego życia słowami. Wystarczy wcisnąć guzik przy twarzy więźnia, żeby przeczytać, co się z nim stało. Większość zginęła, oprócz pielęgniarki, przesłuchiwanej na alei Szucha pięćdziesiąt siedem razy. Wanda Ossakowska podczas II wojny światowej była kurierem. Przeszła brutalne tortury, a później trafiła do trzech obozów koncentracyjnych. Mimo poważnego urazu głowy, licznych pobić i długiego pobytu w izolatce udało jej się przeżyć. Zmarła, mając osiemdziesiąt dziewięć lat, a przed śmiercią zdążyła poznać pierwszego polskiego papieża.

Studentka Elżbieta Zahorska została stracona w wieku zaledwie dwudziestu czterech lat. Na czym polegało jej przestępstwo? Zerwała niemiecki plakat propagandowy. Stojąc przed plutonem egzekucyjnym, wykrzyknęła początek polskiego hymnu: „Jeszcze Polska nie zginęła!".

Potęga słów jest ogromna.

W całej Warszawie znajduje się wiele pomników i tablic pamiątkowych na cześć poległych z rąk nazistów i komunistów. Chociaż od tamtych czasów minęło już kilkadziesiąt lat, ludzie wciąż zostawiają tam kwiaty i zapalają znicze, żeby złożyć im hołd. Słowa na każdej z tych tablic przywracają życie ofiarom. Czynią je nieśmiertelnymi i dają im moc inspirowania żyjących do wielkich czynów.

Co roku 1 sierpnia o godzinie 17.00 ludzie zatrzymują się na minutę, żeby uhonorować bohaterów, którzy zginęli w powstaniu warszawskim. Zryw przeciwko nazistom w 1944 roku kosztował życie ponad 200 tysięcy osób. Warszawa też zapłaciła za niego wysoką cenę.

Wyobraź sobie, jak wtedy wyglądała. Zbombardowana. Spalona. Zrównana z ziemią. Dziś to kosmopolityczne miasto tętniące życiem, a młodzi ludzie na warszawskich ulicach ubrani są równie modnie jak nowojorczycy. Zdumiewa mnie wytrzymałość narodu polskiego.

Ktoś w Polce powiedział mi, że ten kraj przypomina motyla. Usytuowany między Niemcami a Rosją, przez wiele lat usiłował wydostać się z kokonu i rozwinąć skrzydła.

Po długiej wizycie w Muzeum Powstania Warszawskiego uważam, że Polska przypomina raczej mistycznego feniksa, ptaka, który ginie w płomieniach, by odrodzić się z popiołów i wznieść jeszcze wyżej. Wiele godzin zrywałam kartki z powstańczego kalendarza, czytając o tym, jak warszawiacy stawiali okupantowi opór przez sześćdziesiąt trzy dni, walcząc o zachowanie swojego państwa, godności, nadziei i życia. Każda z kartek zawierała poruszającą historię albo detal o walce o Polskę.

Gdy naziści rozbili powstanie i obrócili Warszawę w gruzy, wydawało się, że wszystko stracone. Ciekawe, co ci, którzy patrzyli na swoje płonące miasto, pomyśleliby o dzisiejszej Polsce. O jej centrach handlowych, barach, klubach, restauracjach. O jej młodzieży. O jej wolności.

W najtrudniejszych momentach, kiedy życie wydaje się nie do zniesienia, słowa hymnu mogą stać się twoim okrzykiem zwycięstwa. Jeszcze nie zginąłeś! Wciąż tu jesteś. Wciąż żyjesz. Wciąż masz nadzieję.

Opowiedziałam mojemu wydawcy Tomaszowi Brzozowskiemu z wydawnictwa Insignis, jakie wrażenie zrobiły na mnie cele w alei Szucha. W odpowiedzi przysłał mi e-mail o potędze słów, które potrafią nie tylko krzywdzić, lecz także uzdrawiać.

Napisał w nim o Henryku Mikołaju Góreckim, jednym z najsłynniejszych polskich kompozytorów współczesnej muzyki poważnej. W 1976 roku Górecki stworzył swoją słynną *III symfonię*, zwaną też *Symfonią pieśni żałosnych*. Szesnaście lat później utwór zdobył wielką popularność, gdy został nagrany przez amerykańską śpiewaczkę Dawn Upshaw z London Sinfoniettą pod dyrekcją Davida Zinmana.

Trzy pieśni opowiadają trzy historie. Pierwsza jest o Maryi, matce Jezusa, ostatnia – o matce szukającej zmarłego syna.

Drugą pieśń zainspirowała modlitwa więźniarki wypisana na ścianie w nazistowskim więzieniu. Kompozytor zmienił ostatnie słowa zatrzymanej w piękną muzykę, która będzie trwać wiecznie.

Tomasz napisał: „Cały utwór zapiera dech w piersiach. Ale druga pieśń symfonii jest naprawdę wyjątkowa. Została zainspirowana przez napis na murze w więzieniu Gestapo. Jej muzyka i słowa wtłoczą ci duszę do ciasnej celi śmierci, a później uwolnią ją, przenosząc twoje uczucia, myśli i wszystko inne w zupełnie inny wymiar".

Górecki usłyszał o napisie wyrytym w ścianie więziennej celi, będąc w Zakopanem. Jego autorką była osiemnastoletnia dziewczyna, Helena Wanda Błażusiakówna. Napisała: „O Mamo nie płacz nie – Niebios Przeczysta Królowo Ty zawsze wspieraj mnie".

Kompozytora poruszyły jej słowa. Różniły się od zapewnień o niewinności i wściekłych tyrad z cel dorosłych. Ta nastolatka nie rozpaczała, nie wzywała do zemsty, nie płakała nad własnym losem – tylko myślała o mamie.

Jej ostatnimi słowami była modlitwa mająca pocieszyć osobę, która najbardziej ją kochała.

Słowa niosą ogromną moc. Potrafią nie tylko ranić, ale też uzdrawiać.

Naprawdę są życiem.

Lekcja 29

Ratując jedno życie, ratujesz wszechświat

Kolejka przed domem Anne Frank przy Prinsengracht 263 w Amsterdamie ciągnęła się przez całą ulicę.

Odkąd przeczytałam jej pamiętnik, chciałam zobaczyć miejsce, w którym się ukrywała. Minęło ponad siedemdziesiąt lat, odkąd Anne zmarła na tyfus w obozie koncentracyjnym Bergen-Belsen. W miasteczku, w którym się wychowałam, mieszkało niewielu Żydów i mało wiedziałam o Holocauście, zanim sięgnęłam po jej *Dziennik*.

Anne Frank zaczęła go prowadzić, mając trzynaście lat. Na zawsze zapamiętałam jej pełne nadziei słowa: „Wbrew wszystkiemu wierzę jeszcze, że ludzie są w głębi serca naprawdę dobrzy"*. Zapiski Anne urwały się dwa lata później, gdy po nalocie na kryjówkę zorganizowaną przez Otto Franka naziści wywieźli wszystkich jej mieszkańców do obozu koncentracyjnego.

* Jeżeli nie zaznaczono inaczej, cytaty z *Dziennika* pochodzą z: Anne Frank, *Dziennik. 12 czerwca 1942–1 sierpnia 1944*, przeł. Alicja Dehue-Oczko, Kraków 2003.

Każdy pokój przedstawia fragment jej opowieści. Zwiedzanie rozpoczyna się lekcją historii, która stanowiła tło życia Anne. Patrzysz na plakat Hitlera. I fotografie przedstawiające niemieckie dzieci trzymające swastyki. Sklepy z potłuczonymi wystawami. Synagogi w płomieniach. Czołgi toczące się przez miasto. Obozy koncentracyjne. Nagrobki.

Życiorys dziewczyny jest krótki. Urodziła się w Niemczech w 1929 roku, żyła szesnaście lat. Jedno zdjęcie przedstawia małą Anne z mamą. Na innym widać ją z rodziną na plaży. Kolejne ukazują jej pamiętnik i subtelny, dziewczęcy charakter pisma.

Tata Anne, Otto, był niemieckim podporucznikiem urodzonym w żydowskiej rodzinie. Krach na Wall Street jeszcze pogłębił problemy gospodarcze Niemiec po przegranej I wojnie światowej. Państwo potrzebowało przywódcy, który odbuduje jego potęgę i zwalczy bezrobocie. Hitler obiecał wszystkim pracę i tak narodziła się niemiecka partia nazistowska.

Gdy w 1933 roku Hitler doszedł do władzy, rodzina Franków przeprowadziła się do Holandii. Siedem lat później kraj zajęły niemieckie wojska. W 1942 roku Frankowie zaczęli się ukrywać. Przez dwa lata żyli w zamknięciu. Przez dwa lata mogło ich zdradzić wszystko. Skrzypnięcie podłogi. Szum spuszczanej w toalecie wody. Uchylona zasłona w oknie.

Anne dostała od rodziców pamiętnik na trzynaste urodziny. Niedługo później jej rodzina przeniosła się do kryjówki. Miep Gies przez dwa lata przynosiła im żywność, książki i inne zapasy, ryzykując rozstrzelanie. To ona znalazła pamiętnik Anne. Kiedy dowiedziała się o śmierci dziewczynki, przekazała go jej ojcu – jedynemu ocalałemu z całej rodziny.

W 1996 roku byłam na spotkaniu z Miep Gies w Cleveland. Drobna i siwa Holenderka miała wtedy osiemdziesiąt siedem lat, mieszkała w Amsterdamie i utrzymywała się ze skromnej emerytury. W swoim wystąpieniu powiedziała, że każdy może ratować świat, a ona stanęła przed wyborem: pomóc potrzebującym czy przez całe życie żałować swojej bezczynności.

Dlaczego ukrywała przed nazistami osiem osób? „Zawsze zaskakuje mnie to pytanie – odparła. – Nie widziałam innej możliwości".

Dzięki niej dziewczynka, która marzyła o sławie, nigdy nie zostanie zapomniana. Książka Anne Frank ukazała się w 1947 roku. Została przetłumaczona na siedemdziesiąt cztery języki i rozeszła się w ponad trzydziestu milionach egzemplarzy.

W kryjówce Franków poczujesz się jak na kartach *Dziennika*. Rozpoznasz wąskie schody, słynny regał z książkami i małe pokoiki. Serce zadrży ci na widok nielicznych pamiątek po jego mieszkańcach: kartek z lekcjami łaciny Margot, starszej siostry Anne; mapy Normandii, na której ich tata Otto kreślił postępy aliantów, i blednących śladów ołówka na ścianie, gdzie rodzice zaznaczali wzrost córek.

Na wyblakłych beżowych ścianach maleńkiego pokoju wiszą wycinki z gazet i magazynów, które przykleiła

Anne: zdjęcia Grety Garbo, Ginger Rogers, Sonji Henie. Obok widnieje cytat z *Dziennika*: „Jeździć na rowerze, tańczyć, gwizdać, patrzeć na świat, czuć się młodo, wiedzieć, że jestem wolna, rwę się do tego".

W większości pomieszczeń nie ma nic. Po aresztowaniu mieszkańców naziści opróżnili oficynę. Otto Frank chciał ją zachować w takim stanie, żeby pokazać, jaką pustkę pozostawili po sobie ci, którzy zginęli.

Pod koniec wizyty w muzeum widzisz książkę z imionami i nazwiskami 103 tysięcy Żydów deportowanych z Holandii i zabitych przez nazistów. Zdajesz sobie sprawę, że historii takich jak Anne były miliony. Jej *Dziennik* leży na srebrnej poduszce w szklanej gablocie. Czerwona okładka w szkocką kratę wyciśnie ci łzy z oczu.

Ale w chwili, gdy głos Anne ucichł, przemówił Elie Wiesel.

Jako piętnastolatek został zesłany do Auschwitz, a potem przeniesiony do Buchenwaldu. Obóz wyzwolono rok później. Mamy dowody na to, co przeżył: czarno-białe zdjęcie z leżącymi w rzędzie żywymi szkieletami. Elie był siódmy z lewej na drugiej pryczy. Innym dowodem jest bijący z jego spojrzenia smutek. Nigdy nie zapomniał, co zobaczył w obozie i kogo tam stracił: ojca, matkę i siostrę.

Został rzecznikiem sześciu milionów zamordowanych Żydów. Kiedy zaczął wypowiadać się w ich imieniu, nie mógł już przestać. Jego słowa rzucały światło na jeden z najmroczniejszych okresów historii. Elie nieustannie przestrzegał, żebyśmy nie dopuścili do powtórzenia tych zbrodni. Wszystko zaczęło się od książki *Noc*, w której opowiedział o swojej walce o przetrwanie. Dziś to bestseller przetłumaczony na ponad trzydzieści języków z dziesięcioma milionami sprzedanych egzemplarzy.

Wiesel przez całe życie był głosem tych, którzy zamilkli na wieki. Niestrudzenie szerzył prawdę. „Trzeba opowiedzieć się po którejś ze stron – twierdził. – Neutralność zawsze pomaga katowi, nigdy ofierze. Cisza zawsze jest zachętą dla prześladowcy, nigdy dla prześladowanego".

Mimo to tysiące ludzi nie reagowały na potworności wojny. Oskar Gröning, zwany księgowym Auschwitz, był jednym z nich. W obozie prowadził selekcję rzeczy należących do węgierskich Żydów mordowanych w komorach gazowych.

Unterscharführer Oskar Gröning zeznał, że sam nikogo nie zabił, ale obserwował otaczające go okrucieństwo i nie zrobił nic, żeby je powstrzymać. Patrzył, jak strażnik SS katuje płaczące żydowskie dziecko. Patrzył, jak w Auschwitz-Birkenau z wagonów wysypują się rodziny węgierskich Żydów skazanych na śmierć. Nigdy nie pociągnął za spust, ale pomagał Hitlerowi czerpać zyski z ludobójstwa.

Gröning stwierdził, że jest „moralnie współodpowiedzialny" za Holocaust jako trybik w precyzyjnej machinie eksterminacji Żydów. Został uznany za współwinnego zabójstwa 300 tysięcy ludzi. Wyrok zapadł, gdy Gröning miał ponad dziewięćdziesiąt lat. Zmarł w 2018 roku.

Skoro nigdy nie jest za późno na ukaranie tych, którzy ponoszą moralną współodpowiedzialność, to nigdy nie jest też za późno na wyróżnienie tych, którzy wykazali się moralną odwagą.

W 2015 roku władze Izraela odznaczyły pięćdziesięciu katolików z Polski, którzy ratowali Żydów w czasie II wojny światowej. Większość uhonorowanych miała ponad dziewięćdziesiąt lat i poruszała się na wózkach inwalidzkich albo wspierając się na balkonikach.

Kiedy o nich czytałam na izraelskim portalu „The Times of Israel", wywołało u mnie szok to zdanie: „Polska była jedynym krajem pod okupacją niemiecką, w którym za pomoc Żydom karano śmiercią całą rodzinę".

Za pomoc Żydom karano śmiercią całą rodzinę.

Kto naraziłby bliskich na takie ryzyko? Okazuje się, że wielu.

W dalszej części artykułu przeczytałam, że Polska, niegdyś kraj o największej diasporze żydowskiej w Europie, ma „najwięcej obywateli uhonorowanych najwyższym izraelskim odznaczeniem cywilnym nadawanym nie-Żydom, medalem Sprawiedliwy wśród Narodów Świata, przyznawanym przez Instytut Pamięci Męczenników i Bohaterów Holocaustu Jad Waszem".

Nie zapominajmy też o sir Nicholasie Wintonie, który zmarł w 2015 roku w wieku stu sześciu lat. Ten makler giełdowy pomógł uratować 669 żydowskich dzieci, które z pewnością zginęłyby w obozach koncentracyjnych.

Przyszedł na świat jako Nicholas Wertheimer w 1909 roku w rodzinie żydowskiej w Londynie. Według BBC w czasie wojny pojechał do okupowanej Pragi, żeby pomóc młodym żydowskim uchodźcom uciec przed nazistami. Znalazł dzieciom rodziny zastępcze w Wielkiej Brytanii i zorganizował dla nich transport pociągiem.

Rabin Jonathan Sacks, były główny rabin Zjednoczonych Hebrajskich Kongregacji Brytyjskiej Wspólnoty Narodów, nazwał sir Nicholasa „gigantem odwagi moralnej", który przypomina nam o następującej prawdzie: „Ratując jedno życie, ratujesz wszechświat. Sir Nicholas uratował setki wszechświatów".

Ratowanie wszechświata może być proste. Syn Winstona Nick tak opisał misję swojego taty: „Chodzi o zachęcanie ludzi do działania, żeby nie czekali, aż sytuacja sama się rozwiąże albo zajmie się nią ktoś inny".

Nie zadręczaj się wątpliwościami. Nie martw się, czy się uda. Nie siedź z założonymi rękami.

Lekcja 30

Nigdy nie znasz ciężaru brzemienia drugiego człowieka

Andy Lehman nie żyje z powodu docinków rówieśników.

Nigdy nie pozwalali mu usiąść w zatłoczonym autobusie szkolnym. Wyśmiewali się z niego za to, że był mądry i zamknięty w sobie. Stał się ofiarą ich drwin, bo miał nadwagę i nosił okulary. Wołali na niego Niedźwiedź Polarny.

To byli ci sami uczniowie, którym Andy chętnie pomagał w matematyce, chemii, historii i angielskim. Żaden z nich nie wiedział, że chłopiec leczy się na depresję. Kiedy zaczął wagarować, żartowali, że wysłannicy zagranicznego rządu uprowadzili go albo dokonali na niego zamachu z powodu jego wybitnej inteligencji. Następnym razem, kiedy zobaczyli Andy'ego w autobusie, któryś z nich rzucił beztrosko: „O, myśleliśmy, że nie żyjesz".

W ostatniej klasie liceum Andy opuścił siedem dni w ciągu pierwszych trzech tygodni nauki. Nie był w stanie wsiąść do autobusu szkolnego. Któregoś dnia miał już dość. O wpół do ósmej wieczorem zadzwonił do taty. Kiedy ojciec zapytał, dlaczego Andy znów wagaruje, ten odpowiedział: „Nie martw się, tato. Wiem, jak sobie z tym poradzić. Kocham cię".

Tej nocy Andy zaparkował samochód przy autostradzie niedaleko domu. A potem wszedł na jezdnię prosto pod nadjeżdżającą ciężarówkę.

Zostawił w samochodzie list dla rodziców i odręczną notatkę adresowaną do nieznajomego kierowcy, którego miał już zawsze dręczyć we wspomnieniach: „Tymi słowami chcę zmniejszyć cierpienie, jakie wywoła moje samobójstwo. Kierowca samochodu, który mnie potrącił, nie ponosi za to żadnej odpowiedzialności. Wskoczyłem mu pod koła z własnej woli. Andrei Phillip Lehman, 18 września 2006".

W chwili śmierci miał siedemnaście lat.

Ojciec widział w nim geniusza. Ucznia, który dostaje świadectwa z wyróżnieniem. Półfinalistę krajowego konkursu stypendialnego National Merit Scholarship. Błyskotliwego matematyka. Utalentowanego muzyka. Wrażliwego nastolatka, który pomaga innym uczniom na trudnych lekcjach. Zdolnego, refleksyjnego ucznia, który świetnie sobie radzi z każdym przedmiotem.

Ale dla kolegów i koleżanek w autobusie szkolnym znaczył tyle co nic.

Nie zadali sobie trudu, żeby dowiedzieć się, jak naprawdę ma na imię ten mądry chłopak z nadwagą, którego ochrzcili Niedźwiedziem Polarnym. Bez względu na to, jak go prowokowali, Andy nigdy nie reagował. Znosił kpiny w milczeniu.

Kiedy dyrekcja ogłosiła w szkole, że Andy Lehman nie żyje, większość uczniów nie była pewna, o kogo chodzi. Chłopak, którego nazwę Kent, żeby chronić jego prywatność, nie potrafił przywołać z pamięci twarzy ofiary. „Który to był Andy Lehman?" – zastanawiał się.

Po lekcji podeszła do niego rozszlochana dziewczyna. „Andy, Andy! – zawołała. – To Niedźwiedź Polarny. To on".

Kentowi serce zamarło w piersi. Godzinę później dowiedział się, że Andy popełnił samobójstwo. Kent usiadł w swojej ławce i wymamrotał z przerażeniem: „Co ja narobiłem?", ponieważ to przez niego każda przejażdżka autobusem szkolnym była dla Andy'ego piekłem. Kenta ogarnęły potworne wyrzuty sumienia.

Rodzice Andy'ego nie mieli pojęcia, co spotykało ich syna każdego dnia w drodze do szkoły. Po jego śmierci uczniowie, którzy nawet go nie znali, zamieścili słowa pożegnania na dużym plakacie. Szkoła przesłała kopię Nicholasowi, ojcu Andy'ego. Jego uwagę zwróciły słowa jednej z uczennic:

„Andy, przykro mi, że tak późno zrozumieliśmy, jak bardzo cierpiałeś. Pamiętam, jak jeździłam z tobą autobusem. Wszyscy świetnie się bawiliśmy, zazwyczaj twoim kosztem. Przepraszam, że śmiałam się z tego, jak byłeś traktowany. Wiem, że jesteś teraz w lepszym miejscu, a to nauczka dla nas wszystkich". Dziewczyna narysowała przy swoim imieniu serduszko.

Tata Andy'ego zaczął się zastanawiać: „Co się działo w tym autobusie?". Zapytał o to dyrekcję szkoły. Nie znała odpowiedzi. Nicholas spróbował dowiedzieć się czegoś od przyjaciela, którego córka jeździła tym samym autobusem do szkoły. Dziewczynka również niczego nie wyjaśniła.

Na pogrzeb przyszło ponad czterysta osób. Złożyli hołd Andy'emu, wspominając, jaką wspaniałą był osobą. Uhonorowali go jako człowieka renesansu z talentem muzycznym, artystycznym i szachowym. Nauka nie sprawiała mu najmniejszych problemów, ale nigdy się z tego powodu nie wywyższał. Uwielbiał matematykę: koło matematyczne, olimpiadę matematyczną, konkursy matematyczne. Lubił grać w kręgle, należał też do szkolnego zespołu muzycznego, szkolnej orkiestry marszowej i grupy muzyków zagrzewającej do walki drużyny sportowe z ich liceum.

Jeden z uczniów powiedział: „Andy był utalentowanym chłopakiem w świecie beztalenci".

Wiele miesięcy po śmierci Andy'ego Kentowi nadal nie dawało spokoju, jak go kiedyś traktował. Nie potrafił sobie poradzić z poczuciem winy. Pewnego dnia poszedł do domu państwa Lehmanów w powiecie Painesville Township. Przedstawił się tacie Andy'ego i przyznał, że to on codziennie wyśmiewał się z jego syna w autobusie szkolnym.

Nicholas mógł na niego nakrzyczeć, wyrzucić go z domu albo zagrozić, że wezwie policję albo złoży przeciwko niemu pozew do sądu. Zamiast tego podziękował

Kentowi za odwagę, żeby wziąć odpowiedzialność za to, co zrobił. Nicholas wiedział, że dręczenie ze strony rówieśników było dla Andy'ego kroplą, która przelała czarę goryczy – ale miał świadomość, że ta gorycz wzięła się z depresji, rozwodu rodziców i problemów finansowych rodziny.

Żeby wypełnić pustkę po Andym, Nicholas i Kent postanowili wspólnie pomóc dzieciom takim jak on – wrażliwcom, którzy często padają ofiarą silniejszych. Zaangażowali się w prace Stowarzyszenia na rzecz Edukacji i Zapobiegania Samobójstwom (Suicide Prevention Education Alliance, www.helppreventsuicide.org) i razem przemawiali w okolicznych szkołach, walcząc ze zjawiskiem dręczenia.

Obaj wystąpili w moim programie radiowym i przekonywali, jakie to ważne, żeby stawać w obronie słabszych. Wspaniale było zobaczyć, z jaką empatią odnoszą się do siebie nawzajem.

Kent powiedział: „Dla mnie najważniejszą nauczką, jaką wyniosłem z tej tragedii, jest przekonanie, że musimy zawsze i wszędzie uważać na to, co mówimy. Czasem słowa ranią bardziej niż przemoc fizyczna. Nie zdawałem sobie sprawy, jak wygląda życie Andy'ego. Nie interesowało mnie to. Nie miałem w sobie dość współczucia, żeby przestać się z niego wyśmiewać. Andy padł ofiarą dręczenia, a to w połączeniu z głęboką depresją doprowadziło do jego samobójczej śmierci".

Nicholas nadal opłakuje utratę syna. Podsumował życie Andy'ego w segregatorach, w których umieścił wszystkie jego dyplomy, wyniki egzaminów i listy pochwalne. Pociesza go czytanie opinii nauczycieli, którzy nazywali Andy'ego wspaniałym, wyjątkowym, niezwykle błyskotliwym uczniem. Te segregatory przypominają mu o radości w życiu syna. Dzięki nim znów czuje bliskość chłopca, który z natury był naukowcem – uprzejmego, spokojnego, pilnego, uroczego, utalentowanego nastolatka.

„Kiedy tracisz miłość swojego życia, w twoim sercu pozostaje wyrwa, której nie da się niczym zapełnić" – wyznał.

Andy był krótko wśród nas, ale i tak wciąż może odmienić życie innych. Nadal uczymy się od tego wrażliwego chłopca, wyśmiewanego w autobusie szkolnym. Takie autobusy każdego dnia dowożą na lekcje dręczycieli, ich ofiary i biernych obserwatorów.

W autobusie Andy'ego zabrakło obrońcy – kogoś, kto stanąłby po stronie chłopaka, któremu nie pozwalano usiąść.

Lekcja 31

Nie bądź biernym obserwatorem

Kim są obrońcy słabszych?

Czy twoje dziecko ma kogoś, kto się za nim ujmie? I czy sam, dorastając, miałeś taką osobę?

Dzięki mediom społecznościowym dzieci znajdują dziś jeszcze więcej sposobów na dręczenie rówieśników. Ale winni są nie tylko sprawcy. Część odpowiedzialności ponoszą również bierni obserwatorzy.

Większość okrutnych dzieci krzywdzi innych dla poklasku. Często pastwią się nad ofiarą na oczach obojętnego tłumu – czasem zebranego przed ekranami laptopów albo komórek.

Boli mnie, gdy czytam o dzieciach, które znęcają się nad innymi dziećmi. Pewnemu chłopcu z Findlay w stanie Ohio rówieśnicy złamali rękę, bo dołączył do młodzieżowej drużyny cheerleaderskiej. Bili go i wyzywali, że jest mięczakiem i pedałem. Miał jedenaście lat.

On żyje. A trzynastoletni Seth Walsh pewnego wrześniowego dnia powiesił się na drzewie w ogródku swojego domu w Tehachapi w stanie Kalifornia. Dzieci w szkole dokuczały mu, bo był gejem. Jego babcia powiedziała dziennikarzowi z magazynu „Time", że maltretowanie zaczęło się już w szkole podstawowej.

„W szóstej klasie dzieci stały się okrutne – opowiadała. – Rok później Seth bał się już wracać sam ze szkoły. Wiedział, że będą mu dokuczać. Robili to, stojąc z nim twarzą w twarz, przez telefon, przez internet. Strach towarzyszył mu bardzo często".

Na jego pogrzeb przyszły takie tłumy, że żałobnicy musieli siedzieć na posadzce w nawie głównej kościoła. Ciekawe, gdzie byli wszyscy ci ludzie, kiedy dręczono Setha?

W Mentor w stanie Ohio, jakąś godzinę drogi od mojego domu, pewna licealistka powiesiła się przez prześladowanie ze strony rówieśników. W liście pożegnalnym opisała, co przeszła: została zepchnięta ze schodów; gdy chciała zjeść w spokoju lunch, musiała ukrywać się w łazience.

Inny chłopiec z jej szkoły zmagał się z wyzwiskami z powodu swojej orientacji seksualnej. Któregoś dnia jeden z uczniów powiedział mu: „Najlepiej wróć do domu i się zabij. Nikomu nie będzie cię brakowało". Tego popołudnia chłopak się zastrzelił. Miał siedemnaście lat.

Kolejna dziewczyna z Mentor popełniła samobójstwo w 2006 roku. Przedawkowała antydepresanty. Miała szesnaście lat. Rówieśnicy dokuczali jej, że jest inna i ma trudności z nauką.

Dręczenie nie kończy się w liceum. Tyler Clementi, student pierwszego roku Uniwersytetu Rutgers, skoczył z Mostu Waszyngtona w Nowym Jorku, bo współlokator za pomocą ukrytej kamerki internetowej transmitował jego randkę z mężczyzną.

To też zgromadziło publiczność.

Kiedy przypomnisz sobie swoje szkolne lata, być może z przerażeniem dojdziesz do wniosku, że sam byłeś biernym świadkiem dręczenia. Ja na pewno mam to na sumieniu.

Ze szkoły podstawowej pamiętam Emmę, całą we łzach. Dzieci wytypowały ją na ofiarę. Któregoś dnia użyła za mało dezodorantu i od tamtej pory przylgnęło do niej przezwisko Skunks. Inni uczniowie mówili, że ma wszy, i uciekali przed nią na boisku szkolnym. Nigdy nie stanęłam w jej obronie. Nauczyciele też się za nią nie ujęli. Emma spędzała sama prawie każdą przerwę.

Nie dręczyłam jej, ale na to pozwalałam.

W szkole średniej członkowie drużyny futbolu amerykańskiego prześladowali Harry'ego. Nie znałam go. Nie wiedziałam, czy naprawdę jest gejem, jak twierdzili jego dręczyciele. Nazywali Harry'ego pedałem i wpychali chłopca na szafki, kiedy mijali go na korytarzu. Wszyscy to widzieliśmy.

Nie dręczyłam go, ale na to pozwalałam.

Pamiętam też Janet. Była ładniejsza i bardziej pewna siebie od reszty uczennic z naszej szkoły, więc ktoś uznał, że na pewno jest łatwa. Wszyscy o niej plotkowaliśmy albo słuchaliśmy niestworzonych historii na jej temat. Nikt nie powiedział ani jednego słowa na obronę dziewczyny. Pewnego dnia ktoś upiekł ciasteczka czekoladowe ze środkiem na przeczyszczenie i podarował je Janet, udając serdeczność. To nie byłam ja, ale też nie ostrzegłam jej ani nie wydałam sprawców nauczycielowi. Janet tak się pochorowała, że nie przyszła do szkoły przez następne dwa dni.

Nie dręczyłam jej, ale na to pozwalałam.

Jeśli możemy powstrzymać okrucieństwo, ale tego nie robimy, jesteśmy równie winni co sprawcy.

Każdy z nas należy do jednej z trzech kategorii: dręczycieli, ofiar albo biernych świadków.

A cierpienie z dzieciństwa może trwać całe życie.

Po moim trzecim felietonie na temat zjawiska dręczenia dostałam list od czytelnika:

„To wydarzyło się prawie osiemdziesiąt lat temu, a ja nadal widzę i słyszę dwóch nauczycieli pilnujących nas na przerwie, którzy nie chcieli upomnieć starszych uczniów maltretujących niepełnosprawnego fizycznie i umysłowo chłopca chorego na epilepsję.

»Billy musi sam sobie radzić«, warknęli i wrócili do przerwanej rozmowy. Nie mogłem w to uwierzyć. Ich obraz i słowa wyryły się na zawsze w mojej pamięci. Billy był moim bratem".

Tamtego dnia John miał dziesięć lat. Dwa lata starszy Billy zachowywał się jak sześciolatek. Prześladowcy popychali go i obrzucali wyzwiskami. Zmarł, mając ponad pięćdziesiąt lat, ale tamten dzień wciąż kładzie się cieniem na wspomnieniach jego brata.

Linda napisała mi o dręczycielach z liceum, które ukończyła w 1981 roku. Fatalnie wspomina szkołę średnią. Któregoś dnia uczniowie stworzyli żywy mur, nie pozwalając jej wejść na zajęcia. Kiedy indziej opluli jej samochód i obrzucili go jedzeniem. Jedna z dziewczyn wyciągnęła nożyczki i złapała Lindę za włosy, grożąc, że je obetnie.

Kiedyś Linda znalazła starą, zepsutą wiatrówkę i zdesperowana wrzuciła ją do bagażnika swojego samochodu. Następnym razem, gdy prześladowcy zaczęli ciskać w niego kamieniami, wyciągnęła wiatrówkę i zaczęła im grozić. Tak przeraziło ją własne zachowanie, że pojechała na najbliższy posterunek policji i poprosiła o interwencję. Policjanci zadzwonili do rodziców dręczycieli i spróbowali jej pomóc.

Prześladowanie może doprowadzić człowieka do ostateczności.

Dwadzieścia lat później na zjeździe absolwentów jedna z dręczycielek przeprosiła Lindę. Teraz są znajomymi na Facebooku.

„Nie mogłam uwierzyć, że to ona – stwierdziła Linda. – Była taka miła. Nawet jeśli ktoś postępował okrutnie w przeszłości, nie znaczy to, że nie mógł się zmienić".

Mike przez czterdzieści lat nie zdawał sobie sprawy ze znaczenia jednej chwili w autobusie szkolnym. W ósmej klasie każdego ranka jeździł do katolickiej szkoły dla chłopców z młodszymi o cztery lata bliźniakami. Któregoś dnia zaczął im dokuczać pewien siódmoklasista. Mike kazał mu przestać. „Jeśli chcesz z kimś zadzierać, wybierz równego sobie przeciwnika" – powiedział, wskazując na siebie. Był rosłym chłopakiem, więc prześladowca zostawił bliźniaków w spokoju – i to na dobre.

Dwadzieścia lat później tata Mike'a spotkał jednego z tych chłopców, a on przekazał mu pozdrowienia dla syna. Nigdy nie zapomniał zdarzenia z autobusu.

Mike miał pięćdziesiąt sześć lat, gdy któregoś dnia nieznajomy mężczyzna podszedł do niego w restauracji, żeby się przywitać. To był jeden z bliźniaków. Został prawnikiem, a jego brat – lekarzem. Mężczyzna podziękował Mike'owi za to, że się za nimi ujął. „Poczułem się, jakbym spotkał przyjaciela z dawnych czasów – stwierdził Mike. – Uświadomiłem sobie, jakie to ważne nie stać bezczynnie w takich sytuacjach".

Moje wnuki ciągle słyszą w domu, jak ważna jest życzliwość wobec bliźnich. Pewnego dnia czteroletnia River przyszła z przedszkola z wiadomością, że niektóre dzieci przezwały jej kolegę Pogodynek, bo ciągle mówi o pogodzie. Zobaczyła, że zrobiło mu się przykro, więc podeszła do niego i powiedziała, że jej też się to nie podoba.

„I jak się wtedy poczuł?" – zapytała jej dumna mama.

„Nie wiem. Nie jestem nim" – odparła River.

„A co zrobisz, jeśli znów zaczną go tak przezywać?"

River postanowiła, że powie im wtedy: „Jemu się nie podoba, jak tak na niego mówicie. Mnie też nie". Taką decyzję podjęło dziecko, które musi się odważyć, żeby użyć temperówki, bo boi się, że pożre jej paluszki.

Ma dopiero cztery lata, a już jest na tyle dzielna, żeby ująć się za kimś, kto tego potrzebuje. To dla mnie wspaniałe przypomnienie, że ja też to potrafię.

Nasze zachowanie może na zawsze odcisnąć się na życiu innych. Zostawmy na nim ślad życzliwości.

Lekcja 32

Nienawiść rani nas wszystkich

Człowiek z pędzlem znów zaatakował. Ściany jego sklepu spożywczego przy East 55th Street w Cleveland pokryło kolejne antysemickie malowidło: tym razem były to małpy w jarmułkach. Podpis głosił: „Żydowskie media". Tydzień wcześniej w tym samym miejscu widniał brodaty Żyd dźgający Wuja Sama laską w pośladki.

Autor tych dzieł uważał, że „syjoniści" zmusili jego rodzinę do opuszczenia własnej ziemi w Izraelu, więc za pomocą murali zamieniał swój sklep w hurtownię nienawiści. Twierdził, że jego ojciec jest niepełnosprawnym weteranem, który nie dostał od rządu ani centa, podczas gdy Żydzi żądają reparacji za Holocaust.

Ludzie mogli zbojkotować jego sklep albo po prostu to zignorować – ale w ten sposób wysłaliby fatalny komunikat do całej społeczności żydowskiej. To nie był pierwszy ani ostatni antysemicki wybryk tego mężczyzny. Za bardzo kochał rozgłos. Malował mural, później przepraszał za to w telewizji i zamalowywał go, by wkrótce zacząć cały proces od nowa.

Korzystał z prawa do wolności słowa, żeby wyrażać własne poglądy – czemu więc nie pójść w jego ślady?

Liga Przeciwko Zniesławieniu (Anti-Defamation League) postanowiła rozpocząć kampanię „No Place For Hate" (Nie ma miejsca na nienawiść) od konferencji prasowej zorganizowanej naprzeciwko owej hurtowni nienawiści. Tak się składa, że tuż za terenem sklepu stoi billboard firmy Clear Channel.

W jednym z felietonów rzuciłam jej wyzwanie, żeby wsparła kampanię i umieściła tam plakat z napisem: „Tu przebiega granica nienawiści".

Następnego dnia był już na miejscu.

Jasny przekaz „Tu przebiega granica nienawiści" wypisano wielkimi, jaskrawoczerwonymi literami.

Na konferencji rozpoczynającej kampanię pojawiło się około stu osób. Dzieci z naklejkami z hasłem „No Place For Hate". Chłopcy w jarmułkach i mężczyźni w średnim wieku w turbanach. Biznesmeni w marynarkach i nastolatki w dżinsowych kurtkach. Starszy biały mężczyzna w czapce z daszkiem z logo drużyny futbolu amerykańskiego uśmiechnął się do starszego czarnego mężczyzny w czapeczce baseballowej z napisem „Nigdy nie jesteś za stary na imprezowanie".

Członkowie Krajowego Stowarzyszenia Postępu Ludzi Kolorowych (National Association for the Advancement of Colored People) i Ligi Przeciwko Zniesławieniu ściskali dłonie Azjatom i Hindusom, czarnym i białym, katolikom i żydom. Razem oficjalnie potwierdziliśmy, że w naszym mieście nie ma miejsca na nienawiść.

Clear Channel, właściciel tysiąca billboardów w aglomeracji Cleveland, zgodził się pomóc popularyzować komunikat „Nie ma miejsca na nienawiść", który jest mottem Ligi Przeciwko Zniesławieniu.

Wynajęcie ogromnych powierzchni reklamowych przy autostradach kosztuje od 8 do 10 tysięcy dolarów miesięcznie. Ale firma Clear Channel zgodziła się obniżyć opłatę do 1500 dolarów, bo tyle wynoszą koszty produkcji plakatów. Mniejsze billboardy, wynajmowane zwykle za 1000 dolarów, udostępniła za piętnaście procent tej kwoty.

Do ufundowania billboardu wystarczyłby wkład kilku przedsiębiorstw, stowarzyszeń lokalnych, fundacji albo osób prywatnych. Zachęcałam czytelników do przekazywania pieniędzy na ten cel, a uczniów miejscowych szkół poprosiłam o projekty antydyskryminacyjnych haseł, żeby dział kreatywny firmy Clear Channel mógł umieścić najlepsze z nich na billboardach.

Na mój apel odpowiedzieli spłukani studenci i starsi ludzie, którzy ledwo wiązali koniec z końcem, dyrektorzy firm i bezrobotni, ludzie o nazwiskach takich jak Jones i Schecter, Martinez i Walsh.

Pewien irlandzki katolik z Euclid przekazał 150 dolarów. Dlaczego Irlandczyka obchodziło, co ktoś mówi o Żydach? „Bo to samo mówiło się o Irlandczykach – wyjaśnił. – Wciąż tak się o nas mówi...".

Twórca antysemickich murali opublikował w prasie komunikat, w którym oświadczył: „Nie szerzę nienawiści". Miałam ochotę odparować: „Powiedz to dłoni, w której ściskasz pędzel. Powiedz to chłopcu w białoniebieskiej jarmułce z kręconymi czarnymi włosami, który przestraszył się na widok twojego malowidła".

Pewien żydowski nastolatek poprosił dyrektora swojej szkoły, żeby pozwolił jemu i kilkunastu innym uczniom przyjść na wiec. „Jako Żyd czułem się osamotniony, gdy nikt nie stawał w naszej obronie – powiedział, obrzucając wzrokiem zgromadzony tłum. – Dziś widzę, że nie jesteśmy obojętni innym ludziom. To pocieszające, że nie tylko my uważamy, że tych murali nie powinno tu być".

Próbował nawet tłumaczyć klientom wychodzącym ze sklepu, dlaczego dzieła właściciela są krzywdzące. „Nie chodzi o to, że szerzą nienawiść wobec Żydów – wyjaśniał. – Chodzi o to, że szerzą nienawiść".

To wszystko.

Z czasem zebraliśmy ponad 10 tysięcy dolarów. To wystarczyłoby na cztery gigantyczne billboardy, czterdzieści małych plakatów albo mniejszy zestaw jednych i drugich.

Jakaś dobra dusza wetknęła do koperty banknot pięćdziesięciodolarowy i kartkę z napisem: „Nie potrzebujemy nienawiści, lecz miłości". Inna czytelniczka przysłała 10 dolarów i wyjaśnienie: „Korzystam z pomocy społecznej, ale ten datek płynie prosto z mojego serca… Katolicy, protestanci, hinduiści, muzułmanie i żydzi modlą się przecież do jednego Boga".

Pewna kobieta przekazała na billboardy 50 dolarów. W liście od niej przeczytałam: „Dziękuję pani za odważny artykuł i za okazję do niszczenia nienawiści". Mężczyzna, który przysłał 10 dolarów, stwierdził: „Na nienawiść nie ma miejsca nigdzie!".

Para czytelników ofiarowała 150 dolarów. „Każdy człowiek powinien nawiązać kontakt z kimś innym od siebie i pokazać, że jesteśmy przede wszystkim istotami ludzkimi z takimi samymi potrzebami, pragnieniami i celami" – napisali.

Dostałam też kilka nieprzyjemnych wiadomości: pozdrowienia „Heil Hitler", swastykę i tyrady o białej supremacji ze słowem „czarnuch" wrzuconym dla efektu. Cóż za wspaniałe przypomnienie, dlaczego musimy przemawiać jednym głosem, przeciwstawiając się nienawiści.

Ale e-mail od jednej z czytelniczek miał w sobie większą moc niż wszystkie listy z pogróżkami świata. Zaadresowała go do mnie, ale odnosił się do wszystkich, którzy wsparli nasz wspólny cel: „Dziękuję za zaangażowanie w tę sprawę. Jestem dzieckiem ocalałego z Holocaustu i żałuję, że w czasie II wojny światowej w Niemczech nie było więcej takich osób".

Dostaliśmy od dzieci setki projektów na 70 billboardów w aglomeracji Cleveland. Plakat jednej z uczennic zadawał pytanie: „Jakie hasło wisi na billboardzie w twoim sercu?".

Może pora to sprawdzić. I może pora...

Odrzucić wszystkie założenia na temat innych i otworzyć umysł, żeby wpuścić do środka świeże pomysły. Opuścić strefę komfortu i poznać otaczający cię świat. Obejrzeć w telewizji serial o ludziach innych niż ty.

Ostrożniej dobierać słowa. Poddawać monolog wewnętrzny korekcie, zanim go wypowiesz na głos. To, że coś przyszło ci do głowy, nie znaczy, że musisz dzielić się tym ze światem. Nie każdy pomysł warto wcielać w czyn.

Jeśli możesz kogoś skrzywdzić, nie rób tego. Jeśli możesz komuś pomóc, zrób to.

Przestań mówić: „ci ludzie". Czy poznałeś wszystkich, których tak określasz?

Kwestionuj stereotypy, zamiast w nie wierzyć. Nie generalizuj, że ktoś „zawsze" zachowuje się w pewien sposób albo „nigdy" czegoś nie robi.

Znieś segregację we własnym życiu. Zwiedź w swoim mieście dzielnicę, do której nigdy dotąd nie zajrzałeś. Zrób zakupy w egzotycznym sklepie, w którym jeszcze nie byłeś. Zaproś na lunch kolegę z pracy, nie zważając na różnicę rasy, wieku, płci, religii czy przynależności etnicznej.

Spróbuj postawić się na miejscu innej osoby. Spójrz na daną kwestię, problem lub rozwiązanie z perspektywy kogoś młodszego albo starszego od siebie, żyda albo muzułmanina, Portorykańczyka albo Meksykanina, Afroamerykanina albo Indianina.

Kup globus albo mapę. Dowiedz się czegoś o reszcie świata.

Idź na kurs historii afroamerykańskiej, żeby poznać tę część historii, którą w starych podręcznikach wolano przemilczeć. Posłuchaj wykładu o Holocauście, zainteresuj się historią Palestyny albo poczytaj o niewolnictwie i prawach obywatelskich.

Zwiedź świątynię, meczet albo kościół innej religii niż twoja. Sprawdź, jakie święta obchodzą jej wyznawcy.

Kiedy usłyszysz, jak ludzie mówią „żydzić" albo „cyganić", zwróć im uwagę, że to nie w porządku.

I na koniec wypróbuj radę licealisty, który przemawiał na odsłonięciu naszego billboardu: „W każdym, kto pojawia się w twoim życiu, zobacz błogosławieństwo – okazję, żeby się czegoś nauczyć".

Nawet w mężczyźnie, który namalował antysemickie murale.

Lekcja 33

Wszystkie dzieci są nasze

Dzieciństwo nie powinno wiązać się z cierpieniem, a jednak tak wiele dzieci cierpi.

Kiedyś napisałam serię artykułów o nastolatku, który zabił własnego ojca. Przez lata był bity i torturowany przez najbliższego człowieka. Pewnej nocy ojciec zagroził, że zadźga go nożem; później zasnął. Syn zabił go, żeby nie zdążył spełnić swojej obietnicy.

W czasie śledztwa wielu sąsiadów i przyjaciół stanęło w obronie chłopca. Zeznali, że widzieli siniaki na jego ciele i byli świadkami ciągłej przemocy ze strony ojca. Ale żaden z nich nie zawiadomił policji.

Maltretowane i zaniedbywane dzieci są wszędzie. W ławach twojego kościoła. W sąsiednim domu. W drużynie piłkarskiej twojej córki. W zastępie harcerskim twojego syna. Cierpienie dziecka nie musi przejawiać się złamaną ręką ani podbitym okiem – ale kiedy już to zobaczysz, nie odwracaj wzroku. Prześladowcy liczą na twoje milczenie.

Krzywdzone dzieci nie mają własnego głosu. To my musimy stać się ich głosem. Co się dzieje, kiedy nie przerywamy ciszy w imieniu najsłabszych?

Dziecko, któremu nie pomagamy, zasypia z płaczem. Co noc moczy łóżko. Chodzi do szkoły głodne. Uczy się żyć z bólem zadawanym pasem lub dłonią w pośladki albo w twarz.

Dziecko, któremu nie pomagamy, wierzy, że jest takie, jak słyszy w domu. Głupie. Brzydkie. Bezwartościowe. Podłe.

Dziecko, któremu nie pomagamy, okłamuje nauczyciela, który pyta, czy wszystko w porządku. Obwinia siebie za zaczepki seksualne, które słyszy. Jest skazane na dorosłość, zanim zdąży nacieszyć się dzieciństwem.

Dziecko, któremu nie pomagamy, wyrasta na nastolatka, który myli seks z miłością, wagaruje, ucieka z domu, topi smutek w alkoholu, za wcześnie zachodzi w ciążę, samookalecza się i nie widzi w życiu sensu.

Dziecko, któremu nie pomagamy, wyrasta na dorosłego, który krzywdzi własne dzieci. Cierpi na depresję. Bije żonę. Nie potrafi uznawać autorytetu innych ani utrzymać żadnej posady.

To ten znajomy, który za dużo pije, ma nadwagę albo jest uzależniony od hazardu. Ten członek rodziny, który ciągle traci pracę albo zmienia partnerów.

Mam przyjaciela, którego matka była chora psychicznie, a ojciec cierpiał na alkoholizm. Mama zapominała go karmić, kiedy leżał jeszcze w kołysce. Odebrano jej prawa rodzicielskie, a mój przyjaciel trafił do sierocińca.

Do dziś walczy z otyłością. Nie potrafi się nasycić, bo tak naprawdę jest głodny miłości, której nie dostał w dzieciństwie.

Moja przyjaciółka jako nastolatka spała z nożem pod poduszką, żeby odstraszyć ojczyma, który próbował nocą zakraść się do jej łóżka.

Inna koleżanka zadzwoniła kiedyś do mnie z wiadomością, że jej partner bije ją i jej dziesięcioletniego synka. Nie chciała zgłaszać tego na policję, chociaż mężczyzna uderzył chłopca pięścią. Gdy tylko się rozłączyła, wykręciłam numer telefonu zaufania do zgłaszania przypadków przemocy wobec dzieci.

Policja przyszła do niej do domu i zmusiła jej partnera, żeby się wyprowadził. Gdy koleżanka zadzwoniła, żeby zapytać, czy to ja na niego doniosłam, odpowiedziałam wymijająco: „To mógł być każdy. Jestem pewna, że wszyscy w twoim bloku słyszeli waszą kłótnię". Na naszym następnym spotkaniu jej synek mocno mnie przytulił. Wiedział, że to byłam ja.

Co możesz zrobić, żeby pomóc młodym ofiarom przemocy? Bardzo dużo. Przez lata pracy dziennikarskiej rozmawiałam z wieloma ekspertami w tej dziedzinie. Oto czego się od nich nauczyłam:

Poszerzaj wiedzę. Dowiedz się, na czym może polegać maltretowanie dziecka. Czasem przybiera formę nieustannego strofowania, zawstydzania i obrzucania wyzwiskami, które ranią duszę i łamią serce. Kiedy indziej dorosły znęca się nad dzieckiem fizycznie, zaniedbuje je albo wykorzystuje seksualnie. Sprawcami nie są tylko nieznajomi. Często to krewny albo przyjaciel rodziny, na przykład partner matki.

Naucz się rozpoznawać oznaki maltretowania takie jak: rany i siniaki, lęk, depresja, nieufność, nieumiejętność nawiązywania przyjaźni, nagła zmiana zwyczajów związanych z odżywianiem albo spaniem, niestosowne zachowania seksualne, tajemniczość, brak higieny i wybuchy agresji.

Zgłaszaj przypadki przemocy wobec dzieci. Jeśli widzisz, jak ktoś krzywdzi dziecko, lub zauważasz oznaki, że jest maltretowane, jeśli ciągle słyszysz jego płacz lub krzyk albo jeśli samo powie ci, że doświadcza przemocy, powiadom policję albo odpowiednie służby. Ponawiaj zgłoszenia, dopóki nie udzielą mu pomocy.

Grzesz nadmiarem ostrożności. Złóż doniesienie, nawet jeśli do końca nie wiesz, co się dzieje. Nie musisz mieć stuprocentowej pewności, że doszło do przemocy. Niech sprawdzą to eksperci.

Sprawcami mogą być ludzie, którym ufasz. Dręczyciele typują najłatwiejsze ofiary. Dziecko, które prawdopodobnie nikomu nie powie, co je spotkało. Dziecko, któremu najpewniej nikt nie uwierzy. Dziecko, które sprawia wrażenie samotnego i zagubionego. Najpierw o nie dbają. Policja nazywa tę fazę „uwodzeniem". Sprawca daje dziecku prezenty, traktuje je, jakby było dla niego kimś wyjątkowym, i okazuje mu sympatię, żeby dobrze się przy nim poczuło. Jest jak pająk tkający sieć – jeśli nikt nie zainterweniuje, dziecko wpadnie w jego pułapkę.

Pedofil żerujący na członkach drużyny futbolu amerykańskiego na Uniwersytecie Pensylwanii, katoliccy księża molestujący dzieci i lekarz amerykańskiej drużyny gimnastycznej, który przez lata wykorzystywał dziewczynki, są dowodem na to, że do maltretowania często dochodzi w instytucjach bardziej zainteresowanych zachowaniem swojej cennej reputacji niż ochroną bezbronnych podopiecznych.

Słuchaj ofiar i wierz im. Sprawcy mają ułatwione zadanie, jeśli nikt nie wierzy dzieciom, które zgłaszają przypadki maltretowania – nawet ich rodzice. Jeśli dziecko mówi ci, że zostało wykorzystane, wysłuchaj jego historii, pociesz je – i uwierz mu. Opowiadając o swojej krzywdzie, wykazało się wielką odwagą. Jeśli ono ma dość siły, żeby podzielić się z tobą tym, co je spotkało, ty miej dość siły, żeby to przyjąć do wiadomości. Powiedz mu, że dobrze zrobiło, mówiąc ci o wszystkim.

Postaw na rozsądną dyscyplinę, a nie na krzywdzące kary. Dyscyplina służy temu, żeby uczyć, a nie karać. Panuj nad sobą i nie bij swojego dziecka. Miej świadomość, co budzi w tobie gniew. Zastanów się, jak reagować rozsądnie, zamiast kierować się ślepą furią. Jeśli jesteś zły albo zdenerwowany, odczekaj chwilę. Wyjdź z pokoju. Policz do dziesięciu. Weź kilka głębokich oddechów. Uspokój się. Wtedy będziesz mógł świadomie zadecydować, co zrobić. Zamiast karać dziecko, nagradzaj te zachowania, które w nim cenisz.

Stwórz sieć wsparcia. Przygotuj listę osób, do których możesz zwrócić się o pomoc. Powieś ją na lodówce. Zapisz w telefonie numery bliskich, którzy w razie potrzeby popilnują twojego dziecka, załatwią coś za ciebie albo dadzą ci czas na odzyskanie równowagi.

Dopilnuj, żeby cykl przemocy i zaniedbań skończył się na tobie. Około trzydziestu procent krzywdzonych i zaniedbywanych dzieci potraktuje w ten sam sposób własne potomstwo. Jeśli doświadczyłeś maltretowania w dzieciństwie, spróbuj uleczyć tę ranę. Nigdy nie jest za późno, żeby zwrócić się o pomoc dla zranionego dziecka, którym pozostałeś w głębi duszy. Istnieją grupy terapeutyczne dla dorosłych z traumą z dzieciństwa. Zrób wszystko, żeby poradzić sobie z tym bólem, bo inaczej przekażesz go następnemu pokoleniu.

Miej oczy szeroko otwarte. „Wszystkie dzieci są nasze". Wyobraź sobie świat, w którym wszyscy kierują się tą zasadą. Spędzaj czas przed domem. Przedstaw się sąsiadom i wypraw dla nich przyjęcie. Poznaj dzieci z okolicy. Zaopiekuj się maluchem osoby, która potrzebuje odpoczynku – zwłaszcza samotnego albo świeżo upieczonego rodzica.

Dopilnuj, żeby dzieci wiedziały, że to nie ich wina, jeśli padły ofiarą molestowania. Naucz swoje dzieci, że nikomu nie wolno dotykać ich w miejsca, które zasłania się kostiumem kąpielowym, ani kazać im dotykać intymnych części ciała innych osób. Mów im: „Wasze ciała należą do was". Mów im: „Czasem ludzie, których kochacie, mogą was skrzywdzić". Mów im: „Trzymanie czegoś w tajemnicy to zazwyczaj zły pomysł". Mów im: „Jeśli coś wydaje wam się niewłaściwe, to pewnie macie rację". W takiej sytuacji powinny znaleźć zaufanego dorosłego, któremu opowiedzą, co się stało. Muszą o tym mówić, dopóki ktoś im nie pomoże. Naucz swoje dzieci, że jeśli jakaś zabawa je krępuje, to mogą ją przerwać. Jeśli coś sprawia im przyjemność, ale nie są pewne, czy tego chcą, to w każdej chwili mają prawo się wycofać.

Nie podkreślaj, że groźni są tylko nieznajomi – większość sprawców molestowania to osoby z bliskiego otoczenia. Trenerzy i nauczyciele, wujkowie i ojcowie, sąsiedzi i wolontariusze. Pedofile wybierają zawody, które zapewniają im kontakt z dziećmi. Jeśli jakiś dorosły próbuje nawiązać potajemną relację z twoim dzieckiem, natychmiast interweniuj. Kontroluj, z kim spędza czas twoja pociecha.

I wreszcie: ufaj wewnętrznemu systemowi wczesnego ostrzegania. Jeśli ktoś wydaje ci się nadmiernie zainteresowany twoim dzieckiem lub budzi w nim dyskomfort, reaguj.

Naucz syna lub córkę, że mogą ci się zwierzyć, a kiedy to zrobią, uwierz im.

To ty jesteś pierwszą linią obrony w walce z molestowaniem dzieci.

Mówi się, że do wychowania dziecka potrzeba całej wioski.

Do jego obrony też.

Lekcja 34

Kwestionuj autorytety

Dźwięk tych syren pozostał ze mną na zawsze. Gdy je usłyszałam, miałam trzynaście lat i chodziłam do ósmej klasy w szkole imienia Niepokalanego Poczęcia w Ravennie w stanie Ohio, niecałe dziesięć kilometrów od Uniwersytetu Stanowego w Kent. Tego dnia moja dziewiętnastoletnia siostra Therese jak zwykle poszła na zajęcia. Mama prosiła ją, żeby została w domu, bo na kampusie trwały protesty przeciwko wojnie w Wietnamie, ale Therese musiała oddać pracę na zaliczenie.

Gubernator wezwał lokalny oddział Gwardii Narodowej do spacyfikowania studentów przeciwstawiających się inwazji na Kambodżę, która rozszerzała konflikt zbrojny na kolejny kraj. Ostatecznie wojna w Wietnamie pochłonęła ponad milion ofiar, w tym ponad 58 tysięcy Amerykanów.

Nigdy nie zapomnę głosu dyrektora naszej szkoły w klasowych głośnikach, gdy 4 maja 1970 roku przerwał lekcje, żeby ogłosić, że na Uniwersytecie Stanowym w Kent padły strzały. Początkowy raport mówił o zabitych żołnierzach Gwardii Narodowej. Później skorygowano tę informację – na kampusie zostali zastrzeleni studenci.

Czy moja siostra żyła?

I wtedy rozległy się syreny. Najbliższy szpital znajdował się kilka przecznic od naszej podstawówki. Moja sala była na najwyższym piętrze. Z okien widzieliśmy uzbrojonych strażników na dachu siedziby władz hrabstwa. Mieliśmy wrażenie, że nasze małe miasteczko ogarnęła panika wojny. Szkoła odwołała resztę lekcji, ostrzegając, żebyśmy unikali głównej ulicy, bo mogą nią iść ludzie z bronią.

Pobiegłam do domu. Moja mama czekała na Therese na schodach przed wejściem. Mieszkaliśmy tuż obok szpitala, więc ulica rozbrzmiewała syrenami karetek wożących rannych i umierających. Wszyscy sąsiedzi wylegli w szoku na ulicę. Kilka godzin później moja siostra dotarła do domu cała i zdrowa. Już nigdy nie wróciła na tamtą uczelnię.

Tego dnia do mojego rodzinnego miasteczka wtargnęła wojna. W stanie Ohio zginęło czterech studentów, a dziewięcioro zostało rannych. Żaden nie był uzbrojony. Ta tragedia nauczyła mnie kwestionować autorytety. Robię to do dziś.

To jeden z powodów, dla których zostałam dziennikarką. Żeby patrzeć władzy na ręce. Ktoś musi to robić. Być może właśnie ty.

Dziennikarstwo bywa definiowane na wiele sposobów. „Zorganizowane plotkarstwo". „Literatura dla zabieganych". „Wstępny szkic historii". „Akt wiary w przyszłość". „To, co ktoś gdzieś pragnie zatuszować". „Układ odpornościowy demokracji".

To wszystko prawda – ale dziennikarstwo ma do zaoferowania znacznie więcej. I nadal jest ważne, zwłaszcza dziś. Prasa zmienia się na przestrzeni lat, ale rzetelni dziennikarze pozostają niezmiennie potrzebni.

Mają za zadanie odkrywać i głosić prawdę na całym świecie. Wyrażają ją z całą mocą, czasem tracąc za to wolność lub życie.

Dziennikarz ma za zadanie kwestionować autorytety: być sceptycznie nastawionym wobec rządu, policji, Gwardii Narodowej, sędziów i każdego, kto może odbierać prawa i możliwość samostanowienia zwykłym obywatelom.

Nie planowałam zostać dziennikarką, ale życie samo prowadzi nas tam, gdzie powinniśmy dojść. To doświadczenia kształtują nasz głos i światopogląd, bez względu na to, czy jest liberalny, konserwatywny czy umiarkowany. Nie ma znaczenia, czy głosujesz na Partię Demokratyczną, Partię Republikańską czy Partię Niezależnych; czy jesteś ateistą, agnostykiem czy żarliwym wyznawcą swojej religii.

Moją rolą jako felietonistki jest mówienie prawdy z całą mocą. Ludzie, którym nie podoba się to, co napisałam, obrzucają mnie różnymi wyzwiskami – jestem dla nich wrogiem Ameryki, idiotką, obrazą dla Boga, suką, głupią suką i suką, która się do niczego nie nadaje.

Cokolwiek byś napisał, zawsze znajdą się tacy, którzy będą próbowali cię uciszyć. Nie pozwól im na to.

Powinno się kwestionować działania policjantów strzelających do nieuzbrojonych członków mniejszości. Powinno się kwestionować ustawy dyskryminujące część społeczeństwa. Powinno się kwestionować decyzje polityków wysyłających dzieci obywateli swojego kraju na kontrowersyjne wojny.

Dziennikarstwem zajmuję się zawodowo od 1986 roku. Przez wiele lat zamiast torebki nosiłam plecak z notatnikami reporterskimi, pękiem długopisów i egzemplarzem konstytucji. Przypominała mi, dlaczego jestem dziennikarką. Przypominała mi, że mam prawo i obowiązek wykonywać rzetelnie swoją pracę. Karta Praw Stanów Zjednoczonych zawiera bezcenną pierwszą poprawkę do naszej konstytucji, gwarantującą wolność słowa i wolność prasy.

Obecnie pracuję dla tygodnika „Cleveland Jewish News". To mała, ale bardzo ważna gazeta. Antysemityzm nasila się na całym świecie. Firma Zara po naciskach wycofała ze sprzedaży inspirowaną Holocaustem koszulkę w paski z żółtą gwiazdą. Wandale nadal malują swastyki na plakatach żydowskich kandydatów wyborczych i niszczą żydowskie cmentarze. Zwolennicy białej supremacji i neonaziści nadal organizują marsze i protesty, usiłując wskrzesić promowaną przez Hitlera nienawiść, która zabiła miliony.

Ktoś musi o tym pisać. Ktoś musi o tym czytać. Ktoś musi to zmienić.

Rola dziennikarza polega na tym, żeby kwestionować autorytety. Uspokajać zaniepokojonych. Niepokoić zbyt spokojnych. A wszyscy wiemy, że spokojni nie lubią być niepokojeni.

To dziennikarze opublikowali raport Pentagon Papers o wojnie w Wietnamie; to dziennikarze ujawnili próbę zainstalowania podsłuchu w siedzibie sztabu wyborczego amerykańskiej Partii Demokratycznej w kompleksie Watergate w 1972 roku. Potęga dziennikarstwa sprawiła, że prezydent ustąpił ze stanowiska. Dziennikarze dają głos bezbronnym, ujawniają korupcję władz i podnoszą świadomość społeczną, pomagając walczyć z ubóstwem, niesprawiedliwością i łamaniem praw człowieka.

Siła mediów ujawnia się też na poziomie lokalnym. Napisałam mnóstwo felietonów o prokuratorach i policjantach, którzy ukrywali dowody, przez co niewinni ludzie trafiali do celi śmierci; o karygodnym zachowaniu sędziów podczas rozpraw i o katolickich biskupach, którzy świadomie przenosili księży pedofili z parafii do parafii, dając im dostęp do większej liczby dzieci.

Niektórzy uważają, że prasa straciła wszelkie znaczenie. Ja się z tym nie zgadzam. W naszym domu co tydzień oddajemy na makulaturę niewielki zagajnik: prenumerujemy „New York Timesa", „Wall Street Journal", „Plain Dealera" i „Cleveland Jewish News". Wielu ludzi czyta artykuły w internecie. Warto się tylko upewnić, czy to rzetelne informacje i autentyczne zdjęcia.

Każda fotografia, która ukazuje przełomowe momenty historii, powstała dzięki człowiekowi za obiektywem: zdjęcie odważnego mężczyzny przed kolumną czołgów na placu Tian'anmen; zdjęcie nagiej dziewczynki uciekającej przed napalmem w Wietnamie; zdjęcie przerażonej kobiety klęczącej przy zabitym studencie na Uniwersytecie Stanowym w Kent, kiedy żołnierze zaczęli strzelać do młodzieży protestującej przeciwko wojnie.

Dziennikarstwo wciąż ma sens.

Nigdy go nie straci, bo jest elementem demokracji, która ma i zawsze będzie miała sens.

Dziś bardziej niż kiedykolwiek potrzebujemy buntowników, którzy pokażą reszcie świata, że wolność słowa wciąż obowiązuje – a demokracja przynosi korzyści wszystkim.

Potrzebujemy w przestrzeni publicznej głosów sprzeciwu, które wpłyną na naszych prezydentów, premierów, burmistrzów i radnych. I na nasze dzieci, przyszłych przywódców, dyplomatów i generałów.

Teddy Roosevelt, laureat Pokojowej Nagrody Nobla, tak pisał o patriotyzmie: „Głoszenie, że nie wolno krytykować prezydenta albo że musimy go popierać niezależnie od tego, czy ma rację, to nie tylko brak patriotyzmu i służalczość, lecz także moralna zdrada amerykańskiej opinii publicznej. Należy mówić tylko i wyłącznie prawdę o wszystkich obywatelach. A nic nie jest ważniejsze niż mówienie prawdy, również tej niewygodnej, o prezydencie".

W ostatecznym rozrachunku ta prawda nas wyzwoli – nawet jeśli trudno nam ją przyjąć.

Pisz tu i teraz

Lekcja 35

Inspirację znajdziesz wszędzie

Ludzie często zwierzają mi się: „Nie wiem, o czym pisać".

Pomysły są na wyciągnięcie ręki. Przez prawie dwadzieścia lat pisałam trzy felietony tygodniowo, więc musiałam ciągle wymyślać nowe tematy. Starałam się wpaść na przynajmniej sześć dobrych pomysłów, żeby na wszelki wypadek mieć plan B, C i D.

Felietoniści przypominają wszystkożerne niedźwiedzie – są mało wybredni. Na mnie świetnie działa technika burzy mózgu, w której siadasz przed pustą kartką i po prostu puszczasz wodze wyobraźni. Nie oceniasz żadnego pomysłu, tylko pozwalasz, żeby tryskały z ciebie jak fontanna.

Kiedyś na konferencji pisarskiej usłyszałam następujące zdanie: „Nic nie jest bardziej niebezpieczne niż pomysł, gdy nie masz żadnego innego w zanadrzu". Dlatego technika burzy mózgu jest taka przydatna – możesz wpaść na wiele pomysłów i odrzucić te najgorsze.

Ja swój zapas gromadziłam przez lata. Uzbierałam już cały katalog tematów: od a (abstynencja, anioły i adopcja)

Spędzaj czas w lokalnym salonie piękności albo w miejscowym barber shopie i dowiedz się, na jakie tematy najczęściej się tam dyskutuje. Podsłuchuj rozmowy klientów.

do zet (zoo, znaki zodiaku i zegarmistrzowie). Możesz stworzyć plik kompostownik na linki i pomysły, a potem przeglądać go co miesiąc. Ja wydzieram inspirujące teksty z gazet, magazynów i newsletterów i je chomikuję. Dysk twardy mojego komputera pęka w szwach od tematów na felietony – ale gdyby mi ich kiedyś zabrakło,

MÓW WŁASNYM GŁOSEM

Każdego dnia skręć w nową uliczkę, zawędruj w nie-

MÓW WŁASNYM GŁOSEM

Znajdź w swojej lokalnej społeczności gawędziarzy: policjantów z długim stażem, starszych ludzi przesiadujących przed domem, dozorców, nauczycieli, emerytów, barmanów, recepcjonistów hotelowych, sekretarki w zakrystiach, strażaków. Odwiedzaj centra handlowe, sale bingo, siedziby związków zawodowych, kluby weteranów i jadłodajnie dla ubogich. Spędzaj czas z przedsiębiorcami pogrzebowymi, pastorami, harcerzami zastępowymi, historykami i pracownikami opieki społecznej.

Napisz wiersz, w którym pierwszym wersem będzie nagłówek prasowy. Albo cytat. Albo fragment instrukcji z butelki szamponu. Wyjrzyj przez okno i uwiecznij w poezji pierwszą rzecz, na którą padnie twój wzrok.

Udawaj, że jesteś kosmitą. Patrz na wszystko w swoim życiu tak, jakbyś to widział po raz pierwszy. Kwestionuj każdą zasadę.

Rozmawiaj z innymi twórczymi ludźmi – architektami, malarzami, muzykami czy fotografami – i dowiedz się, skąd czerpią inspirację.

Przez jeden dzień towarzysz policjantowi w radiowozie. Przepracuj jedną zmianę ramię w ramię z najstarszą kelnerką w mieście. Zrób wywiad ze śmieciarzami o tym, co znajdują w odpadkach.

Usiądź na sali sądowej i poznaj sprawę z punktu widzenia sędziego, przysięgłych, ofiary.

Porozmawiaj z psychologiem albo policjantem o tym, jak czytać język ciała i dowiedzieć się, co drugi człowiek przekazuje nam bez słów.

Poświęć cały dzień na robienie zdjęć zwykłych chwil: swoich posiłków, swoich dzieci, swoich stóp, a potem opisz każde z ujęć pięcioma słowami.

Mnóstwo pomysłów znajdziesz też w kalendarzu:

W styczniu możesz pisać o postanowieniach noworocznych, o rocznicy urodzin Martina Luthera Kinga albo o sposobach na przetrwanie zimowej pogody.

Luty to w Stanach Zjednoczonych miesiąc czarnej historii. Wtedy przypadają też Dzień Prezydentów i walentynki.

W marcu może zainspirować cię wiosna, ferie zimowe, Wielki Post, Wielkanoc, idy marcowe, Dzień Świętego Patryka, rozdanie Oscarów i filmy, które ci się podobały albo nie podobały.

W kwietniu piszesz o psikusach na prima aprilis, o płaceniu podatków, o Dniu Ziemi i ratowaniu planety w pojedynkę, o otwarciu sezonu baseballowego, o zmianie czasu i o święcie Paschy.

Maj przynosi wspomnienie amerykańskich obywateli, którzy zginęli w trakcie odbywania służby wojskowej – Memorial Day. To inspiracja do pisania o weteranach, cmentarzach i bliskich, których straciliśmy. W maju wypadają również Dzień Matki, uroczystości wręczenia dyplomów absolwentom, wybory i amerykański Dzień Modlitwy.

W czerwcu możesz opisać żarty, jakie uczniowie robią sobie na zakończenie roku, proces opróżniania szkolnych szafek i sal, zawartość szuflad w biurku dyrektora, sposoby na podziękowanie ulubionemu nauczycielowi czy ostatni dzień szkoły. Inne tematy to Dzień Flagi, Dzień Ojca i lato: wakacje, spotkania z rodziną i przyjaciółmi, obozy muzyczne i sportowe, kolonie.

W lipcu możesz skupić się na Dniu Niepodległości, opisać wakacje, które pamiętasz z dzieciństwa albo urlop, o którym marzysz jako dorosły.

W sierpniu omawiasz zakupy szkolne, zbliżający się początek roku szkolnego oraz wiejskie jarmarki z konkursami na największą cukinię albo najdłuższy żabi skok i koncertami kwartetów rewelersów.

We wrześniu wypada Święto Pracy, więc masz pretekst do poruszenia kwestii związanych z naszym życiem zawodowym. To również miesiąc takich świąt jak Rosz ha-Szana, Jom Kippur i ramadan.

W październiku możesz pisać o Dniu Kolumba, Halloween, jesieni i zmianie czasu.

W listopadzie jest Święto Zmarłych, uroczystość Wszystkich Świętych, Dzień Wyborów, Dzień Weteranów i Święto Dziękczynienia, kiedy wyrażamy wdzięczność za obfitość w naszym życiu.

Wreszcie grudzień to idealny czas na teksty o świętach Bożego Narodzenia, święcie Chanuka albo Kwanzaa. Zamiast narzekać na pogodę, opisz ją.

Pozwól, żeby życie samo zaprowadziło cię do tematów. Żyj najgłębiej, jak to możliwe, a nigdy nie zabraknie ci pomysłów.

Mimo to pisał.

Gabriel García Màrquez zwierzył się: „Moment, w którym siadam do pisania, przez całe życie napawa mnie lękiem".

Mimo to pisał.

Mój mentor i przyjaciel Bill O'Connor podpowiedział mi, żebym nigdy nie siadała do pracy z myślą, że chcę opowiedzieć wspaniałą historię. Przy tak wielkich oczekiwaniach ciężko byłoby ruszyć z miejsca. Lepiej po prostu opowiadać historie. „Nie próbuj budować katedry. Zbij zwykły stół" – poradził.

Dlatego zakasuję rękawy i zbijam stół ze słów. Po prostu piszę. Nie prowadzę operacji na otwartym mózgu. Nikt nie umrze, nawet jeśli mój tekst okaże się koszmarnie nudny. Problem z interpunkcją jest mniej poważny niż problem z punkcją.

Mój przyjaciel Ted Gup zawsze powtarza: „Nie staraj się tworzyć literatury. To cię onieśmieli". Odpręż się.

Lekcja 36

Tylko ty możesz stanąć sobie na drodze

Często słyszę pytanie: „Czy dopada cię czasem blokada twórcza?".

Na jednym z moich ulubionych komiksów z magazynu „New Yorker" maleńki samolot przelatuje nad farmą po rozległym pustym niebie. Podpis? „Blokada przestwórcza".

Ja nie wierzę w brak weny. To nie jest prawdziwa diagnoza. Nie chcę nadawać temu zjawisku takiej mocy. Za-

Wypuść z siebie słowa, które nosisz w środku. Nie próbuj ich wydusić. Po prostu usiądź i napisz jeden wyraz. Albo jedno jasne zdanie. Nic na siłę. Nie każ słowom płynąć. Pozwól im na to.

Według Teda strach to nasz przyjaciel – „Ratuje nas przed przeciętnością".

Czasem pisanie to wszystko, czego od siebie wymagam. Ciągle powtarzam sobie: „Regino, tekst nie musi być idealny, ale musi być skończony".

Jedna z moich ulubionych pisarek, Elizabeth Berg, wyjaśniła: „Nigdy nie chodzi o to, jak dobrze trafiasz w nuty. Ważniejszy jest impuls do śpiewu i odwaga, by to robić tym głosem, z którym się urodziłeś".

Masz tyle talentu, ile przydzielił ci los. U mnie zapał zawsze przewyższał umiejętności – ale korzystam z tego, czym dysponuję. Inaczej okazałabym brak szacunku Stwórcy. Nie otrzymałam tego daru po to, żeby go oceniać. Otrzymałam go po to, żeby zrobić z niego użytek.

Blokada twórcza to połączenie dwóch obaw: lęku przed porażką i lęku przed sukcesem. Wydaje mi się, że nie da się ich pozbyć raz na zawsze. Nawet najbardziej poczytni autorzy wpadają w panikę, kiedy zaczynają pisać następną książkę.

Musisz się nauczyć panować nad tym strachem. Nie pozwól mu podejmować decyzji. Ustaw dla niego krzesło obok swojego i uprzedź, że może zostać, jeśli będzie cicho.

Albo zwolnij swojego krytyka wewnętrznego. Wypowiedz mu umowę ze skutkiem natychmiastowym.

Eksmituj ze swojej głowy wszystkie negatywne głosy. Napisz im list z wyjaśnieniem, że przestajesz korzystać z ich usług.

Nie pozwól nikomu i niczemu stanąć między tobą a twoim pisaniem. Wyjdź na spotkanie pustej kartce. „Tak" dla pisania może oznaczać „nie" dla Facebooka. Albo dla telewizji. Albo dla obejrzenia ciągiem całego sezonu *The Crown* na Netfliksie. Moja przyjaciółka Sarah Willis pozbyła się z domu telewizora, żeby znaleźć czas na pisanie. Podziałało – dziś jest autorką pięknej powieści *Some Things That Stay*.

Czasem pisanie przypomina mozolne toczenie głazu pod górę, a kiedy indziej – podróż z prędkością światła. Zawsze jednak jest uświęconą misją.

Przyjmij ten cudowny sakrament pisania. Uświęć go. To twój dar dla Boga, twoich dzieci i innych ludzi, którzy kroczą tą ścieżką.

Nie daj sobie przeszkadzać. Nie stosuj żadnych wykrętów. Przygotuj zapas dobrych długopisów, którymi łatwo się pisze. Inaczej możesz dać – albo zrobić – plamę.

Zastanów się, co już masz: czas, talent, pasję i energię. A oprócz tego komputer, długopis, papier i powody do pisania. To świetny punkt wyjścia.

Nie opowiadaj swojej historii każdemu, kto będzie chciał cię słuchać. Bary są pełne wielkich pisarzy, którzy nigdy nie napisali ani słowa.

Nie odbieraj własnej opowieści impetu. Szczegóły zdradź dopiero w książce. Milcz, żeby ona mogła głośniej wybrzmieć.

MÓW WŁASNYM GŁOSEM

uśmiecha się do mnie kolorowa polska ceramika. Przypomina mi to, że Polacy traktują mnie poważnie, więc i ja powinnam traktować poważnie moje pisanie. Jadą na spotkanie ze mną dwie godziny pociągiem. Idą na wagary. Płacą za opiekunkę do dziecka, żeby wymknąć się z domu. Zobowiązuję się pisać również dla nich.

Na wysokości wzroku przyklejam inspirujące cytaty. Właśnie dodałam kolejny, tym razem z wiersza *A Morning Offering* (Poranna modlitwa) Johna O'Donohue:

> Obym miał dziś odwagę
> Żyć życiem, które bym kochał,
> Nie odkładać już marzeń na później
> Tylko wreszcie zrobić to, po co się tu znalazłem,
> I nie marnować już serca na strach.

Patrzę na zdjęcie mojej zmarłej niedawno przyjaciółki Beth. I na wizytówkę Jeffreya Zaslowa, wspaniałego pisarza, który zginął w wypadku samochodowym, wracając ze spotkania z czytelnikami. Oboje przypominają mi, żeby pisać i żyć pełnią tego magicznego życia, które nigdy się nie powtórzy.

Liz Rosenberg napisała: „Nigdy nie jest za późno, żeby rozniecić w sobie ogień i stać się płomieniem. Dopóki oddychasz, nigdy nie jest na to za późno (…). Nigdy nie jest za późno, żeby przestać marnować swoje życie".

Nie marnuj swojego życia ani swojego talentu.

Po prostu zacznij. Pisz tu i teraz.

Lekcja 37

Szczegóły robią różnicę

Mówi się, że diabeł tkwi w szczegółach. Bóg też. I piękno. I prawda.

Bez względu na to, co piszesz, szczegóły mają ogromne znaczenie, bo to one nadają życie ludziom i miejscom w twojej historii.

Kiedy czytam książkę, rozkoszuję się detalami najdłużej, jak to możliwe. Zamiast zakładki używam fiszki o wymiarach 10 x 15 centymetrów, na której zapisuję najpiękniejsze cytaty. Później czytam je ponownie, żeby odnaleźć w nich inspirację albo nakarmić swoją pisarską duszę.

W mojej kolekcji znalazły się słowa takich pisarzy jak Ann Lamott, Edwidge Danticat, Mary Oliver, Kathleen Norris, Barbara Kingsolver i Ann Patchett. Ale zapisuję też sformułowania mniej znanych autorów.

Podoba mi się, jak Helen Fremont opisała proces szminkowania ust przez kobietę w *After Long Silence*: „Nałożyła sobie uśmiech". A tak określiła dezaprobatę bohaterki: „wlepiła w niego stuwatowy wzrok".

Moja przyjaciółka Thrity Umrigar specjalizuje się w poetyckich zwrotach, chociaż pisze powieści. W książce *Bombay Time* czytamy: „wzdychający ocean", „słońce już całkiem przytomne", „delikatne jak porcelana kostna", „skóra biała jak czosnek".

Elizabeth Berg w *True to Form* zaprasza do puszczenia wodzy wyobraźni. Tak opisała wieczorne niebo: „Po takim zachodzie słońca człowiek zaczyna wierzyć w Boga".

Sheri Reynolds w *A Gracious Plenty* zawarła następujące perełki: „Była tak śliczna, że mijane kwiaty biły jej pokłony" i „Patrząc na bliznę, możesz zobaczyć ranę – albo proces gojenia".

W książce *Kochając większą kobietę* Jennifer Weiner pisze: „Skraj jej sukienki zaszemrał na podłodze". List przetarty od częstego czytania był „cienki niczym skrzydło motyla", a łóżko – „ogromne jak kort tenisowy".

Jeden z bohaterów *Matki Perły* Melindy Hayes jest „cierpliwy jak wschód słońca", „regularny jak metronom" i zrozumiały „jak mapa narysowana przez niewidomego".

W książce *Pull Me Up* Dana Barry'ego zachwyciły mnie frazy: „w kuchni mojego dzieciństwa", „kaszel to jego jedyna aktywność fizyczna" i „niebo brzemienne deszczem".

A w jednej z moich ulubionych powieści, *Some Things That Stay*, Sarah Willis określa bydło mianem „chodzących hamburgerów"; wieś to dla niej „śmiertelnie nudne miejsce, gdzie ludzie rdzewieją jak stare samochody", a piękny zachód słońca to „chwila, gdy dzień składa ukłon".

Otwórz Biblię na Księdze Izajasza, a popłynie z niej poezja: „Zawyj, bramo! Krzyknij, miasto!”*; „Zroszę cię swymi łzami”; „Księżyc się zarumieni, słońce się zawstydzi”; „Z weselem wyjdziecie i w pokoju was przyprowadzą”. Albo „Niech się podniosą wszystkie doliny, a wszystkie góry i wzgórza obniżą; równiną niechaj się staną urwiska, a strome zbocza niziną gładką”.

Poetyckie opisy można znaleźć nawet w katalogu z farbami. W pogoni za inspiracją zdarzało mi się biec do sklepu malarskiego po wzorniki kolorów. Nie śmiejcie się ze mnie. W końcu pisarze malują słowami. Z tych wzorników dowiedziałam się, że…

Czerwień to również szkarłat, sos pomidorowy, żurawina, chili i jabłko. Różowy bywa nazywany pudrowym różem, watą cukrową i odcieniem baletek. Niebieski można określić jako kobalt, borówkę, granat, chabrowy, błękit i szafir. Fiolet to kolor śliwki, winogron, bzu i lawendy.

Pomarańczowy to inaczej dynia, mandarynka, bursztyn i brzoskwinia. Odcieniami zieleni są mięta, limonka, ogórek, morska piana, mech, trawa, rosa miodowa i szmaragd. Kolor żółty ma takie warianty jak karmel, cytryna, mlecz, musztarda, masło, lemoniada i crème brûlée.

Odpowiedni dobór słów sprawia, że nawet na pozór nudne kolory wydają się interesujące. Zwykły brąz zamienia się w karmel, orzech włoski, cynamon, czekoladę, curry, cappuccino, zamsz, syrop klonowy, cukier trzcinowy albo cydr.

* Wszystkie cytaty z Biblii pochodzą z IV wydania *Biblii tysiąclecia*.

Biały to inaczej mąka, kość, perła, kość słoniowa, kokos, płótno, beza, welon ślubny, wata, złamana biel, kreda albo lody waniliowe. Czarny obejmuje takie odcienie jak antracyt, onyks, heban, gagat, krucza czerń, asfalt albo północ. Beż można opisać jako owsiankę, pszenicę, migdał albo masło pekanowe. Szary to ołów, grafit, granit, dym albo łupek.

A jak znaleźć właściwe szczegóły? Po trzydziestu latach kariery pisarskiej mogę udzielić ci kilku rad:

Zbierz jak najwięcej szczegółów, ale wykorzystaj tylko te najlepsze.

Nie wszystkie detale pogłębiają rozumienie tematu. Przy każdej informacji, którą planujesz zamieścić w tekście, zadaj sobie pytanie: jaką pełni funkcję? Jak wzbogaca twoją historię, bohatera albo tezę? Pomiń szczegóły, które niewiele wnoszą. Wybierz te najistotniejsze i najbardziej zapadające w pamięć. Używaj tylko tych słów, które posuwają opowieść naprzód. W opisie chodzi o rozwój akcji, a nie o to, żeby pochwalić się czytelnikowi: „Spójrz, jaki ze mnie kreatywny pisarz!".

Maluj dla czytelników obrazy słowami.
Udawaj, że są niewidomi, a ty musisz widzieć za nich. Postaraj się, żeby każde pociągnięcie pędzla było po coś. Opisz twarz tak dobrze, żeby ją zobaczyli i poczuli.

Bądź konkretny.
Zamiast pisać, że ktoś jest biedny, pokaż jego ubóstwo. Rick Bragg poświęcił jeden z reportaży dla „New York

O moim tacie można było powiedzieć, że ciężko pracuje – ale najlepiej świadczyła o tym historia z życia wzięta: gdy w wieku siedemdziesięciu lat dostał ataku serca, zanim pojechał do szpitala, zdjął z dachu samochodu drewniane drabiny, żeby mama nie miała problemu w drodze powrotnej.

Rozwijaj swój warsztat pisarski.

Próbuj nowych rzeczy. Z jakim zwierzęciem / rośliną / potrawą / postacią historyczną / budynkiem kojarzy ci się opisywana osoba? Twórz interesujące wizje i symbole, zestawiając coś dobrze znanego z bardziej egzotycznym zjawiskiem. Zacznij od swojskiego elementu, żeby czytelnik stanął na pewnym gruncie, a potem dzięki twojemu tekstowi poszerzył swoje rozumienie świata.

Eksperymentuj z porównaniami i metaforami. Coś przypomina coś innego albo podobnie działa. Jak w wierszu *Żonkile* Williama Wordswortha: „Sam wędrowałem jak obłoczek"*. Często skojarzone zjawiska wydają się tak różne od siebie, że ich połączenie okazuje się zaskakujące.

Spróbuj swoich sił w personifikacji i nadaj przedmiotom nieożywionym albo abstrakcyjnym ideom cechy istot żywych. Bądź oryginalny. Zbyt wielu autorów pisze o „drzewach szepczących na wietrze" i „tańcu promieni słońca na wodzie". James Wright proponuje ciekawsze określenie: „Skłoniłem głowę i usłyszałem, jak w oddali morze myje ręce".

* Przeł. Maciej Froński.

I wreszcie, posłuchaj własnych słów. Przeczytaj je głośno. Co słyszysz?

Anielską muzykę?

To zasługa szczegółów.

Lekcja 38

Nadaj swoim słowom efekt wow

Właściwe słowa są na wagę złota. O tym, jak działa zasada „zmień swój język, a zmienisz swój świat", można przekonać się z poruszającego filmu na YouTubie.

Niewidomy mężczyzna siedzi na chodniku z puszką, w której ma kilka monet. Trzyma karton z napisem: „Jestem ślepy. Proszę o pomoc". Niewielu ludzi wykazuje się empatią. Większość mija go, nie zwracając nań uwagi. Monety pobrzękują głośno w niemal pustym pojemniku.

Nagle przed niewidomym zatrzymuje się młoda kobieta. Chwyta jego karton, pisze na nim coś markerem i odchodzi. Od tego momentu wszystko się zmienia. Prawie każdy przechodzień wrzuca pieniądze do puszki. Cóż to za magiczny napis?

„Jest piękny dzień, a ja nie mogę go zobaczyć".

Tak nadaje się słowom efekt wow.

Oto kilka porad, jak natchnąć swoje teksty większą siłą:

Usuń to, co zbędne.

Kasowanie jest równie ważnym procesem jak pisanie. Jak uczy trener pisarski Don Murray: „Większość tekstów zyskuje na skróceniu".

Nie możesz sobie pozwolić na bycie nudnym, bo ludzie po prostu przestaną cię czytać. Nie ominą mniej interesujących akapitów, żeby dojść do ciekawostki, którą ukryłeś w zakończeniu. Elmore Leonard radził: „Opuść te fragmenty, które pomijają czytelnicy".

Pisarz nie powinien przypominać mojego taty przy udzielaniu wskazówek kierowcom. Tata pochodził z Irlandii, a Irlandczycy zupełnie tego nie potrafią. Jeśli mi nie wierzycie, obejrzyjcie film *Spokojny człowiek*, a zrozumiecie, co mam na myśli.

Zanim wynaleziono GPS, MapQuest i Google Earth oraz przeróżne aplikacje, bez których nie potrafimy już żyć, jedynym źródłem informacji był mój tata. A on skupiał się na tym, gdzie NIE powinieneś jechać. Wymieniał wszystkie radary, objazdy i dziury, od których warto trzymać się z daleka.

„Słuchaj, jeśli skręcisz w lewo na tych światłach, dojedziesz do starej fabryki papieru, ale lepiej się tam nie zapuszczać. To będzie za długo trwało. A jeśli skierujesz się autostradą na północ, to pilnuj prędkości, bo tam zawsze stoją radary. Nie chcesz przecież dostać mandatu..."

Byłam w Irlandii już pięć razy i prawie zawsze, gdy ktoś próbuje udzielić mi wskazówek, słyszę długi wykład o miejscach, których lepiej unikać. Ostatnie zdanie zazwyczaj brzmi:

„Miejsca, którego szukasz, nie da się przegapić". Mnie się to udaje. I to za każdym razem.

Nie pozwól czytelnikowi przegapić najciekawszej części twojego tekstu. Pomóż mu wciągnąć się w historię, którą opowiadasz. Nie burz jego koncentracji. Zdanie albo akapit, które nie posuwają akcji do przodu, są jak zaciągnięty hamulec ręczny albo zjazd na autostradzie, który zaprasza do opuszczenia świata twojej wyobraźni.

Jeśli błyskotliwy cytat nie rozwija żadnego wątku, to lepiej go skreślić. Jeśli opis uroczej krakowskiej kawiarenki nie porwie twoich czytelników, to pożegnaj się z nim bez żalu.

Czasowniki to superbohaterowie.
Najszybszy sposób na poprawienie każdego tekstu to pozbycie się wszystkich słabych czasowników. Otocz je kółkiem albo oznacz zakreślaczem, a potem zastąp każdy z nich mocniejszym odpowiednikiem, związanym ze zmysłem wzroku, węchu albo dotyku.

LeBron James nie rzuca piłki do kosza, tylko robi wsad albo demoluje obręcz. Jego drużyna nie wygrywa meczu, tylko rozbija przeciwnika w pył.

Pijany mężczyzna nie wraca do domu, tylko potyka się, czołga albo powłóczy nogami. Dzieci nie bawią się na podwórku, tylko ganiają się, ścigają i bawią w berka. Twój wujek nie je hamburgera, tylko delektuje się nim, pochłania go albo wrzuca na ruszt.

Używaj czasowników tak, jak bokserzy używają pięści.

Przetykaj swoje teksty oryginalnymi, konkretnymi, precyzyjnymi i zaskakującymi czasownikami.

Strzeż się przymiotników i przysłówków.
Voltaire powiedział, że przymiotnik jest wrogiem rzeczownika, a przysłówek – czasownika. Poetka Mary Oliver dodała: „Każdy przymiotnik jest wart pięć centów. Każdy czasownik jest wart pięćdziesiąt centów".

Przysłówki często świadczą o tym, że wybrałeś niewłaściwy czasownik. Autor horrorów Steven King napisał: „Piekło wybrukowane jest przysłówkami". Z kolei John Gardner stwierdził: „Przysłówki są albo najbardziej tępymi, albo najostrzejszymi narzędziami w przyborniku powieściopisarza".

Wykasuj nijakie przysłówki. Tam, gdzie to możliwe, wybieraj zamiast nich sugestywne czasowniki. Znajdź bardziej obrazowe rzeczowniki, które nie potrzebują dodatkowego blasku przymiotników.

Wykrzykniki osłabią twój przekaz.
Unikaj stosowania wykrzykników dla podkreślenia wagi swoich słów. F. Scott Fitzgerald powiedział: „Wykreśl wszystkie wykrzykniki. Kiedy ich używasz, to tak, jakbyś śmiał się z własnego żartu".

Szastając wykrzyknikami na prawo i lewo, podnosisz fałszywy alarm.

Po pewnym czasie nikt już nie wierzy, że zwieńczone nimi zdania są wyjątkowo istotne. W ten sposób tracisz zaufanie czytelników.

Jeden z moich redaktorów nie znosił wykrzykników. Opowiedział mi, że na ostatnich zajęciach kursu pisarskiego nauczyciel dał im w prezencie jeden wykrzyknik. „Wystarczy wam na całe życie – oświadczył. – Dobrze się zastanówcie, zanim go użyjecie".

Mów zwyczajnie o tym, co niezwykłe.
Zamiast przytaczać liczbę zabitych w ataku terrorystycznym albo dręczyć czytelnika przeróżnymi statystykami, opisz dokładniej jedną ofiarę i falę smutku po jej nieodżałowanym życiu. W szkole podstawowej miałam lekcję o Wielkim Kryzysie, ale zrozumiałam, na czym polegał, dopiero po rozmowie z ciocią, która opowiedziała mi o dniu, gdy licytator sprzedał ich dom rodzinny, chociaż tata ciężko pracował, żeby go uratować.

„New York Times" pisał prostymi słowami o koszmarze ataku z 11 września. Dziennik publikował „portrety żałoby" z kilkoma akapitami na temat każdej z ofiar. Zamiast przeczytać o 2996 zabitych, poznaliśmy każdą z tych osób, artykuł po artykule.

Wyzbądź się klisz i stereotypów.
Stereotypy to istna plaga. Ludzie często chcą tylko znaleźć potwierdzenie dla tego, co już wiedzą albo zakładają. Starsze kobiety są zadziorne i mają ikrę. Czarne rodziny żyją w biedzie. Nastolatki są obrażalskie, buntownicze i bezczelne. Irlandczycy nadużywają alkoholu i rwą się do bitki. Seryjny morderca wydawał się „spokojnym, zamkniętym w sobie człowiekiem".

Rodzice porwanego dziecka nie muszą być smutni i zapłakani. Kiedyś robiłam wywiad z mamą Amandy Berry. Kobieta była tak wściekła na FBI za to, że nie znaleźli jej porwanej córki, że rozwiesiła plakaty ze swoim numerem telefonu, usiłując sama rozwiązać tę sprawę.

Ludzie zakładają z góry, że pracownicy napływowi są biedni, niewykształceni i nieszczęśliwi. Ci, z którymi spędziłam kilka tygodni, wydali mi się głęboko uduchowieni, radośni i mocno związani z ziemią. Dowiedziałam się też, że nie znoszą określenia „emigranci" – uważają się za „robotników sezonowych".

Poszerzaj swoje horyzonty. Pozwól światu się zaskoczyć. Udawaj, że właśnie spadłeś na Ziemię z Marsa i nie masz pojęcia o zwyczajach tubylców.

Wyeksmituj wszystkie niejednoznaczne i ambiwalentne słowa.

Zapomnij o „bardzo" i „dość". Koniec z dość wysokimi, dość zmęczonymi albo dość zdenerwowanymi bohaterami. Wykreśl ze słownika wyraz „fajny". Przestań pisać, że książka była fajna, film był fajny, wieczór był fajny. To puste, nieprecyzyjne określenie. Znajdź bardziej wyraziste odpowiedniki. To samo dotyczy słów „naprawdę", „całkiem", „trochę" i „jakby".

Wykrocz poza zakończenie.

Prowadź ludzi dalej niż słowo „koniec". Najlepsze zakończenia sprawiają, że mam ochotę natychmiast zacząć czytać książkę od początku.

Pisarka Annie Dillard radziła: „Biorąc zamach siekierą, myśl o pniaku pod drewnem, które rąbiesz. Jeśli zatrzymasz się w myślach na drewnie, nic z tego nie wyjdzie. Skup się na tym, żeby się przez nie przebić aż po pniak".

W łucznictwie celujemy w środek tarczy, ale nie opuszczamy łuku, dopóki nie usłyszymy, jak wbija się w nią grot. Chociaż już wypuściliśmy strzałę, wciąż mierzymy do celu, aż zyskamy pewność, że trafiliśmy.

Usuń się w cień.

Mój przyjaciel Ted Gup dał mi następującą radę: „Nie chcesz, żeby czytelnik powiedział: »Wow, co za pisarz«. Chcesz, żeby powiedział: »Wow, co za historia«".

Wycofaj się za kulisy i zaufaj czytelnikowi. Jeśli krzyczysz na całe gardło, ludzie zasłaniają uszy i odsuwają się od ciebie. Jeśli mówisz szeptem, podchodzą bliżej, żeby lepiej słyszeć.

Usuń się w cień, żeby im w tym pomóc. Trapista Thomas Merton próbował „zniknąć w swoim pisaniu".

„Ta praca mogłaby być modlitwą" – napisał.

A ty możesz być błogosławieństwem dla czytelnika.

Lekcja 39

Ludzie wciąż uwielbiają opowieści

„Dawno, dawno temu..." Te trzy słowa otwierają przed nami cały świat możliwości.

Ludzie uwielbiają historie. Nadal chcą ich słuchać. Nadal chcą je opowiadać. Nadal chcą je pisać.

Fred Rogers nosił ze sobą kartkę ze słowami: „Nie ma takiego człowieka, którego nie pokochałbyś, gdybyś poznał jego historię".

Mój przyjaciel, nagradzany dziennikarz Ted Gup radził pisarzom: „Po prostu snujcie opowieści. Każdy chce usiąść na niewidzialnych kolanach i posłuchać czegoś ciekawego".

Tymczasem dziś zamiast opowiadać historie, często „produkujemy treści". W 1986 roku, kiedy stawiałam pierwsze kroki jako dziennikarka, gazety wciąż miały czytelników. Później zaczęliśmy nazywać ich klientami. Dawniej dzieliliśmy się z nimi różnymi opowieściami – teraz oferujemy im „ciekawy kontent".

Czym jest ów kontent?

To fakty. Dane. Informacje. Linki. Pomysły. Tweety. Posty. Teksty o wątpliwym znaczeniu.

Dziś do dyspozycji mamy nie tylko książki, programy telewizyjne i gazety. Możliwości jest więcej: blogi, tweety, SMS-y, filmy, posty, portale internetowe, podcasty, aplikacje i e-booki. Ale czym warto je wypełnić? Treściami, które są ważne. Treściami, które zapadają w pamięć. Treściami, które mają znaczenie. Treściami, które zmieniają świat.

Przecież właśnie o to nam chodzi, prawda? Żeby zmieniać świat?

Kiedyś zostałam zaproszona na Światową Konferencję Marketingu Treści. W swoim przemówieniu zapytałam zgromadzonych „dostawców kontentu": „Czy informacje, które wypuszczacie w świat, są warte waszego życia? Czy są warte życia innych? Poświęcacie im swój czas, czyli swoje życie. A odbiorcy poświęcają czas na to, żeby je przeczytać i ich doświadczyć. Tracą cenne minuty, które mogliby przeznaczyć na kontakt z rodziną i przyjaciółmi albo na swoje hobby. Z tych minut tworzą się godziny, a potem całe dni".

Ludzie uwielbiają opowieści. Tak jest już od urodzenia. Dzieci w każdym wieku kochają bajki, a dorośli nadal chcą słuchać ciekawych historii. Wciąż ich potrzebujemy, mimo SMS-ów, tweetów, blogów, Skype'a i YouTube'a. Malcolm Gladwell, autor książki *Punkt przełomowy*, napisał: „najważniejszą formą komunikacji międzyludzkiej nadal jest słowo mówione". Dawniej tak przekazywano sobie wszystkie informacje, z ust do ust.

Jak opowiedzieć ciekawą historię?

Pisz dla jednej osoby.

Wybierz jednego czytelnika. Kto jest twoją publicznością? Ludzie często przyjmują zbyt szeroką perspektywę – myślą w kategoriach płci, rasy, wieku i statusu społeczno-ekonomicznego.

Tymczasem pewien nauczyciel pisarstwa poradził mi, żebym skupiła się na jednej osobie. Może to być kelnerka z restauracji. Ochroniarz w supermarkecie. Sąsiadka, która podnosi śmieci z ulicy. Ja wybrałam mojego tatę. Przerwał naukę w szkole średniej, bo jego rodzina straciła wszystko w czasie Wielkiego Kryzysu. Rzadko miał czas na książki, za to zawsze czytał gazety, więc używałam prostych słów, które mógł zrozumieć. Pisałam tak, jakbym do niego mówiła.

Wyobraź sobie, że twój czytelnik siedzi obok ciebie, i opowiedz mu coś.

Zaserwuj czytelnikowi jeden kawałek tortu.

Nie da się zawrzeć w historii wszystkich szczegółów. Musisz wybrać określony punkt widzenia. Którym kawałkiem tortu poczęstujesz czytelników? Nie możesz podać go w całości. John Steinbeck podsumowywał najważniejszy przekaz każdej ze swoich książek na jednej fiszce. Wypróbuj ten sposób i przylep kartkę z efektem na komputerze.

Streść w dwóch zdaniach, co chcesz wyrazić. To twój cel. Dąż do niego.

Często zadaję sobie pytanie: Jak brzmiałby nagłówek tej historii? Dzięki temu skupiam się na jednym konkretnym komunikacie albo wniosku.

Skacz na głęboką wodę.

„Dawno, dawno temu..." sprawdza się jako początek bajek, które czytamy dzieciom na dobranoc. Nie chcesz, żeby twój czytelnik przysnął, więc nie owijaj w bawełnę. Skocz na głęboką wodę, żeby go ochlapać. Przykuj jego uwagę. Jeśli nie zainteresuje go pierwszy akapit albo przynajmniej pierwsza strona, może przestać czytać dalej.

Nie klucz. Nie lawiruj. Nie oszczędzaj najlepszych fragmentów na koniec. Sięgnij po nie od razu. Wrzuć je na początek. Zrób dobre pierwsze wrażenie, bo na drugie możesz nie mieć okazji. Nie skazuj czytelnika na nudę, bo da sobie spokój.

Pewien redaktor zdradził mi następującą sztuczkę: zasłoń pierwszy akapit swojej historii. Czy był potrzebny? Kiedyś pisałam po trzy albo cztery wstępy do każdego artykułu – i wykorzystywałam je wszystkie. Osobno były dobre, ale razem zaczynały ze sobą konkurować i osłabiały wydźwięk tekstu.

Przejrzyj notatki, a potem odłóż je i pracuj bez zaglądania do ściągawek. Jeśli się zatniesz, napisz po prostu to, co powiedziałbyś na ten temat przyjaciołom przy obiedzie.

Swojej historii nie znajdziesz w notatkach – ona mieszka w twojej głowie, w twoim sercu, w twojej duszy. Po prostu zacznij ją opowiadać. Pozwól, żeby jej natura zadecydowała o formie i atmosferze tekstu. Uwzględnij te szczegóły, które się wyróżniają i przyciągają twoją uwagę.

Usiądź, zamknij oczy i pomyśl o swoim temacie. Co widzisz oczyma wyobraźni? Ludzi, a nie liczby. Mój profesor dziennikarstwa Mike Needs krzyczał na studentów: „Chcę czytać o ludziach!". Nie o problemach społecznych, danych, faktach ani statystykach. Ludzie nadają tekstom życie, a teksty nadają życie ludziom.

Znajdź właściwy rytm.

Opowieść musi mieć wstęp, rozwinięcie i zakończenie. Nie wystarczy sterta faktów, stos danych ani góra liczb. Historia zawiera konflikt i rozstrzygnięcie; problem i rozwiązanie; dobry bohater zmaga się z pokusą; chłopak zdobywa dziewczynę, potem ją traci, a na koniec odzyskuje.

Wyobraź sobie, że nawlekasz perły. Narracja jest nitką, a perły to szczegóły, anegdoty, bohaterowie i wydarzenia. Zwieńczeniem naszyjnika jest zapięcie, czyli zakończenie, które powinno zapierać dech w piersiach.

Zwróć uwagę na to, jak brzmi twój tekst – jakie ma tempo i rytm. Opowieść powinna mieć własny puls. Muzyka to zarówno nuty, jak i pauzy – przestrzenie między nimi. Pewien pisarz określił to tak: „Spięcie i rozluźnienie, spięcie i rozluźnienie". Twoja historia potrzebuje jednego i drugiego.

Nagradzaj czytelnika.

Nagródź czytelnika za to, że dotarł do końca tekstu. Daj mu szczęśliwe zakończenie, nadzieję albo przynajmniej kawałek sera na końcu labiryntu, ale pozostaw go z poczuciem apetytu na więcej.

Usłyszałam kiedyś, że zakończenie powinno być równocześnie nieuniknione i niespodziewane. Finał twojej opowieści ma sprawić, że czytelnik sam wyciągnie wnioski – nie wbijaj mu ich do głowy młotem pneumatycznym.

Pożegnaj go słowami, które zostaną mu w pamięci. William Zinnser w *On Writing Well* (Jak dobrze pisać) zaznaczył: „Idealne zakończenie powinno lekko zaskoczyć czytelnika, a zarazem wydać mu się najbardziej odpowiednie".

Kiedy poczujesz, że napisałeś już wszystko, postaw ostatnią kropkę. Wielu powieściopisarzy zapełnia kolejne strony, nie wiedząc, kiedy przestać. Jeśli nie jesteś pewny, jak powinna się kończyć twoja historia, zacznij eksperymentować. Napisz dziesięć różnych wersji. *Pożegnanie z bronią* kończy słynny spacer w deszczu, ale Hemingway stworzył ponad czterdzieści wariantów tej sceny i pracował nad nią pół roku.

Jeśli nie potrafisz znaleźć zakończenia, wróć do swojej historii. Jej koniec tkwi w niej niczym ukryty skarb, który tylko czeka, aż na niego trafisz.

Lekcja 40

Redakcja to twój prezent dla czytelników

W końcu skończyłeś pisać raport, notkę na bloga, artykuł do magazynu albo książkę, nad którą pracowałeś od lat.

Wreszcie jesteś wolny. Prawda?

Niestety jeszcze nie.

Odejdź od biurka, komputera albo iPada. Oderwij się od swojego dzieła, żeby dać umysłowi odpocząć. A potem, po kilku godzinach albo dniach, spójrz na nie oczami redaktora.

Na szczęście dla mnie i czytelników mojej gazety redakcyjny dział korekty wyłapywał większość błędów, które popełniałam. Nawet nie wiem, ile razy uniknęłam dzięki temu kompromitacji. Większość ludzi nie ma tego luksusu. Nad ich tekstami nie czuwa zespół specjalistów. Być może tobie nie pomaga żaden redaktor. W tej sytuacji musisz sam pełnić dla siebie tę funkcję.

A nawet jeśli masz redaktora, i tak powinieneś znaleźć i naprawić własne pomyłki. Jeśli się tego nauczysz, podniesie się jakość twoich tekstów.

Dlatego zostań swoim własnym redaktorem. Jesteś to winny sobie, swojej historii, swoim czytelnikom, swojemu wydawcy, swojemu agentowi i/lub swojemu prawdziwemu redaktorowi.

To przywilej, że twoje teksty mają szansę się ukazać. Nie możesz sobie pozwolić na niechlujność. Ktoś mi kiedyś powiedział: „Jeśli się nie rozwijasz, cofasz się w rozwoju". Twoi czytelnicy to zauważą. Dlatego opracowałam specjalną listę z pytaniami, które mają mi pomóc pisać coraz lepiej:

- Czy twój pomysł albo podejście jest oryginalne?
- Czy posłużyłaś się zróżnicowanymi źródłami informacji i wymieniłaś je w tekście?
- Czy przytoczone fakty są udokumentowane?
- Czy zrobiłaś wszystko, żeby rzetelnie opisać sytuację, łącznie z pojechaniem na miejsce?
- Czy zadzwoniłaś do rozmówców, żeby dopytać o ostatnie kwestie i jeszcze raz upewnić się co do wszystkich faktów?
- Czy informacje są konkretne, precyzyjne i poruszające?
- Czy początek tekstu jest zaproszeniem, które czytelnik ma ochotę przyjąć?
- Czy od razu przykuwasz jego uwagę?
- Czy główny przekaz jest na tyle dobitny, żeby podsumować go dwoma zdaniami?
- Czy użyłaś ciekawych czasowników akcji?
- Czy dwukrotnie sprawdziłaś gramatykę?

- Czy zadbałaś o uzgodnienie czasów?
- Czy wplotłaś anegdoty, które ożywiają opowieść i pozwalają poznać jej bohaterów?
- Czy pokazujesz czytelnikowi sytuację, zamiast mu mówić, co ma pomyśleć?
- Czy używasz konkretnych, precyzyjnych rzeczowników?
- Czy historia ma jądro emocjonalne?
- Czy postaci są barwnie opisane?
- Czy w historii jest napięcie albo konflikt, który wnosi w nią energię?
- Czy opowieść ma wstęp, rozwinięcie i zakończenie?
- Czy dialogi brzmią autentycznie i naturalnie?
- Czy odmalowałaś słowami scenę, którą potrafiłby sobie wyobrazić niewidomy?
- Czy użyłaś wszystkich pięciu zmysłów, żeby można było zobaczyć, usłyszeć, posmakować, poczuć i powąchać to, o czym piszesz?
- Na ile udało ci się oddać głos, gesty i cechy charakterystyczne bohaterów?
- Czy piszesz zwięźle i spójnie?
- Czy ton tekstu pasuje do tematu albo bohatera?
- Czy metafory, porównania i personifikacje są niewymuszone i oryginalne?
- Czy zakończenie robi wrażenie i zaskakuje czytelnika albo przynosi mu satysfakcję?
- Czy istnieje ryzyko plagiatu, złamania praw autorskich, zniesławienia lub naruszenia prywatności bohaterów?

- Czy sprawdziłaś ortografię?
- Czy zastosowałaś pisownię dużymi literami tam, gdzie to potrzebne?
- Czy zadbałaś o interpunkcję?
- Czy sprawdziłaś dwa razy wszystkie informacje?
- Czy zgadzają się wszystkie nazwiska, stanowiska, daty i liczby?
- Czy sprawdziłaś numery telefonów, adresy stron internetowych i dane kontaktowe, które zamieściłaś w tekście?
- Czy wszystkie cytaty wnoszą do tekstu coś ważnego?
- Czy usunęłaś wszystkie nudne, nieprecyzyjne określenia?
- Czy zastąpiłaś wszystkie mało wyraziste rzeczowniki, czasowniki i przymiotniki?
- Czy używasz żargonu czy języka zrozumiałego dla czytelników?
- Czy usunęłaś z tekstu wszystkie stereotypy?
- Czy wykreśliłaś fragmenty, które pominęliby czytelnicy?
- Czy zakończenie jest oryginalne czy przewidywalne?
- Czy temat jest ważny czy mało istotny?
- Czy tekst przedstawia jasny punkt widzenia?
- Czy ma jeden wyraźny przekaz?
- Czy jest istotny dziś i czy będzie istotny za tydzień?
- Czy odpowiedziałaś na pytania kto, co, kiedy, gdzie, jak i dlaczego?
- Czy odpowiedziałaś na najbardziej oczywiste pytania czytelników?

- Czy przeczytałaś tekst na głos, żeby usłyszeć, jakie ma brzmienie, rytm i tempo?
- Czy jest wart pieniędzy czytelnika?
- Czy jest wart czasu czytelnika?
- Czy celowo kogoś krzywdzi?
- Czy jeśli wyobrazisz sobie, że jesteś bohaterem tego tekstu, nadal wydaje ci się sprawiedliwy?
- Czy przeczytałabyś go, gdybyś nie musiała?
- Czy napisałabyś go w ten sam sposób, gdybyś składała go jako próbkę, ubiegając się o pracę w redakcji?

Na koniec przepuszczam tekst przez swój „skaner duchowy" i pytam siebie:

- Czy ten tekst służy komuś, kto potrzebuje mojego głosu?
- Czy rzuca więcej światła na jakąś kwestię?
- Czy wzbogaca życie innych ludzi albo podnosi ich na duchu?
- Czy wykorzystujesz największy talent, jaki dostałaś od Boga?
- Czy ten tekst sprawi, że ktoś się uśmiechnie, parsknie śmiechem, rozpłacze, poczuje wdzięczność albo podejmie działanie?
- Czy napisałabyś go, gdyby zostało ci pół roku życia?

Dzięki tej liście poprawiły się nie tylko moje felietony, lecz także moja relacja z redaktorem. Pisarze zwykle czują do redaktorów mieszaninę miłości i nienawiści.

Ciężko im znieść ich uwagi, ale bez nich by sobie nie poradzili.

Zanim postanowisz zmienić redaktora, spróbuj zmienić samego siebie. Przyjrzyj się sobie krytycznie. Czy chciałbyś pracować z kimś takim? Są dni, kiedy bym ze sobą nie wytrzymała. Na szczęście wyrobiłam się przez lata, głównie dzięki pomocy mądrych redaktorów, którzy nauczyli mnie następujących zasad:

Pamiętaj, żeby przeczytać i zredagować tekst, zanim prześlesz go dalej. Zawsze bądź swoim pierwszym redaktorem. Oddawaj dopracowane teksty i pilnuj terminów. Trzymaj się wyznaczonej daty i liczby znaków. Wolę sama skrócić felieton, niż ryzykować, że ktoś wytnie zakończenie, które tak mi się podobało.

Jeśli nie zgadzasz się z jakąś decyzją, walcz do upadłego. Szukaj kompromisu. Wysłuchaj uwag do końca. Czy jest w nich ziarno prawdy? Jeśli tak, potraktuj tę krytykę jako wskazówkę na przyszłość. W przeciwnym razie zignoruj ją i nie bierz jej sobie do serca.

Dziękuj dobrym redaktorom za pomoc. Chwal redakcję, która przynosi efekt, o który ci chodziło. Zawsze, kiedy to możliwe, siadaj obok redaktora, kiedy pracuje nad twoim tekstem, albo przynajmniej zarezerwuj sobie czas, żeby odpowiedzieć na jego pytania.

Jeśli redaktor chce wprowadzić zmiany, którym jesteś przeciwny, poproś, żeby wyjaśnił ci dokładnie, w czym jego zdaniem leży problem. Pytaj: „Co konkretnie nie przekonuje cię w tym fragmencie? A tu?". Jeden z moich redaktorów zwykle zaczynał od prośby o wycięcie pięciu akapitów, a w toku rozmowy okazywało się, że tak naprawdę chodziło mu o poprawkę w jednym zdaniu.

Zawsze czytaj opublikowaną wersję tekstu, żeby upewnić się, że nikt niczego nie wyciął ani nie zmienił po tym, jak zaakceptowałeś „wersję ostateczną".

I nigdy nie zapominaj, że najważniejszymi słowami w każdym tekście, który kiedykolwiek napiszesz, są twoje imię i nazwisko.

Podpisujesz go, więc musi być twój.

Lekcja 41

Pisarz pisze

Nie masz czasu na pisanie, prawda?

Nieprawda.

Wszyscy mamy na to czas. Chodzi tylko o to, żeby go wykorzystać.

Kiedy przemawiam publicznie, często zadaję słuchaczom pytanie: „Czyj dzień ma dwadzieścia cztery godziny?”. Wszyscy podnoszą ręce. No właśnie. Problemem nie jest brak czasu, tylko to, co z nim robimy.

Nie musisz przeznaczyć na pisanie dwudziestu czterech godzin – ani nawet jednej pełnej godziny.

Zacznij od dziesięciu minut. Potem rozciągnij je do dwudziestu. A później do sześćdziesięciu.

Natalie Goldberg w książce *Writing Down the Bones* poleca technikę „pierwszych myśli” i dziesięciominutowe ćwiczenia pisarskie.

Pomysł polega na tym, żeby pisać szybko – dzięki temu twój wewnętrzny krytyk/cenzor/redaktor nie zdąży cię zniechęcić. Mój działa błyskawicznie i jeśli chcę wyprzedzić jego bezlitosne komentarze, muszę operować długopisem lub klawiaturą w zawrotnym tempie. Mówi się, że pisanie to nie sprint, tylko maraton – ale dla mnie to zbyt przytłaczający dystans. Wolę podzielić go na krótsze odcinki, pokonywane każdego dnia. Kiedy się je doda, odległość będzie imponująca.

Oto siedem podstawowych zasad Natalie Goldberg z poradnika *Wild Mind*, którą (podobnie jak pozostałe książki tej autorki) powinien mieć na półce każdy pisarz:

1. **Nie zatrzymuj się.** Żadnych przerw ani pauz. Pisz dalej, nawet jeśli pomylisz się w pisowni imienia męża; nawet jeśli nie wiesz, czy zastosować biernik czy dopełniacz; nawet jeśli nastąpi koniec świata.
2. **Zatrać się w pisaniu.** Pozwól słowom płynąć swobodnie tam, gdzie chcą. Niczego nie skreślaj. Teraz piszesz, a nie redagujesz.
3. **Bądź konkretny.** Nie „ptak", tylko „kruk". Nie „kwiat", lecz „piwonia". Nie „papieros", a „marlboro".
4. **Nie zastanawiaj się.** Pisz z serca, z duszy, z trzewi. Kiedy za dużo myślisz, tracisz dostęp do intuicji.
5. **Nie przejmuj się interpunkcją, ortografią ani gramatyką.** Możesz wyjść za linię w tej pisarskiej kolorowance – wtedy robi się najciekawiej.
6. **Możesz być największym grafomanem w całej Ameryce.** Ten tekst jest tylko dla ciebie, nikt inny nie będzie go czytał.
7. **Uderz w najczulsze miejsce.** Po prostu wyrzucaj z siebie myśli bez ogródek. Wyobraź sobie, że w chwili śmierci stoisz na dachu na zatłoczonym

placu. Co krzyknąłbyś do tłumu zebranego na dole?

Rady Natalie pozwalają rozprawić się z ego, strachem i dumą.

Czego potrzebujesz, żeby trenować pisanie? To jak gra na pianinie, gitarze albo skrzypcach. Im częściej ćwiczysz, tym lepiej twoje ciało zapamiętuje melodię. Z czasem gra staje się dla ciebie czymś naturalnym. Uczysz się nie zważać na strach i rozmaite fałszywe przekonania, które powstrzymują cię przed pisaniem.

Oto głęboka prawda, która wydaje się oczywistością: jeśli chcesz być pisarzem, musisz pisać.

Trening pisania na czas pomaga przelać na papier myśli i pomysły, które tkwią w tobie od dawna, nie mogąc się wydostać. Takimi ćwiczeniami robisz wyrwę w blokującej je tamie i zaczynają sączyć się cienką strużką, która później przeradza się w falę powodziową.

Gdy prowadziłam kurs dziennikarstwa na Uniwersytecie w Akron, na każdych zajęciach poświęcaliśmy dziesięć minut na swobodne pisanie. Na dwie minuty przed końcem czasu uprzedzałam studentów, że pora zmierzać do konkluzji. Później chętni czytali swoje teksty. Żar ich słów ogrzałby całe miasto.

To proste: u góry strony lub ekranu wpisz tytuł. Ja wolę czuć w dłoni ciężar długopisu. Moment, w którym zaczyna sunąć po papierze, ma w sobie coś magicznego.

Później ustaw minutnik albo poproś kogoś, żeby odmierzał czas. Postanów sobie, że bez względu na okoliczności będziesz pisać przez dziesięć minut. To zobowiązanie pomoże ci się skupić na celu.

Eksperymentuj. Pisz w różnych miejscach: w pralni, w kawiarni, nad stawem.

Proces swobodnego pisania przypomina mi, że pisanie i redagowanie to dwie odrębne kwestie. Redaktor i twórca mają zupełnie inne podejście do tekstu. Oba są potrzebne, ale nie w tym samym momencie.

Oto lista tematów, które możesz wybrać. Niektóre wymyśliłam sama, inne zaproponowali moi studenci:

Ostatni film, na którym płakałem…
Ulubiona książka dla dzieci…
Najgłupsze, co zrobiłem z miłości…
Moje ulubione ubranie…
Najciekawszą osobą w moim życiu jest…
Moje pierwsze prawdziwe wspomnienie…
Zabawka, o której zawsze marzyłem, a nigdy jej nie dostałem…
Pierwsze miejsce, gdzie wyjechałem na wakacje…
Mój pierwszy rower…
Moje najgorsze doświadczenie pisarskie…
Osoba z mojego liceum, którą najlepiej pamiętam…
Pierwsza książka, która odmieniła moje życie…
Najlepszy własnoręcznie przygotowany lunch do pracy…
Mój pierwszy samochód…
Najgorsze miejsce, w jakim pracowałem…

Życie, o którym zawsze marzyłem…
Pamiętam, jak…
Kiedy będę mieć osiemdziesiąt lat…
Piszę, bo…
Najbardziej wspierająca osoba w moim życiu…
Dom to znaczy…
Kiedy umrę, będę tęsknić za…
Uwielbiam jeść…
Moje rozdanie matur…
Lekcja biologii…
Wydarzenie polityczne, które najbardziej wpłynęło na moje życie…
Wszystkie miejsca, w których mieszkałem…
Najszczęśliwszy dzień, jaki pamiętam…
Nadal wspominam zapach…
Najbardziej bałem się, gdy…
Miejsce, które kocham najbardziej…
Co było dla mnie najważniejsze, kiedy miałem osiem lat…
Gdybym wymienił wszystkich ludzi, których kochałem…
Gdybym mógł wybrać, kto będzie mnie sądzić w dniu Sądu Ostatecznego…
W szkole średniej najlepsze było…
Piosenka, której nie znoszę…
Moje pierwsze ważne doświadczenie duchowe…
Na mojej liście potraw poprawiających nastrój musiałby się znaleźć…
Jak wyglądałby mój idealny dzień…

Pierwszy wypalony papieros…
Dłonie babci…
Pamiętam dziecko, które…
Na przerwach w szkole najbardziej lubiłem…
Gdybym miał więcej czasu…
Bieda ma twarz. Wygląda jak…
Mój ostatni dzień na Ziemi będzie…
Moje życie byłoby wspaniałe, gdyby…
Gdyby pieniądze nie grały żadnej roli, wtedy…
Co ludzie powinni o mnie wiedzieć…
Najbardziej ryzykowna rzecz, jaką zrobiłem w życiu…
Najlepsze, czego nauczył mnie tata…
Najważniejsza lekcja, jakiej udzieliła mi mama…
Gdybym mógł porozmawiać z jedną osobą, która już nie żyje, to wybrałbym…
Gdybym wiedział, że umieram, na ostatni posiłek zjadłbym…
Gdybym mógł przeżyć jakiś dzień jeszcze raz, wybrałbym…
Najbardziej boję się…
Największą radość przynosi mi…
Kiedy nie jestem na wakacjach, odprężam się przy…
Gdybym umieścił swoje credo na naklejce na zderzak, brzmiałoby…
Najcenniejsze, co mam, to…
Piosenka, która wpada mi w ucho…
Film, który oglądam bez końca…
Ostatni raz płakałem, kiedy…

Moja życiowa misja…
Czego chciałbym dokonać przed śmiercią…
W partnerze nigdy nie zaakceptuję…
Mój najlepszy przyjaciel to…
Moim największym bohaterem był…
Na moim nagrobku ma widnieć napis…
Co mówi o mnie mój charakter pisma…
Jakie dziedzictwo chcę po sobie pozostawić…
Zapach z dzieciństwa, który najbardziej mnie uspokaja, to…
Gdybym tworzył menu z potrawami poprawiającymi samopoczucie, wpisałbym…
Cecha, którą wciąż staram się w sobie zmienić…
Czego najbardziej żałuję…
Gdybym mógł zrobić inaczej jedną rzecz w życiu…
Ulubiona piosenka do słuchania, kiedy mi smutno…
Nauczyciel, który najbardziej mnie zainspirował…
Kiedy najbardziej się bałem…
Książka, którą muszę napisać przed śmiercią…
„Droga rozwidlała się w zielonym lesie, a ja…"
Wróżba, którą włożyłbym do chińskiego ciasteczka…
W pisaniu najbardziej przeraża mnie…
Pisarz, któremu najbardziej zazdroszczę…
Chcę pisać dlatego, że…
Moje blizny…
Myślałem, że moje życie się skończyło, kiedy…
Mój wewnętrzny krytyk mówi, że…
Mój sposób na uciszenie mojego wewnętrznego krytyka to…

Co zyskuję, kiedy nie piszę…
Mój wymarzony czytelnik to…
Gdybym miał milion dolarów, to…
Gdybym był zwierzęciem…
Najdziwniejsze zwierzę domowe, jakie miałem…
Pierwsze miejsce, do którego zabrałbym kosmitów…
Moja pierwsza randka…
Uwielbiałem mój samochód. To był…
Bóg jest…
Bóg nie jest…
Pierwszy dzień w mojej pierwszej pracy…
Moje rodzeństwo…
Moje pierwsze mieszkanie…
Najlepszy dzień w mojej najgorszej pracy…
Gdybym mógł zmienić płeć na jeden dzień, to…
Gdybym mógł być deserem, byłbym…
Najtrudniejsze, co zrobiłem w życiu…
Z piątej klasy najlepiej pamiętam…
Jedna rzecz, jakiej już nigdy więcej nie zrobię…

I wreszcie:

Gdybym miał na pisanie więcej niż dziesięć minut…

Opowiedz swoją historię

Lekcja 42

Żyj na miarę swojej wymarzonej mowy pogrzebowej

Każdego ranka życie stawia nas przed mnóstwem wyborów:

Co zjeść: pączka czy bajgla? Czym pojechać do pracy: metrem czy taksówką? Który krawat włożyć: czerwony czy niebieski? Co dać dzieciom na śniadanie: owsiankę czy tosty?

Czasem te codzienne dylematy odwracają naszą uwagę od naprawdę istotnych kwestii – takich jak pytanie przylepione w mojej szafce z kosmetykami, które co rano wita mnie w łazience i niekiedy nie pozwala mi zasnąć w nocy:

„Gdyby dziś był ostatni dzień mojego życia, czy chciałabym go spędzić tak, jak zaplanowałam?"

Zaczerpnęłam te słowa od Steve'a Jobsa, założyciela firmy Apple. Podzielił się nimi z absolwentami Uniwersytetu Stanforda po tym, jak zdiagnozowano u niego raka, na którego później umarł.

Arianna Huffington ujęła to inaczej: „Żyjesz na miarę swojego CV czy swojej mowy pogrzebowej?".

Zainspirowało ją przemówienie prezydenta Baracka Obamy na pogrzebie kobiet i mężczyzn, którzy zginęli w strzelaninie w Washington Navy Yard. Obama opowiadał, że ofiary podarowały słowniki trzecioklasistom i prowadziły szkółkę niedzielną w kościele. Mówił o tym, ile znaczyły dla nich dzieci i wnuki.

Na swoim blogu Huffington zwróciła uwagę, że w mowach pogrzebowych udane życie wygląda zupełnie inaczej niż „sukces definiowany w codziennych kategoriach".

Wiele lat zajęło mi odnalezienie w życiu większej równowagi i pracowanie raczej na imponującą mowę pogrzebową niż na imponujące CV. Długo czerpałam poczucie własnej wartości z sukcesów pisarskich. W świecie dziennikarstwa zdobywca Nagrody Pulitzera słyszy od kolegów: „To będzie pierwsza linijka twojego nekrologu".

Niestety prawdopodobnie mają rację. Ale czy o naszym życiu najwięcej mówią zdobyte nagrody? Chciałabym wierzyć, że nie.

Według mnie to smutne, że wzmianka o wnukach znajduje się na samym końcu nekrologu, daleko za listą osiągnięć zawodowych, klubów towarzyskich i spadkobierców zmarłego. Skąd taka kolejność? Jeśli masz wnuczęta, wiesz, że są głównym źródłem radości w życiu – przynajmniej z mojego doświadczenia.

Niektórzy ludzie nie znoszą pogrzebów. Mnie wydają się inspirujące. Przypominają nam, że każde życie dobiega końca, więc musimy jak najlepiej wykorzystać czas na wydłużenie kreski na nagrobku między datą narodzin a datą śmierci.

Jak wypełnisz przestrzeń dzielącą osobę, którą jesteś dziś, od osoby, którą pragniesz się stać?

Nigdy nie zapomnę historii o pogrzebie, na którym dziewięciolatka postanowiła powiedzieć kilka słów o zmarłej babci. Dziewczynka zaskoczyła wszystkich, gdy stwierdziła: „Babcia malowała się czerwoną szminką i jeździła samochodem z opuszczonym dachem".

Odwaga, śmiałość i piękno. Jaki wspaniały sposób na życie.

Ja też chcę, żeby na moim pogrzebie przemawiały moje wnuczęta. Patrzą na mnie oczami pełnymi miłości, radości i zachwytu. Czteroletnia River znalazła w piwnicy plastikowe jajka, które wypełniam słodyczami na Wielkanoc. Zamiast ujawnić prawdziwą tożsamość zająca wielkanocnego, powiedziała dzieciom w przedszkolu, że jestem jego pomocniczką.

„No nie – pomyślałam. – Czy teraz przestaną w niego wierzyć?"

Nic podobnego. „Szkoda, że nasze babcie nie są asystentkami zająca wielkanocnego!" – zawołały. Podoba mi się, że tak mnie widzi moja wnuczka.

A jak ciebie widzą ludzie wokół?

Jeśli chcesz żyć na miarę wymarzonej mowy pogrzebowej, napisz ją sam, zanim będzie za późno. Masz jeszcze czas popracować nad jej treścią.

Usiądź, zamknij oczy i wyobraź sobie swój pogrzeb. No dalej, spróbuj. Kto przyjdzie na uroczystość? A kto się nie pojawi? Syn, z którym nie rozmawiasz? Brat, którego wykluczyłeś ze swojego życia, chociaż już nie pamiętasz dlaczego? Wciąż możesz uzdrowić te relacje.

Kto będzie przemawiał? Twój małżonek, dzieci, przyjaciele, koledzy z pracy czy rodzeństwo? Co o tobie powiedzą? Zapisz wszystko: swoje cechy charakteru, zainteresowania, dziwne zwyczaje, powiedzonka, cele, osiągnięcia i doświadczenia. W jaki sposób zmieniałeś świat na lepsze?

Najpierw napisz szczerze, co twoim zdaniem zapamiętają bliscy. A potem w ciszy i samotności napisz, jak chciałbyś zostać zapamiętany. Stwórz mowę pogrzebową o życiu, które naprawdę warto przeżyć. Później sprawdź, czy ten tekst pasuje do życia, które dziś wiedziesz.

Czas je do siebie dostroić.

Miałam ogromny zaszczyt przemawiać na pogrzebie mojej przyjaciółki Beth. Napisałam o niej w mojej pierwszej książce, *Bóg nigdy nie mruga*. W lekcji zatytułowanej *Ustępuj*.

Wszyscy znamy ludzi „ciężkich w obyciu". Beth stanowiła ich absolutne zaprzeczenie. Bez względu na to, co zrobiłeś albo czego nie zrobiłeś, nie miała do ciebie najmniejszych pretensji.

Poznałyśmy się dwadzieścia pięć lat temu i natychmiast znalazłyśmy wspólny język, po części dlatego, że obie mierzyłyśmy się z nowymi wyzwaniami jako katoliczki, które wyszły za mąż za żydów. Razem uczyłyśmy się odróżniać macę od macew i próbowałyśmy opanować przepis na karpia po żydowsku.

Według metryki Beth była ode mnie o kilka lat starsza, ale zawsze wydawała mi się młodsza. Często chichotała i niezależnie od nastroju szła przez życie z uśmiechem. Wszystkiemu wokół mówiła „tak".

Co roku na Święto Dziękczynienia zjawiała się w naszym domu z ogromną tacą warzywnych przekąsek. Zwykle (a raczej zawsze) spóźniona, wnosiła ze sobą potężną falę energii. Przy niej wszyscy czuli się szczęśliwsi. Spędzałyśmy razem Wigilię, wakacje, imprezy sylwestrowe i mnóstwo zwykłych chwil.

Była jedną z moich najbliższych przyjaciółek. Kochała przyrodę i często wyciągała mnie na piesze wycieczki. Dzwonił telefon, a ona zamiast „halo" od razu mówiła: „Jaki dziś piękny dzień...". Żałuję, że nie dawałam się namówić częściej. Zawsze miała ochotę na spacer, bez względu na pogodę czy samopoczucie.

Rzadko się z nim zdradzała. Mnóstwo ludzi narzeka na zdrowie, nawet kiedy nic im nie jest. Beth zdawała sobie sprawę, że jej czas na Ziemi jest ograniczony, dlatego starała się wykorzystać każdą chwilę jak najlepiej.

Od urodzenia była krucha. Miała grupę krwi Rh minus, więc jako noworodek potrzebowała transfuzji. W wieku dziesięciu lat zachorowała na cukrzycę i wiele lat musiała dźgać ciało igłami, robiąc sobie zastrzyki z insuliny. W 1992 roku, kiedy się poznałyśmy, miała już za sobą przeszczep, bo choroba zniszczyła obie jej nerki.

Po czternastu latach cukrzyca upomniała się również o przeszczepiony organ. Od 2002 roku moja przyjaciółka była skazana na dializy przez cztery godziny dziennie trzy razy w tygodniu – do końca życia albo do czasu, aż pojawi się nowy dawca. Kiedy Michaela, piękna córeczka Beth adoptowana z Rosji, miała pięć lat, jej mama dostała w prezencie na Wigilię przeszczep nerki i trzustki.

Nowa trzustka produkowała insulinę, czego ciało Beth nie potrafiło od czterdziestu lat.

Zaczął się długi, cudowny czas bez cukrzycy. Koniec ze wstrzykiwaniem insuliny, koniec z omdleniami, koniec z zastanawianiem się, czy zjedzenie ciastka albo kawałka tortu skończy się śpiączką.

Niestety leki immunosupresyjne stopniowo pustoszyły organizm mojej przyjaciółki. Jej trzustka przestała działać, a cukrzyca stopniowo rujnowała nerki i wzrok. Beth najpierw nie prowadziła po zmroku, a od pewnego momentu w ogóle nie siadała za kierownicą. Miała na twarzy trzydzieści trzy nowotwory skóry. Czasem jej ciało przypominało jedną wielką ranę. Nigdy nie widziałam tylu odcieni fioletu na czyjejś ręce. Ale Beth nie pozwalała, żeby to ją przytłoczyło. Była Tygryskiem w świecie pełnym Kłapouchych. Zniosła dwa przeszczepy, dziesięć implantacji stentów, trzydzieści trzy nowotwory skóry i największą możliwą traumę, śmierć nowo narodzonego synka Nicholasa, który żył zaledwie kilka godzin.

Czasem mówiła o nim na naszych długich spacerach po parku krajobrazowym Cleveland Metroparks, zwłaszcza gdy zbliżały się jego urodziny – i zarazem rocznica jego śmierci. Opowiadała o tym drobnym chłopczyku, kręcąc głową z żalu za pięknem, które ją ominęło. A potem zauważała motyla albo sikorkę i jej twarz rozjaśniał uśmiech. Radość była dla Beth stanem domyślnym.

Nasi żydowscy mężowie nauczyli nas idei tikkun olam, w myśl której naszym zadaniem jest naprawiać świat. Owszem, miewa wiele pęknięć, ale Beth swoim życiem spajała go dla każdej rodziny dotkniętej chorobą, tragedią i śmiercią.

Zamieniła swoją stratę w dar dla innych ludzi. Pracowała w Rainbow Babies & Children's Hospital, gdzie pomagała dzieciom oraz rodzicom i rodzeństwu małych pacjentów radzić sobie z trudami szpitalnego życia. Przygotowywała ich do badań, operacji i innych zabiegów medycznych, starając się, żeby te doświadczenia przypominały raczej przygodę niż smutną konieczność.

Przez całe życie zawodowe opiekowała się kruchymi młodymi pacjentami takimi jak dziewczynki chore na mukowiscydozę, które na każdą wizytę lekarską zabierały stroje baletnicy. Dzięki Beth mogły sobie wyobrażać, że pobyt w szpitalu to przyjęcie wydane na ich cześć.

To samo zrobiła dla mnie. Dwadzieścia jeden lat temu, kiedy walczyłam z rakiem, jedna z przyjaciółek urządziła imprezę na moją cześć. Goście przynieśli mi apaszki, kapelusze i biżuterię, żebym mogła łatwiej pogodzić się z czekającą mnie chemioterapią. Jednym z prezentów były kolczyki w kształcie organków. Beth natychmiast je chwyciła i zaimprowizowała piosenkę: „Właśnie odkryłam, że mam raka, stracę wszystkie włosy... Ooo, będę krzyczeć wniebogłosy!".

Beth miała wielkie serce, które nie mogło jednak zastąpić nerek. Dwa dni przed wymarzoną wyprawą do Meksyku mąż nie zdołał jej rano obudzić. Trafiła do szpitala. Jej stan poprawił się na tyle, że wyjechała w zaplanowaną podróż, ale wiedziała, że już z niej nie wróci. Zostawiła nawet kartkę z instrukcją, jaką piosenkę mają zagrać na jej pogrzebie – *Tibetan Tantra Tara Mantra*. Zmarła tak, jak żyła, nie w szpitalnym łóżku, tylko w ruchu, spełniając marzenia.

Spędziła cudowny dzień w Meksyku, rozkoszując się słońcem, jedzeniem i swoim ukochanym dźwiękiem – cykaniem świerszczy. Potem zasnęła snem, z którego już się nie obudziła. Miała sześćdziesiąt sześć lat.

Kiedy myślę o Beth, przypominam sobie dzień, gdy pożyczyłam kabriolet przyjaciela i wiozłam ją bocznymi drogami wzdłuż ogromnych pól kwitnących słoneczników. Chociaż raz nie martwiła się rakiem skóry – uśmiechała się szeroko, a słońce opromieniało jej włosy.

Na pogrzebie rozdawaliśmy żałobnikom paczuszki z nasionami słoneczników. Beth była jak słonecznik: zawsze zwracała się ku słońcu, zawsze je znajdowała.

Co za wspaniały sposób na życie.

Lekcja 43

Życie nie powinno przypominać pracy domowej

Z czym chciałbyś zdążyć przed śmiercią? Nie masz listy celów do osiągnięcia, zanim kopniesz w kalendarz? Zastanów się: czego chciałbyś doświadczyć, spróbować, zaznać, zanim umrzesz?

Taki spis to przeciwieństwo pracy domowej. Życie to nie tylko praca – to także zabawa. Jak chciałbyś się nim cieszyć?

Ja odhaczyłam ze swojej listy celów ważny punkt. Kiedy moja córka kończyła trzydzieści lat, ja obchodziłam dziesiątą rocznicę zwycięstwa nad rakiem, więc postanowiłyśmy to uczcić wyprawą do Wielkiego Kanionu. Ruszyłyśmy szlakiem Bright Anel Trail o 6.30 rano, a o 10 byłyśmy już na dole. Ogromny termometr wskazywał 38 stopni Celsjusza. Zanim wydostałyśmy się na górę, była 16.

W drodze powrotnej, kiedy zostałyśmy na szlaku same, odwróciłam się do córki i ściągnęłam bluzkę, krzycząc: „Teraz!". Ona też zdjęła koszulkę i obie wyprężyłyśmy mięśnie, pokazując Wielkiemu Kanionowi czyste płótno naszych klatek piersiowych, a moja siostra zrobiła nam zdjęcie.

A masz, raku!

Większość ludzi umieszcza na szczycie swojej listy ekscytujące przygody. Przed śmiercią chcą uprawiać akrobacje spadochronowe, wspiąć się na Mount Everest, nurkować na Wielkiej Rafie Koralowej, ścigać tornado, pływać z rekinami, latać na lotni albo spłynąć rwącą rzeką.

Następne miejsce zajmują podróże: marzymy o tym, żeby zobaczyć sekwoje, Wodospad Niagara, Siedem Cudów Świata, Nową Zelandię, Włochy, Islandię albo Antarktydę.

Inni wybierają bardziej prozaiczne radości: chcą zrobić sweter na drutach, uprawiać jogę, zatańczyć w deszczu do romantycznej piosenki, ułożyć kostkę Rubika czy nazwać gwiazdę.

Popularne są wyzwania takie jak: napisać książkę, stworzyć wynalazek, przebiec maraton, trafić do dołka pierwszym uderzeniem, wystąpić w telewizji albo na konferencji TED.

Wiele osób chce się czegoś nauczyć: języka obcego, sztuczki magicznej, gry na instrumencie muzycznym albo sekretu pieczenia idealnego placka z jabłkami.

Na listę trafiają też śmieszne zadania typu: przewrócić krowę, przebiec na golasa w miejscu publicznym, przespać jedną noc w nawiedzonym domu, przez cały dzień nie wkładać ubrania albo pływać nago.

W internecie znajdziesz całe mnóstwo inspirujących list, które zawierają od dziesięciu do dziesięciu tysięcy propozycji. Możesz też zrobić spis dla swojego miasta, tak jak nasza lokalna alternatywna gazeta. Według jej autorów w Cleveland warto spędzić dzień w muzeum muzyki rockowej Rock and Roll Hall of Fame; popływać w jeziorze Erie; spłynąć kajakiem rzeką Cuyahoga; zwiedzić okręt podwodny USS Cod i pospacerować po cmentarzu Lake View, zanim się na nim skończy.

Większość clevelandczyków dopisałaby do tej listy: zobaczyć, jak drużyna baseballowa Cleveland Indians zwycięża w World Series, a zespół futbolu amerykańskiego Cleveland Browns wygrywa Super Bowl. Można pomarzyć, prawda?

Innym pomysłem jest „lista osiągnięć moralnych", jak nazywa ją David Brooks. Felietonista dziennika „New York Times" opisał swoje dążenia, żeby stać się jednym z tych nielicznych ludzi, którzy emanują wewnętrznym światłem i skupiają się na innych zamiast na sobie. Takie osoby potrafią naprawdę słuchać, spełniają dobre uczynki i dają wszystkim wokół poczucie, że są ważni.

„Zdałem sobie sprawę, że jeśli chcę to osiągnąć, będę musiał ciężej pracować nad zbawieniem własnej duszy. Zamierzałem wystawić się na takie przygody moralne, które rodzą w człowieku ten rodzaj dobroci" – stwierdził David.

Lista dokonań, które chcesz mieć na koncie przed śmiercią, może stać się twoim sposobem na życie. Nie musisz wpisywać na nią jednorazowych doświadczeń – spróbuj zastąpić je darami dla innych.

Zamiast ryzykować własne życie dla chwilowego zastrzyku adrenaliny, uratuj życie komuś innemu. Przejdź kurs pierwszej pomocy, naucz się manewru Heimlicha i obsługi defibrylatora. Oddaj krew, zapisz się do banku dawców organów albo szpiku kostnego. Zostań wolontariuszem ośrodka pomocy kryzysowej Czerwonego Krzyża. Zamiast uczyć się czegoś nowego, naucz kogoś czytać, mówić po hiszpańsku, szyć, piec, grać na gitarze, zmieniać oponę albo posyłać daleko piłkę baseballową.

Tęsknisz za przygodami? Zostań rodzicem zastępczym albo adoptuj dziecko specjalnej troski.

Jeśli kochasz podróże, spędź niedzielę w kościele z ludźmi innej rasy. Buduj domy z organizacją Habitat for Humanity. Przez tydzień mieszkaj z biednymi w Nigerii, Salwadorze albo Indiach – nie po to, żeby im pomagać, tylko żeby się od nich czegoś nauczyć.

Jeżeli motywują cię wyzwania, mam coś dla ciebie: wybacz wszystkim wszystkie błędy. Zamiast pisać książkę, spisz testament, żeby twoja rodzina nie kłóciła się o to, co po sobie zostawisz. Napisz podziękowania dla każdego nauczyciela, który wpłynął na twoje życie. Wyślij listy miłosne do wszystkich, których kochasz.

Możesz też napisać wymarzoną mowę pogrzebową, a potem zrobić wszystko, żeby dopasować do niej swoje życie.

Słyszałam nawet o pokrewnej koncepcji listy antycelów, na którą wpisujesz wszystko, czego na pewno nie zamierzasz robić przed śmiercią, żeby nie marnować czasu na sprawy, które nie mają dla ciebie żadnego znaczenia. W ten sposób dajesz sobie pozwolenie na to, żeby nie napisać książki, nie nauczyć się języka obcego i nie pojechać na safari. Na liście „Nie ma mowy" umieszczasz osiągnięcia, które kompletnie cię nie interesują, takie jak…

> Przebiec maraton. Skoczyć z klifu ze spadochronem. Pływać z delfinami, rekinami albo wielorybami. Wspiąć się na Mount Everest.
>
> Popłynąć w rejs. Zażyć zimą kąpieli w jeziorze Erie z klubem morsów. Nurkować z maską albo bez.
>
> Zrobić doktorat. Śpiewać w zespole. Zasiadać w radzie nadzorczej.
>
> Wystąpić na olimpiadzie. Wziąć udział w triatlonie albo biatlonie.
>
> Mieć rybki. Mieć kota. Mieć myszoskoczka, chomika albo mysz.
>
> Nosić bieliznę modelującą figurę. Wstrzyknąć sobie botoks. Przejść na weganizm. Pić zieloną herbatę. Ćwiczyć pilates.
>
> Założyć konto na LinkedIn, Twitterze albo Facebooku.
>
> Tydzień nocować pod namiotem. Wybrać się na lot widokowy balonem.
>
> Zrobić sobie tatuaż. Pojechać na festiwal Burning Man. Wypocić się w indiańskim szałasie potu.
>
> Własnoręcznie wymienić tapicerkę starego mebla.
>
> Zjeść bakłażana, serek wiejski albo mus jabłkowy.

W porządku – kilka spośród tych przykładów jest moich. W tym ten ostatni.

Im jestem starsza, tym krótsza robi się lista przygód, o których marzę. Po części dlatego, że wiele punktów już z niej skreśliłam (byłam w Wielkim Kanionie, weszłam na Skelling Michael w Irlandii, wydałam książkę), a po części dlatego, że każdy dzień jest dla mnie przygodą.

Chciałabym spróbować łyżwiarstwa szybkiego, nauczyć się grać na gitarze i zabrać wnuki do Irlandii.

Kiedy człowiek kończy sześćdziesiąt lat, ze zdumieniem orientuje się, bez ilu umiejętności potrafi żyć. Nigdy nie musiałam podać pierwiastka kwadratowego z żadnej liczby, użyć Excela ani PowerPointa, napisać programu komputerowego, pływać stylem motylkowym, zrobić salta w tył ani gwiazdy.

Nadal nie potrafię kilku rzeczy, które pewnie warto umieć, na przykład przyrządzić duszoną wołowinę, rozpalić ognisko bez zapałek, zawiązać krawat, naprawić cieknący kran i przenieść zdjęcia z mojego iPhone'a. (W tej chwili mam na nim 10 545 zdjęć, z czego na 9545 widnieją moje wnuczęta).

Ale przede wszystkim jestem wdzięczna za podstawowe kompetencje, które udało mi się opanować – elementy codzienności, które mogłyby trafić na moją listę celów. Umiem między innymi:

Podkręcić piłkę do futbolu amerykańskiego. (Z pięcioma braćmi miałam wiele okazji do nauki).

Piec pyszne ciasteczka, które zawsze wychodzą. (Wystarczy wkroić do ciasta zimne masło).

Wybaczać wszystkim wszystkie błędy. (Trzeba modlić się za nich każdego dnia. Jeśli to dla ciebie za trudne, módl się do Boga, który cię kocha, żeby kochał też ich i pozwolił im stać się lepszymi ludźmi).

Prowadzić samochód z ręczną skrzynią biegów. (Larry, przyjaciel mojego brata, nauczył mnie, jak zmieniać biegi, nie psując sprzęgła, za co jestem mu dozgonnie wdzięczna).

Obrać banana. (Zrób to jak małpa: złap go od strony bez twardej końcówki, uszczypnij kraniec palcami, żeby skórka pękła, a potem ją ściągnij. I *voilà*!).

Medytować. (Oddychaj i bądź świadomy każdego wdechu i wydechu).

Uspokoić dziecko. (Opatul je i kołysz w ramionach, śpiewając cicho piosenkę *Puff, the Magic Dragon*. Działa za każdym razem).

Zaśpiewać z pamięci *American Pie*, odmówić modlitwę o pogodę ducha i Psalm 23.

Czytać nuty. (Świętej pamięci pani Gardner nauczyła mnie, jak rozszyfrować ten uniwersalny język).

Być szczęśliwa. (W każdej sytuacji, nieważne, czy tkwisz w korku, słuchasz diagnozy w gabinecie lekarskim czy usiłujesz zasnąć z komarem w namiocie, zadaj sobie pytanie: „Czy chcesz być szczęśliwy?". A potem uśmiechnij się i odpowiedz: „Tak!").

Pozostać wiecznie młoda. (Zaprzyjaźnij się ze zmarszczkami, baw się z wnukami w chowanego, nie rób nic, co kojarzy ci się z pracą domową).

I stale wydłużaj swoją listę celów do osiągnięcia przed śmiercią, żeby ciągle chciało ci się żyć.

Lekcja 44

Mówiąc „dziękuję", rozsiewasz wokół magię

Moja córka ciągle powtarza swoim dzieciom: „»Dziękuję« to magiczne słowo".

Czasem przypomina im o tym serdecznie, a czasem wyrzuca to z siebie jak instruktor musztry. Wszystko zależy od tego, jaki ma dzień, ile spała i czy któraś z jej pociech płacze, krzyczy albo szczypie rodzeństwo.

Gabrielle chce, żeby jej dzieci okazywały wdzięczność, kiedy ktoś zrobi dla nich coś miłego – przytrzyma drzwi, podniesie upuszczoną rzecz albo podzieli się z nimi ciastkiem, zabawką czy książką. Na wdzięczność zasługują nawet najprostsze gesty.

Jak wielu rodziców, moja córka uczy dzieci, żeby skupiały się na innych, nie na sobie. Wie, że tak naprawdę nie wychowuje dzieci, tylko przyszłych dorosłych. Pewnego dnia cała trójka pójdzie w świat i będzie musiała radzić sobie bez niej. Stara się, żeby wyrośli na dobrych obywateli naszej planety.

Dlatego po meczu piłkarskim zachęcamy Ashera, żeby podziękował trenerowi bez względu na to, czy jego drużyna wygrała czy przegrała – i bez względu na to, ile czasu spędził na boisku, a ile siedział na ławce rezerwowych. Jego siostry po lekcjach dziękują nauczycielom za wszystko, czego doświadczyły albo nauczyły się tego dnia. Oczywiście oni dostają wynagrodzenie za swoją pracę, ale zawsze miło usłyszeć: „Dziękuję".

To słowo ma magiczne działanie w każdym języku. Nieważne, dokąd podróżujesz, „dziękuję" to podstawowy zwrot, którego warto się nauczyć. Nawet jeśli nie znasz francuskiego, kiedy powiesz: „Merci beaucoup!", możesz dostać największego croissanta w *pâtisserie*.

Wdzięczność nie zawsze okazuje się słowami. Gdy ktoś wpuści cię przed siebie na autostradzie, po prostu mu pomachaj – ten gest można zrozumieć jako podziękowanie albo jako błogosławieństwo.

Kiedy wysyłam siostrzeńcom i bratankom prezenty na Boże Narodzenie albo na urodziny, uwielbiam dostać w zamian kartkę pocztową z podziękowaniem. Po pierwsze dzięki temu wiem, że podarunek do nich dotarł; po drugie czuję, że go docenili; a po trzecie lubię widzieć, jak z czasem zmienia się ich charakter pisma, dobór słów i sposób konstruowania zdań.

Jeśli nie dostaję żadnej odpowiedzi, zaburzony zostaje podstawowy łańcuch komunikacji: nadawca–komunikat–odbiorca. Czy prezent doszedł? A może zaginął na poczcie? Niezręcznie mi o to pytać, bo nie chcę sprawiać wrażenia, że domagam się podziękowań.

Kiedy czek, który wysłałam, zostaje zrealizowany, wiem, że adresat go dostał. Ale co z książką, lalką albo grą, którą musiałam wybrać, zapakować, włożyć do paczki i nadać na poczcie, stojąc w kolejce? Poświęciłam na to swój czas. Chyba zasłużyłam, żeby przeznaczyli pięć minut na krótki list i pięćdziesiąt centów na znaczek?

Jeżeli dzieci nie dziękują za prezenty na Boże Narodzenie, moim zdaniem winę ponosi Święty Mikołaj. Za bardzo je rozpieszcza. Każdą Wigilię spędza na rozdawaniu prezentów, a jeśli ma szczęście, za swój wysiłek dostanie ciasteczka i szklankę mleka, które bardziej przypominają łapówkę niż podziękowanie. Czy wszystkie dzieci, które wysyłają do niego listy wymarzonych prezentów, piszą później, żeby za nie podziękować? Nie! A mimo to Święty Mikołaj co roku wraca.

Moja wnuczka Ainsley wie, jak zaskarbić sobie sympatię Świętego Mikołaja. Szykuje dla niego w prezencie ciasteczka, mleko i swoje rysunki. Pakuje nawet w ładny papier zabawkę, której już nie używa, żeby mu ją podarować. Dziękuje mu, zanim Święty zostawi prezenty.

Wiele dzieci traktuje list z podziękowaniem jak szkolny referat, który wisi im nad głową. Dłużej narzekają, że nie mają ochoty go pisać, niżby im to faktycznie zajęło.

Przyznaję, że jako dziecko nie wysyłałam listów z podziękowaniem. Nikt mnie do tego nie namawiał. Nasi rodzice byli zbyt zajęci zmuszaniem jedenaściorga dzieci do jedzenia brokułów, zapędzaniem ich do sprzątania pokojów i zabranianiem skakania po meblach.

Z kolei mój mąż miał taki obowiązek w dzieciństwie. To on mnie tego nauczył. Kiedy wracamy z przyjęcia, za każdym razem pyta: „Napiszesz do gospodarzy, żeby podziękować za gościnę, czy ja mam to zrobić?”.

List z podziękowaniem to mały rewanż dla darczyńcy. Nikt nie oczekuje epistoły skreślonej ozdobnym charakterem pisma w zalakowanej kopercie z elegancko wykaligrafowanym adresem. Nie wysyłaj listu idealnego. Bardziej osobista będzie notatka, w której pokażesz siebie ze swoimi niedoskonałościami.

To znak, że zależy ci na odbiorcy i że masz dobre maniery – że rodzice dobrze cię wychowali. Pisanie listów z podziękowaniami uczy dziecko wdzięczności i rozwagi. To pamiątka na zawsze.

Mam na przykład list od dziesięcioletniego siostrzeńca z Nowego Jorku, który dziękował mi za paczkę ze śmiesznymi gadżetami.

> Kochana ciociu Regino,
>
> dziękuję za prezent. Otworzyłem go przed czasem. Gadżety są bardzo fajne. Już dwa razy zrobiłem kawał mamie. Za pierwszym użyłem gumy chlapiącej wodą, a za drugim – sztucznej psiej kupy. Jeszcze raz dziękuję i wesołych świąt.
>
> Pozdrowienia,
>
> Harry

Zachowam tę kartkę na zawsze. Siostra powiedziała mi, że kiedy Harry otworzył paczkę, natychmiast pobiegł do pokoju, żeby nikt nie zobaczył, co w niej jest. Codziennie wyciągał kolejny przedmiot, żeby zrobić kawał rodzicom.

W mojej kolekcji znalazł się też liścik nabazgrany flamastrem, który mój – dziś dziewiętnastoletni – bratanek Hudson przysłał mi, gdy miał cztery lata: „Kocham cię. Ot Hudsona. Ccia Rujena. Ja tesz lubię z toba bawici".

Zostawiłam sobie na pamiątkę również list od siostrzenicy: „Dziękuję za śpiwór. Bardzo mi się podoba. Od Laury". Jej mama dopisała: „Podoba? To za mało powiedziane. Czyta w nim książki w ciągu dnia".

Dlaczego tak rzadko dziękujemy za prezenty? Nie wiemy, co napisać, nie pamiętamy, co dostaliśmy – albo podarunek nam się nie podobał. Nie jesteśmy leniwi ani niewdzięczni, ale tak może to odebrać darczyńca.

Niektórzy wynoszą praktykę dziękowania na zupełnie nowy poziom. Co tydzień wysyłają do kogoś kartkę z wyrazami wdzięczności. W internecie aż roi się od podobnych wyzwań. Pewien śmiałek każdego dnia wysyła pięć listów z podziękowaniami. Możesz zrobić listę trzydziestu osób, które na nie zasługują, i przez miesiąc codziennie wrzucać do skrzynki jedną kartkę. Myślisz, że tylu nie znajdziesz? Nic bardziej mylnego. Umieść na liście wszystkich członków rodziny i przyjaciół, nauczycieli, współpracowników i szefa; nie zapomnij też o listonoszu, bibliotekarkach, kasjerkach w pobliskich sklepach, swoim lekarzu i dentyście.

W słowie „dziękuję" nie ma nic trudnego. Jest dużo łatwiejsze niż słowo „przepraszam".

Nie przejmuj się swoim charakterem pisma. Mój to prawdziwe bazgroły. Zawsze tak było. W podstawówce dostawałam z kaligrafii trójki i dwójki. „Piszesz jak kura pazurem!" – skomentowała jedna z zakonnic na moim wypracowaniu. Nauczyciele wróżyli mi karierę lekarską, bo nikt nie potrafił mnie rozczytać. Zostając pisarką, spłatałam im figla.

Kiedy sięgam po długopis, czuję przypływ supermocy. Nie mam nic przeciwko laptopom, e-mailom, telefonom komórkowym i SMS-om, ale nie chcę, żeby papier i długopis odeszły do lamusa. Odręcznie napisany list mocniej zapada w pamięć, bo jego autor zawarł w nim cząstkę siebie.

Jestem fanką pisania ręcznego. Na widok czystej kartki aż kręci mi się w głowie. Gdy twoje palce zaciskają się na długopisie i muskają papier, angażujesz w proces pisania nie tylko mózg, lecz także serce i duszę. Nic nie może się równać z chwilą, gdy sięgasz po długopis i dajesz mu się ponieść. Kiedy we wkładzie kończy się tusz, ogarnia mnie uczucie triumfu, jakbyśmy przebiegli razem pięć kilometrów, a jedno z nas zachowało jeszcze siły na dalszy bieg. Jeśli długopis zostawia mi na palcach plamki tuszu, widzę w nich podziękowanie za wspólną pracę.

Zatem do dzieła! Złap długopis, zwróć się do darczyńcy po imieniu, podziękuj mu za prezent i napisz o nim coś miłego: „ciepło mi w tych skarpetkach"; „często używam nowego blendera"; „ta gra Nintendo jest wypasiona!". Na koniec dodaj: „gorące pozdrowienia", „serdeczności" albo „buziaki".

I już. Pieczętując ten list, przypieczętowałeś swój los – i zwiększyłeś własne szanse na dalsze prezenty.

Lekcja 45

Podaruj dar słów

Uwielbiam słuchać przemówień na uroczystościach wręczenia dyplomów. Dowiadujesz się wszystkiego, co warto wiedzieć o życiu, i to w zaledwie pięć albo dziesięć minut.

Jeśli masz szczęście.

Niektórzy mówcy nie wiedzą, kiedy skończyć. Ignorują wspaniałą radę Franklina Delano Roosevelta: „Mów szczerze, mów zwięźle, mów na siedząco".

Większość Amerykanów zna na pamięć przemowę gettysburską, a przynajmniej jej początek: „Lat temu osiemdziesiąt i siedem...". Trwała tylko dwie minuty. O facecie, który przemawiał przed Abrahamem Lincolnem, wszyscy zdążyli już zapomnieć. A produkował się dwie godziny.

Są mówcy, którzy pozostawiają na nas trwałe wrażenie. Założyciel Facebooka Mark Zuckerberg na ceremonii rozdania dyplomów absolwentom Harvardu wygłosił modlitwę. Podzielił się ze słuchaczami piosenką, którą śpiewa córce na dobranoc: „Niech źródło wszelkiej siły, które pobłogosławiło naszych przodków, pomoże nam znaleźć odwagę, byśmy uczynili błogosławieństwem własne życie".

Kiedy aktor Michael Keaton przemawiał na Uniwersytecie Stanowym w Kent, nawiązał do piosenki Johna Mayera pod tytułem *Wait for the World to Change* (Poczekaj, aż świat się zmieni), przekonując absolwentów: „Na nic nie czekajcie. To wy jesteście światem. To wy jesteście zmianą". Przemawiał szesnaście minut, ale niezapomniane okazały się dwa ostatnie słowa, wypowiedziane szeptem: „Jestem Batmanem". Publiczność oszalała.

Nie pamiętam, kto przemawiał na moim rozdaniu dyplomów w 1986 roku. Zdobycie tytułu licencjata na Uniwersytecie Stanowym w Kent zajęło mi dwanaście lat zamiast czterech. Byłam szczęśliwa, że z trzydziestką na karku kończę wreszcie studia, więc chciałam usłyszeć jedynie słowa „Regina Brett" z ust osoby wręczającej dyplomy.

Nie wiem też, kto przemawiał na rozdaniu dyplomów na Uniwersytecie im. Johna Carrolla w 1996 roku, kiedy uzyskałam tytuł magistra. Pamiętam, że staliśmy w pełnym słońcu przy temperaturze 38 stopni Celsjusza i wszyscy żałowaliśmy, że nie jesteśmy nadzy pod togami.

Większość z nas nigdy nie wygłosi przemówienia na takiej uroczystości, ale mamy szansę przekazać coś ważnego bliskim absolwentom, gdy gratulujemy im ukończenia studiów. Co napisać na kartce okolicznościowej, którą wsuwasz do koperty oprócz gotówki? Oto mała ściągawka:

Drogi…,

mam nadzieję, że zawsze (będziesz sobą; będziesz śmiały; będziesz życzliwy; będziesz odważny; będziesz w domu na kolację).

Nigdy nie zapominaj (walczyć o swoje; czytać Biblii; zostawiać wysokich napiwków; szukać tego kawałka świata, który Bóg przeznaczył ci do naprawy).

My zawsze będziemy (cię kochać/szanować; wierzyć w ciebie; trzymać dla ciebie miejsce w piwnicy na wypadek, gdybyś nie miał gdzie się podziać).

Nie bój się (wcześnie wstawać; popełniać błędów; ponosić często porażek; zadzwonić od czasu do czasu).

Spróbuj pamiętać o tym, żeby (marzyć z rozmachem; wykorzystywać swoje sukcesy, pomagać innym; zacząć natychmiast oszczędzać na emeryturę; robić to, czym się zajmujesz, z wielką miłością).

Łatwo jest po prostu wsunąć do koperty pieniądze, ale większą wartość mają twoje rady. Zanim ją zakleisz i wręczysz córce, synowi, siostrzeńcowi albo bratanicy, zastanów się, czy nie podarować im czegoś jeszcze: części samego siebie. Jakie mądrości, błogosławieństwa albo wnioski z własnych doświadczeń chciałbyś przekazać temu młodemu człowiekowi?

O tradycji spisywania testamentu etycznego usłyszałam, gdy wyszłam za mąż za Żyda. Odkryłam wtedy, że to zwyczaj sięgający czasów biblijnych. Słowo „testament" może budzić makabryczne skojarzenia, ale w tym wypadku nazwa jest myląca. Zamiast inwentarza majątku, który ma zostać rozdysponowany po twojej śmierci, robisz inwentarz wszystkiego, co naprawdę cenisz w życiu – i dzielisz się nim od razu.

Testament etyczny to kilka zapisanych ręcznie stron, na których opowiadasz o swoich najgłębszych wartościach. Podsumowujesz, czego nauczyłeś się w życiu i co chciałbyś przekazać komuś, kogo kochasz. Opisujesz swoje nadzieje i marzenia, związane z jego przyszłością. Taka deklaracja może onieśmielić adresata, ale to najlepszy prezent, jaki możesz mu dać.

Wiele lat temu, przed konfirmacją mojego najmłodszego pasierba, szesnastoletniego wówczas Joego, dostaliśmy z synagogi list z wytycznymi, jak napisać dla niego testament etyczny. Znalazły się tam przykładowe zdania, które miały nas zainspirować:

> Mam nadzieję, że zawsze będziesz tak... (uzupełnij odpowiednim słowem) jak ja w moim życiu.
>
> Nie pozwól, żeby cokolwiek powstrzymało cię przed...
>
> Uczyń nasze dziedzictwo częścią swojego życia poprzez...
>
> Modlę się, żebyś i ty...

Pamiętaj, jaki jest twój podstawowy cel na Ziemi, i spróbuj...

Niech Bóg błogosławi cię... do końca twoich dni.

List zachęcał rodziców do spisania historii, które pokazują, kim jesteśmy i kim jest nasze dziecko; jak wybraliśmy mu imię, po kim je dostało i jaka była ta osoba. Mieliśmy cofnąć się myślami do chwili jego narodzin i napisać, czego mu wtedy życzyliśmy.

Na początku ciężko mi było znaleźć odpowiednie słowa – a przecież jestem pisarką. Potem jednak wydarzyło się coś zaskakującego. Praca nad testamentem etycznym zmusiła mnie do odpowiedzi na pytanie, co ma dla mnie prawdziwą wartość. Wiele się dowiedziałam o sobie i o swojej relacji z Joem. Kiedy zrozumiesz, że pewnego dnia ten testament będzie prowadzić twoje dziecko przez życie, bo ciebie już zabraknie, masz szansę pogodzić się z własną śmiertelnością.

Nawet jeśli wydaje ci się, że żyjesz w zgodzie ze swoimi wartościami, to kiedy je spiszesz, przekonasz się, ile pozostało ci jeszcze do zrobienia. Może swoim listem ustrzeżesz bliskiego człowieka przed popełnieniem tych samych błędów.

Kiedy skończyłam, testament miał cztery strony.

Najpierw zachwycałam się, jak Joe przystojnie wyglądał w smokingu na balu szkolnym. Przyznałam, że jego judaizm wiele mnie uczy, bo wychowałam się w katolickiej rodzinie. Poradziłam mu, żeby znalazł coś, co kocha robić, i osnuł wokół tego swoją karierę. I żeby pamiętał, że w życiu nie liczy się bogactwo ani sława, tylko uściski, śmiech, przyjaciele, rodzina i te wszystkie ulotne chwile, dzięki którym warto żyć.

Kilka dni po tym, jak wręczyłam Joemu swój testament etyczny, odwoziłam go do domu jego mamy na noc. Na miejscu nie wysiadł od razu z samochodu. Następne pół godziny przegadaliśmy. Jeszcze nigdy nie czułam się z nim tak blisko.

Kiedy przeczytał mój list, otworzył się przede mną i opowiedział mi o swoich poszukiwaniach sensu życia – procesie, który zaczyna się w wieku dojrzewania i nigdy się nie kończy.

To była najgłębsza rozmowa, jaką odbyłam z nim przez siedem lat naszej znajomości. Od tamtej pory częściej wchodzimy na ten poziom kontaktu.

Podobno pieniądze otwierają wszystkie drzwi – ale nie otwierają serc. Gotówka podarowana maturzyście szybko się rozejdzie na podręczniki na studia, czesne albo piwo na imprezę w akademiku.

Po latach nikt nie pamięta, na ile opiewał czek z okazji ukończenia liceum czy studiów. Za to słowa w kartce z gratulacjami staną się bezcenną pamiątką tej chwili.

Lekcja 46

Nie potrzebujesz wielu słów, żeby wyrazić siebie

Ernest Hemingway przechwalał się kiedyś, że potrafi zawrzeć całe opowiadanie w sześciu słowach. I naprawdę mu się to udało:

„Na sprzedaż: dziecięce buciki, nigdy nienoszone".

Usłyszałam tę historię kilkadziesiąt lat temu w sztuce o Hemingwayu zatytułowanej *Papa* – i na zawsze zapadła mi w pamięć. Wiele lat później magazyn „Smith" zapoczątkował modę na sześciowyrazowe pamiętniki i opublikował przykłady nadesłane przez czytelników. Te spodobały mi się najbardziej:

Rak na celowniku, przyjaciele u boku.

Szczęściarz w każdej dziedzinie oprócz miłości.

Zwiedziłam świat i wróciłam do domu.

Odnalazłam Boga, ale nadal szukam męża.

Ateista na sto procent – dzięki Bogu.

Para wygodnych butów w świecie szpilek.

Ostatni tekst opisuje też mnie.

Większość ludzi ma do opowiedzenia historię, której nie da się zamknąć w sześciu słowach ani w 280 znakach na Twitterze, ani w poście na Facebooku, ani w notce na blogu. Ale sześć słów to dobry początek.

Pisanie krótkich tekstów nie jest łatwe. Zawsze podziwiałam redaktorów, którzy wymyślali intrygujące nagłówki do moich artykułów. Mnie ta jedna linijka zajęłaby więcej czasu niż cały felieton. Jak w słynnym cytacie z Marka Twaina: „Ten list jest dłuższy niż zazwyczaj, bo nie miałem czasu go skrócić".

Pisząc sześciowyrazowy pamiętnik, musisz spojrzeć na swoje życie z dystansu. Taki tekst zyskuje wyrazistość, która inaczej utonęłaby w morzu niepotrzebnych słów.

Jakie słowo przychodzi ci do głowy na myśl o pisaniu? Obowiązek. Trudność. Strach. Wielu osobom natychmiast dźwięczy w uszach głos nauczyciela ze szkoły podstawowej, który skrytykował ich opowiadanie albo tak długo ćwiczył z nimi rozbiór logiczny zdań, aż pisanie zaczęło mieć więcej wspólnego z geometrią niż z poezją. Słowo „zabawa" pewnie nie jest pierwszym skojarzeniem większości ludzi, którzy sięgają po długopis.

Profesor Michelle Long, wykładowczyni języka angielskiego w Lakeland Community College z ponad dwudziestoletnim stażem, włączyła pisanie sześciowyrazowych pamiętników do uczelnianego Karnawału Pisarstwa, urządzanego z okazji amerykańskiego Dnia Słowa Pisanego. Na imprezie są budki i stragany jak na innych festynach szkolnych. Wprawdzie nikt nie ciska w nikogo ciastem, a celny rzut piłką nie pośle wykładowcy do zbiornika z wodą, ale studenci i personel mogą stworzyć graffiti, zmienić kolejność słów w wierszach umieszczonych na tablicach magnetycznych, wstąpić do budki z haiku, rozwiązać gigantyczną krzyżówkę, wziąć udział w konkursie na podpis do rysunku satyrycznego albo uczestniczyć w zbiorowym pisaniu opowiadania, podczas którego każdy przyczepia na ścianie kartkę z kolejnym fragmentem historii, nie czytając pozostałych. Jest też scena otwarta, na której studenci czytają poezję w różnych językach, oraz stoisko blogerskie, gdzie mogą się nauczyć, jak pisać lepsze tweety i posty.

Niektóre sześciowyrazowe pamiętniki studentów brzmiały dramatycznie, na przykład: „Trzaśnięcie drzwi. Moje życie dobiegło końca". Albo: „Najlepsze przyjaciółki. Przystojni chłopcy. Koniec przyjaźni". Rozśmieszył mnie wpis samej Michelle: „Wszystko zostało w Vegas. W lombardzie".

Poprosiłam czytelników moich felietonów, żeby nadesłali własne propozycje, a kilkuset podjęło wyzwanie, żeby odnaleźć wewnętrznego Ernesta Hemingwaya, Marka Twaina czy Mayę Angelou. Niektórzy nawiązali do klasyków: „*Veni, vidi, vici*. Przybyłem. Zobaczyłem. Zwyciężyłem". Inni inspirowali się piosenkami country: „Mój syn nazywa tatą innego mężczyznę". Ktoś zacytował nawet słynny tekst z nagrobka: „A nie mówiłem, że jestem chory?”.

Jedna z czytelniczek uczciła w pamiętniku pięćdziesiątą pierwszą rocznicę ślubu: „Srebro zaliczone. Złoto zaliczone. Następne diamenty!”.

Pewna kobieta przysłała mi pamiętniki członków grupy dyskusyjnej Teacher Leader Network, którzy dostali następujące zadanie: „Co byś napisał, gdybyś miał streścić swoje nauczycielskie życie w sześciu słowach?”. Czytając te minipamiętniki, jeszcze bardziej doceniłam nauczycieli.

Oto jedne z najlepszych zgłoszeń:

Oni pytali. Ja słuchałem. Uczyliśmy się.

Każdy dzień to zupełnie nowa przygoda.

Intensywny trening mięśni w młodych umysłach.

Dodawanie sił uczniom o nietypowych potrzebach.

Nauczyciel – wojownik w walce o przyszłość.

Czerpanie nieustannej radości ze wspólnej nauki.

Ciężka praca, warta jednak każdego wysiłku.

Życie pierwsza klasa z grupą drugoklasistów.

Rozwiązane sznurówki, brak przednich zębów – podstawówka!

Uczę dzieci, a one uczą mnie.

Z pasją staję po stronie słabszych.

Chciałam być cheerleaderką. Codziennie dopinguję dzieci.

Dbam o demokrację dla Następnego Pokolenia.

Najpierw pokochałam biologię; teraz kocham uczniów.

Nieskończony potencjał uczniów – ciągły rozwój nauczycieli.

Każdego dnia w skrzynce pocztowej i elektronicznej znajdowałam też listy i e-maile od nauczycieli i wykładowców z minipamiętnikami ich podopiecznych, które powstały w ramach zajęć z języka angielskiego. Swoje prace przysłało też wielu dorosłych.

Wiele brzmiało jak hasła motywacyjne:

Uwierz w siebie, a osiągniesz wszystko.

Myśli to mrówki w ciągłym ruchu.

Niektóre skupiały się na sporcie i dobrej zabawie:

Tak wiele przygód, tak mało czasu.

Pracuj na maksa. Imprezuj na maksa.

Jedz, śpij, uprawiaj sport. I już.

Spróbuj pobić najtrudniejszy rekord ze wszystkich.

Te ujęły mnie oryginalnością:

Uwielbiam, kiedy ludzie się mylą. Dyslektyk.

Najpierw robię bałagan, potem go sprzątam.

Bóg jest dziś w dobrym humorze.

Albo Bóg jest wszystkim, albo niczym.

Świadomość: ten irytujący czas między drzemkami.

Żyj swoim życiem, uśmiech po uśmiechu.

A jeśli wydają ci się zbyt głębokie, proponuję te dla odmiany:

Przewracaj z ciekawością kartki swojej wyobraźni.

Nie myśl tyle. Po prostu żyj.

Część nadawała się na naklejki na zderzak:

Moja misja to miłość. Kocham ją!

Myśl pozytywnie. Bądź elastyczny. Kochaj życie.

Masz jedno życie; korzystaj z niego.

Wszystkiego już spróbowałem – i co dalej?

Jestem uczniem życia i dzieckiem Boga.

Znalazłem własną odpowiedź. Żyj, kochaj, słuchaj.

Kochaj Boga, kochaj ludzi, częściej pomagaj.

Kilka przypominało ogłoszenia matrymonialne:

Rozwiedziona samotna matka, wierząca, wielkoduszna, wytrwała.

Siedemdziesiątka na karku – nadal kocham zabawę!

Mąż umarł, pieniędzy brak, co teraz?

Kocha śmiech, kocha radość, kocha życie.

Lubi robić zdjęcia, nie ma aparatu.

WIELKIE serce wypełnione przez WIELKĄ miłość.

Uwaga, poszukiwane: nowe możliwości, nowe decyzje.

Wśród minipamiętników znalazło się kilka kanonów zen:

Nigdzie i wszędzie w jednej chwili.

Wszystko ma znaczenie, ale niezbyt duże.

Szczęście to owoc twoich wcześniejszych doświadczeń.

Znajdź intruza, zaproś go do środka.

Nie zostawiamy przeszłości daleko za sobą.

Wszystko przychodzi nagle: rozwój, ból, zachwyt.

Garść sprawdziłaby się w chińskich ciasteczkach:

Rób, co możesz. Nie patrz wstecz.

Pierwsza miłość nasyca organizm jak szczepionka.

Małe błędy stają się dużymi problemami.

Wybory znaczą życie jak niezmywalne flamastry.

Nigdy nie oceniaj książki po filmie.

Przyj naprzód, nie daj się zatrzymać.

Inne pasowałyby na nagrobek:

Dziecko. Matka. Babcia. Robiłam, co mogłam.

Żyłam, kochałam, śmiałam się, płakałam, umarłam.

Telefon zaufania był za długo zajęty.

Chciałam dzieci. Mam męża i koty.

Na sprzedaż: spadochron, użyty raz, nieotwarty.

Żyj na maksa, życie jest krótkie.

A te uznałam za najlepsze:

Rodzice nie żyją. Teraz rozumiem więcej.

Niczego nie żałuj i pisz długopisem.

Pamiętaj o bohaterach, zapomnij o idolach.

Życie jest słodkie; weź następny kęs.

Sprzedam suknię ślubną, chętnie fabryce chusteczek.

Bezrobotny pisarz szuka nowej niezapisanej kartki.

Trochę zwycięstw. Trochę porażek. Wygrane życie.

W sześciu słowach można zawrzeć bardzo wiele. Czterdziestosiedmioletni pastor stwierdził: „Służyłem ludziom. Dużo mnie to kosztowało". Kobieta obchodząca osiemdziesiąte urodziny napisała: „Ślub. Wesele. Poród. Dom. Wdzięczność bliskich".

A jeśli nie potrafisz zamknąć pamiętnika w sześciu słowach, odpowiem ci tak: „»Nie umiem« naprawdę znaczy »nie chcę«".

Lekcja 47

Świat powinien poznać twoją historię

Mój wujek skłamał na pytanie o wiek. Skłamał, żeby pomóc ratować świat.

Miał zaledwie siedemnaście lat, kiedy opuścił gospodarstwo mleczne w maleńkim Drakesburgu w stanie Ohio, żeby walczyć z nazistami. Większość II wojny światowej spędził w obozach jenieckich jako więzień Niemców.

W dzieciństwie ja i moje rodzeństwo wypytywaliśmy go o ten okres przy każdej okazji. Bardzo nam imponowało, że był jeńcem wojennym. Traktowaliśmy go jak bohatera. Dorastając, oglądaliśmy w telewizji serial komediowy *Hogan's Heroes*, w którym jeńcy wojenni wyprowadzali niemieckich dowódców w pole wśród żartów i śmiechu.

Gdy wujek nas odwiedzał, pytaliśmy: „Ilu Niemców zabiłeś?" – jakby wojna była widowiskiem sportowym, w którym nasza strona wygrała. Nie zdawaliśmy sobie sprawy z tego, przez co musiał przejść.

„Dzieci, wojna wygląda inaczej niż w telewizji" – odpowiadał cicho, kręcąc głową.

Nie chciał powiedzieć nic więcej.

Nigdy nie wyjaśnił, jak to się stało, że przeżył, ale po jego oczach widzieliśmy, że coś ukrywa.

Zamiast o tym mówić, wolał pisać. Kilka lat po powrocie do domu przelał na papier swoje wojenne wspomnienia. Jego żona przepisała je na maszynie, a wujek wsadził gotową książkę do pudełka i nikomu jej nie pokazał.

Po wojnie wiódł proste życie kontrolera technicznego na lokalnym lotnisku w Columbus w stanie Ohio. Był wiernym mężem i wychował troje dzieci. Nikt poza ciocią nie miał pojęcia, co go spotkało w obozach jenieckich.

Nie zdradził się z tym ani słowem. Dopiero gdy zmarł, rodzina znalazła dokumentację medyczną, nieśmiertelniki, medal Purpurowego Serca i manuskrypt.

Kiedyś słyszałam, że spisał swoją historię, ale uznałam to za jeden z rodzinnych mitów. Wiele lat po śmierci wujka pojechałam odwiedzić wdowę po nim, ciocię Marian. Przy okazji zapytałam o tę tajemniczą książkę. Czy ona naprawdę istniała?

„O tak, złotko. Tylko nie mam pojęcia, jak ją wydać" – przyznała ciocia.

Zaoferowałam swoją pomoc. Samodzielne opublikowanie książki nigdy nie było łatwiejsze niż teraz.

W drodze do domu zajechałam do jej córki po pudełko z papierami. Miałam wrażenie, że spotkał mnie prawdziwy zaszczyt.

Charles Kerecman przyszedł na świat 30 sierpnia 1924 roku. W oficjalnych dokumentach wojskowych w rubryce „rok urodzenia" widnieje „1923". Wujek Chuck oszukał oficera werbunkowego, żeby móc wstąpić do wojska w 1941 roku i walczyć na wojnie, mając zaledwie siedemnaście lat.

Dokumenty podpisała za niego siostra – moja mama. Dziadkowie byli emigrantami z Czechosłowacji i nie potrafili czytać ani pisać po angielsku. Wujek przeszedł szkolenie w Fort Knox w stanie Kentucky, a później został wysłany do Irlandii Północnej w okolice Belfastu. Stamtąd wypłynął do Afryki Północnej. Przydzielono go do dywizji pancernej do batalionu niszczycieli czołgów. W 1943 roku wpadł w ręce Niemców w Tunezji.

Trafił do Stalagu IIIB w Fürstenbergu na terenie Prus. Uciekł, ale znów został schwytany. Tym razem przewieziono go do Stalagu VII w Moosburgu w Bawarii. Podjął kilka kolejnych prób ucieczki, a wiosną 1944 roku jego obóz został wyzwolony przez armię radziecką.

Nic nie wiedzieliśmy o przymusowych marszach, w których szedł. Nic nie wiedzieliśmy o wszach w obozie, o wszechobecnej przemocy ani o więziennej izolatce. Nie wiedzieliśmy, jakich potworności dopuszczali się przy nim Niemcy.

W niewoli wujek zastanawiał się, jak sobie radzi moja mama w gospodarstwie i gdzie stacjonuje jego brat. Wuj Michael wstąpił do wojska i walczył w Pierwszym Batalionie Ranger. Przeszedł tajne szkolenie w Szkocji i przeżył rajd na Dieppe, w którym aż sześćdziesiąt procent alianckich żołnierzy zostało zabitych, rannych albo pojmanych do niewoli.

Chuck otrzymał medal Brązowej Gwiazdy i Purpurowego Serca za rany poniesione w Tunezji w dzień Świętego Walentego 1943 roku. W 1945 roku honorowo zwolniono go ze służby. Przez dwa lata pracował jako mechanik samochodowy, a potem zaciągnął się do Sił Powietrznych Stanów Zjednoczonych, gdzie służył do 1953 roku. Przez dwadzieścia trzy lata pracował dla Federalnej Administracji Lotnictwa w stacji kontroli ruchu lotniczego. Przeszedł na emeryturę w wieku pięćdziesięciu sześciu lat. Zmarł jako osiemdziesięciolatek.

Dokumentacja medyczna z ostatnich lat jego życia pokazuje, jak wpłynęły na niego doświadczenia z młodości: maszerując w ekstremalnie niskich temperaturach, odmroził obie stopy, przez co mrowiła go skóra na podeszwach. Na wojnie został ranny w prawą łydkę i chodzenie już zawsze sprawiało mu trudność.

Przez odmrożenia na stopach dostał żylaków. Od pobytu w obozie jenieckim dręczyły go koszmary. Miał problemy z zaśnięciem i spał niespokojnie. Budził się w nocy zlany zimnym potem. Cierpiał na zespół stresu pourazowego, ale nigdy z nikim nie rozmawiał o przeżyciach, które go wywołały. Zdarzały mu się ataki paniki i duszności. Miewał epizody depresyjne. Starał się unikać wszystkiego, co mogło mu przypominać o doświadczeniach wojennych. Nie brał udziału w zjazdach i spotkaniach byłych jeńców; nie chciał też poddać się terapii.

Był świadkiem okrutnego traktowania współwięźniów. Widział, jak poddawano ich torturom. Czuł się przerażony i bezradny, gdy na jego oczach Niemcy dokonywali pokazowych egzekucji.

Przeczytałam uważnie manuskrypt i dokumenty, które przekazała mi kuzynka, po czym zabrałam się do pracy. Najpierw zeskanowałam całość, żeby mieć ją na komputerze. Później zredagowałam tekst i wprowadziłam niezbędne poprawki. Na koniec zapytałam kuzynkę, czy możemy wybrać najprostsze rozwiązanie i wydać książkę na własny koszt. Dzięki temu rodzina pozna historię wujka Chucka i będziemy mogli podzielić się nią z innymi. Okładkę zaprojektował mój brat Matt, który jest grafikiem.

Dziś książkę *How Soon the End* (Kiedy nadejdzie koniec?) można kupić w księgarni internetowej Amazon.com. Portal CreatSpace bardzo ułatwił cały proces. Można się z niego dowiedzieć, jak stworzyć okładkę, sformatować tekst i ustalić cenę książki. Nie zapomnij o podziękowaniach dla wszystkich, dzięki którym mogła powstać. Jeśli chcesz, zadedykuj ją komuś i wymyśl krótki opis na tył okładki.

Redagując wspomnienia wujka, czułam ogromną wdzięczność za podstawowe prawa, które wydają mi się dziś oczywiste. On stracił je na kilka lat po to, żeby inni mogli już zawsze z nich korzystać.

Kiedy przyszła pora na wybór okładki, nie miałam żadnych wątpliwości.

Wśród kartek manuskryptu znalazłam małą kopertę. W środku była fotografia wujka niewiele większa od znaczka pocztowego. Na jej widok zmroziło mi krew w żyłach.

Mój wujek z oczami pełnymi strachu trzyma tablicę ze swoim numerem identyfikacyjnym: #133004. Niemcy zrobili mu to zdjęcie do swoich akt.

Wujek ukradł je z obozu w dniu, w którym został wyzwolony.

Nadal uśmiecham się na myśl o tym prostym akcie buntu. Mężczyzna, któremu Niemcy na trzy lata odebrali wszystkie prawa, zebrał się na odwagę, żeby odebrać im coś, co należało do niego: dowód. Dowód, że tam był.

Tym właśnie jest twoja książka.

Dowodem, że tu byłeś.

Lekcja 48

Odmawiaj przyjęcia odmowy do wiadomości

Kiedy piszesz, łatwo się poddać – zwłaszcza gdy zalewa cię fala listów odmownych z wydawnictw.

Jest nieunikniona. Możesz mi wierzyć.

Ja zebrałam całą teczkę odmów. Większość pisarzy ma własną kolekcję. Nawet ci wielcy.

Zanim trafiłam na listy bestsellerów z tytułem *Bóg nigdy nie mruga*, napisałam dwie książki, które okazały się klapą.

Moim pierwszym dziełem była autobiografia duchowa pod tytułem *The Hunger* (Głód), którą agent literacki rozesłał do wydawnictw w 1994 roku. Szybko się przekonałam, że nikogo nie interesuje zapis mojej relacji z Bogiem.

Wydawnictwo Zondervan Publishing House odpisało: „Tekst nie mieści się w naszym planie wydawniczym i nie zamierzamy wydawać go w przyszłości".

Wydawnictwo Thomas Nelson Publishers odpisało: „Niestety książka obecnie nie odpowiada potrzebom rynkowym ani wydawniczym firmy Thomas Nelson".

Wydawnictwo Twenty-Third Publications odpisało: „To poruszająca i dobrze napisana historia… ale jesteśmy wydawnictwem nastawionym na teksty katechetyczne i duszpasterskie i uważam, że nie znaleźlibyśmy odpowiedniego rynku dla Pani książki".

Wydawnictwo Paragon House wyjaśniło, że skupia się wyłącznie na tytułach z dziedziny religii i filozofii, dlatego nie jest zainteresowane wydaniem.

Wydawnictwo HarperSanFrancisco odpisało: „Nasz dział marketingu książek religijnych nie jest przekonany do tej książki, nie wiedzą, jak mieliby ją sprzedać".

Ave Maria Press odpisało: „Wprawdzie *The Hunger* to ważna i dobrze opowiedziana historia, ale nie sądzimy, żeby mogła odnieść sukces".

Paulist Press odpisało: „Nasz plan wydawniczy nie przewiduje takiej pozycji".

Schowałam rękopis do szuflady razem z listami odmownymi i dyskietką z tekstem i dalej prowadziłam dziennik i pisałam artykuły do gazety, w której pracowałam.

W 1999 roku opowiedziałam o swojej walce z rakiem piersi w pamiętniku pod tytułem *No More Normal* (Koniec z normalnością), a moją skrzynkę znów wypełniły listy odmowne.

Odpowiedź Basic Books: „To nie nasza bajka. Ale muszę przyznać, że jestem pod ogromnym wrażeniem pani książki. Podczas lektury miałam gęsią skórkę i płakałam".

Odpowiedź wydawnictwa Doubleday: „Jest naprawdę dobrą pisarką, a jej celne obserwacje i cierpki humor wnoszą iskrę światła w tę mroczną tematykę. Niestety choć książka ma bez wątpienia wiele zalet, opisana historia wydaje się zbyt standardowa, żeby lektura mogła przynieść pełną satysfakcję".

Odpowiedź wydawnictwa Broadway Books: „W mojej ocenie to bardzo wzruszająca i świetnie napisana historia, niestety analizy potwierdziły moje początkowe obawy. Na rynku jest już zbyt wiele pozycji tego rodzaju".

Odpowiedź domu wydawniczego Farrar, Straus & Giroux: „Książka skupia się na zbyt wąskiej tematyce, żeby trafić na naszą listę tytułów".

Odpowiedź wydawnictwa Random House: „Styl nie budzi we mnie wystarczającego entuzjazmu, żebym podjął się redakcji". To naprawdę zabolało.

Avon Books stwierdziło, że moja opowieść jest poruszająca, ale mało oryginalna. „Nie widzimy w niej materiału na sukces". Podobnego zdania było wydawnictwo Simon & Schuster: „Bardzo dobrze napisany tekst, ale powstało już za dużo książek o raku piersi, a bardzo niewiele znajduje szerokie grono czytelników".

Ktoś ze Scribnera napisał z empatią: „Nie można pozostać obojętnym na tę historię, ale podobnych opowieści jest tak wiele. Zdaję sobie sprawę, że to brzmi bezdusznie i bardzo trudno to usłyszeć. Przykro mi".

HarperCollins, Bantam Dell Publishing Group i Warner Books też przysłały listy odmowne.

Wylałam morze łez, a potem schowałam książkę do szuflady i postanowiłam się poddać. Powiedziałam sobie, że najwyraźniej nie nadaję się na pisarkę, więc zostanę przy dziennikarstwie. Minęło kilka lat. Zaczęłam się zastanawiać, czy nie opracować na nowo mojego manuskryptu. Któregoś dnia zadzwonił telefon. W słuchawce odezwał się Stuart Warner, redaktor z mojej gazety:

„Twoich pięćdziesiąt lekcji zna już cały świat – powiedział. – Powinnaś zrobić z nich książkę".

Posłuchałam go.

Tak powstała książka *Bóg nigdy nie mruga*, która zainteresowała wydawnictwo Hachette – i rzeszę czytelników. Przez trzy kolejne tygodnie utrzymywała się na liście bestsellerów „New York Timesa" i została przetłumaczona na ponad dwadzieścia języków.

Odmowa nie oznacza, że nigdy ci się nie uda – może to niewłaściwy moment, tekst albo wydawca.

Nie rezygnuj tak łatwo.

Dom wydawniczy Alfred A. Knopf Inc. nie kupił kiedyś praw do angielskiego wydania książki określonej w recenzji wewnętrznej jako nudny i ponury zapis „typowych rodzinnych kłótni, błahych problemów i młodzieńczych emocji".

O jaką książkę chodziło? O *Dziennik* Anne Frank. Został odrzucony przez piętnastu wydawców, zanim wreszcie ukazał się w 1952 roku. Do dziś sprzedał się w ponad 30 milionach egzemplarzy i został przełożony na przeszło 70 języków.

W eseju dla działu książek „New York Timesa" David Oshinsky zagłębił się w archiwa listów odmownych wydawnictwa Knopf. Zgadnij, jacy jeszcze autorzy je otrzymali. Isaac Bashevis Singer, Anaïs Nin, Sylvia Plath i Jack Kerouac – za „frenetyczną, opętańczą prozę".

Pisarze na całym świecie powinni czerpać ogromną nadzieję z faktu, że autorka Harry'ego Pottera została odprawiona z kwitkiem dwanaście razy, zanim jakieś wydawnictwo przyjęło jej książkę, oferując zaledwie 1500 funtów zaliczki. Książka rozeszła się w 450 milionach egzemplarzy.

Dr. Seuss, ulubiony autor wszystkich dzieci, miał problem ze sprzedaniem swojej pierwszej książki *Sam to wszystko widziałem na ulicy Morwowej* – została odrzucona aż dwadzieścia siedem razy.

Prawie czterdziestu wydawców nie poznało się na *Przeminęło z wiatrem*. *Władca much* ma na koncie dwadzieścia odmów. *Pułapka czasu* – o kilka więcej.

Niektórzy wydawcy uznali powieść Ernesta Hemingwaya *Słońce też wschodzi* za nieudaną. Oto cytat z jednego z listów odmownych: „Pańskie wysiłki wydają mi się równocześnie nudne i odrażające".

James Joyce przez dziewięć lat namawiał domy wydawnicze do opublikowania *Dublińczyków*, ponosząc porażkę osiemnaście razy. Joseph Heller zgromadził dwadzieścia dwa listy odmowne, co ponoć zainspirowało go do nadania książce tytułu *Paragraf 22*. Odrzucając *Małe kobietki*, pewne wydawnictwo poradziło Louisie May Alcott: „Proszę się trzymać nauczania". Dziś jej książka jest omawiana w szkołach na całym świecie.

Carrie Stephena Kinga została odrzucona trzydzieści razy. Jeden z listów odmownych stwierdzał: „Science fiction w połączeniu z antyutopią? To się nie sprzeda". Akurat.

Książka *Zen i sztuka obsługi motocykla* nie trafiła do przekonania aż stu dwudziestu jeden wydawnictwom. Autor wykazał się nieprzeciętną wytrwałością.

Lisa Genova nie przejęła się odmową aż stu domów wydawniczych. W końcu opublikowała powieść *Motyl* na własny koszt i wtedy wreszcie znalazła wydawcę. Książka przez czterdzieści tygodni figurowała na liście bestsellerów „New York Timesa" i pomogła zdobyć Julianne Moore Oscara za rolę głównej bohaterki w ekranizacji.

Kathryn Stockett nie straciła wiary w swoją książkę *Służące* mimo sześćdziesięciu odpowiedzi odmownych od agentów. Nikt nie chciał jej nawet reprezentować. Za to liczba sześćdziesiąt jeden okazała się magiczna. Ten agent sprzedał powieść odpowiedniemu wydawcy i tak trafiła na listę bestsellerów „New York Timesa", na której spędziła ponad sto tygodni. Sprzedała się w ponad siedmiu milionach egzemplarzy.

Niektórzy patrzą z góry na autorów, którzy sami wydają swoje książki, ale *Piotruś królik* został odrzucony tyle razy, że Beatrix Potter pokryła koszt publikacji dwieście pięćdziesięciu kopii. Później liczba sprzedanych książek sięgnęła 45 milionów. William Paul Young wydał własną powieść zatytułowaną *Chata* po dwudziestu listach odmownych. Łączna sprzedaż sięgnęła 15 milionów egzemplarzy.

I wreszcie *Balsam dla duszy* zgromadził astronomiczną liczbę stu czterdziestu czterech listów odmownych.

„Antologie się nie sprzedają”, wyjaśniał jeden z nich. Doprawdy? Książki z tej serii znalazły 125 milionów nabywców.

Jej współautor Jack Canfield jest inspiracją dla pisarzy na całym świecie. Kiedyś napisał: „Zachęcam cię, żebyś odmawiał przyjęcia odmowy do wiadomości. Jeśli słyszysz: »Nie«, zawołaj po prostu: »Następny, proszę!«”.

Bez względu na to, jaką chcesz napisać książkę, nie pozwól, żeby powstrzymało cię czyjeś „nie”. Nie traktuj jego odmowy jako wyroku skazującego cię na milczenie. Świat powinien usłyszeć, co masz do powiedzenia.

Następnym razem, kiedy ktoś odrzuci twój tekst, zawołaj po prostu: „Następny, proszę!”, i pisz dalej.

Lekcja 49

Jeśli jakaś książka trawi twoją duszę ogniem, musisz ją napisać

Ciągle słyszę pytania, jak wydać książkę. W czym tkwi sekret pisarzy, którym się to udało? Nie ma jednej stuprocentowo skutecznej recepty na sukces, ale mogę ci zdradzić, co pomogło mi oraz dziesiątkom innych autorów i ekspertów, z którymi przeprowadziłam wywiady w ciągu swojej kariery dziennikarskiej.

Po pierwsze musisz pisać. Wiem, że to oczywiste, ale wiele osób woli opowiadać o dziele, które zamierzają stworzyć, niż faktycznie usiąść do pracy. Streszczają wszystkim w barze fabułę swojej genialnej powieści, za którą spodziewają się mnóstwa nagród. Snują marzenia o tym, kto zagra główną rolę w ekranizacji, chociaż nie napisali jeszcze ani jednej strony. Biorą udział w konferencjach dla autorów, zaliczają kolejne warsztaty kreatywnego pisania i zgłaszają do niezliczonych grup pisarzy amatorów, gdzie rozwodzą się nad wszystkimi książkami, które planują kiedyś napisać.

Ale „kiedyś" to niezbyt konkretny termin.

Mój pierwszy mentor Bill O'Connor przestrzegał mnie: „Nie zagadaj swojego pisania. Tchnij cały żar w książkę. Nie gaś go niepotrzebnymi słowami".

Każdego dnia siadam przy biurku i piszę. Wreszcie nauczyłam się, że to nieważne, jak się czuję, czy mam wenę, o której godzinie się obudziłam ani jaka jest pogoda. Moje zadanie to pisać.

Tak, ty też masz na to czas. Musisz go po prostu wygospodarować. Przestań przesiadywać na Facebooku, rozwiązywać sudoku i układać pasjanse. Skończ z plotkowaniem, narzekaniem i marudzeniem. W ten sposób zaoszczędzisz co najmniej godzinę dziennie na pisanie.

Najlepiej jest po prostu uczciwie pracować. Udawaj, że twój fotel ma niewidzialny pas bezpieczeństwa. Zapnij go i nie rób przerw na kawę, czekoladę ani papierosa. Wstać możesz wtedy, gdy w gabinecie wybuchnie pożar albo zaczniesz krwawić. Tylko najpierw to opisz.

Nie zwalniaj, żeby sprawdzić pisownię trudnego słowa, dokładne brzmienie cytatu czy datę wydarzenia historycznego. Oznacz to, co budzi twoje wątpliwości, kilkoma dużymi iksami, żeby wrócić do tego później. Nie odrywaj palców od klawiatury, nie wypuszczaj z nich długopisu.

Kiedy skończysz pisać, zabierz swoje słowa na spacer. Przeczytaj je na głos, żeby usłyszeć, jak brzmią. A później dopracuj tekst. Ja często proszę o pomoc redaktora albo któregoś z członków mojej drużyny marzeń, do której zwerbowałam męża, córkę, rodzeństwo i przyjaciół. Mój mąż ma talent do redakcji. Jak każda zodiakalna waga jest perfekcjonistą w każdym calu. (W końcu ożenił się ze mną, prawda?) Nie posiada się z radości, kiedy dostaje do ręki czerwony długopis. Moje teksty wracają pełne gwiazdek, podkreśleń i wykrzykników. Chwilę reanimuję swoje ego, a potem wprowadzam poprawki.

Pomaga też wyznaczanie sobie samemu terminów. Od 1986 roku pracuję jako dziennikarka. W tym zawodzie trzeba oddać artykuł na czas – niezależnie od tego, czy ma się natchnienie. Pisz bez względu na to, czy akurat „jesteś w nastroju". W dni, gdy pisanie mnie przytłacza, patrzę na zegar i rzucam sobie wyzwanie – na przykład: „Masz godzinę na skończenie tego rozdziału". A potem ścigam się z czasem.

Przyklejam w kalendarzu karteczki samoprzylepne z przypomnieniem, ile rozdziałów powinnam napisać każdego dnia, żeby zdążyć na ustalony z wydawnictwem termin. Uwielbiam zrywać wieczorem kolejną kartkę z uczuciem triumfu.

Niektórzy nawet nie zaczynają pisać, bo paraliżuje ich strach przed odrzuceniem. Nie możesz brać odmowy do siebie. Niech jeszcze mocniej utwierdzi cię w twoich planach. Jak napisał Ralph Waldo Emerson: „Bóg nie pozwoli, by Jego dzieło objawili światu tchórze". Pisz z myślą o świętości.

Kiedy już zaczniesz, w którymś momencie utkniesz na dobre. Może już na drugiej stronie – a prawdopodobnie przed trzecim rozdziałem. Nie poddawaj się. Kiedy mam pustkę w głowie, uspokajam się słowami: „Tekst nie musi być idealny, ale musi być skończony". Taki wyznaczam sobie cel. Nie książkę idealną, tylko napisaną.

Gdy masz już kilka rozdziałów i wiesz, w jakim kierunku zmierzasz, możesz zacząć szukać agenta literackiego. Przejrzyj bazy specjalistów, żeby sprawdzić, kogo interesują teksty podobne do twojego. Możesz też pójść do księgarni albo do biblioteki i przyjrzeć się innym książkom z tej dziedziny. Sprawdź, których agentów wymieniają ich autorzy w podziękowaniach. Zapisz wszystkie nazwiska, a potem wyszukaj ich dane kontaktowe w internecie.

Innym sposobem na znalezienie agenta jest zaprzyjaźnienie się z miejscowymi pisarzami. Pewien autor był na tyle szczodry, że otworzył przede mną drzwi swojej agencji literackiej. Dołącz do grupy pisarskiej, której członkowie faktycznie piszą. Znajdziesz ją poprzez ogłoszenia w lokalnych księgarniach albo na kursie pisarskim miejscowego uniwersytetu. Nawiąż kontakty z innymi autorami – jeśli cię zapamiętają, pomogą ci, kiedy sami zaistnieją w świecie wydawniczym.

Gdy już zdobędziesz nazwisko odpowiedniego agenta, napisz trzy akapity na okładkę i wyślij mu je z krótkim listem opisującym twoją książkę. Nie załączaj całego manuskryptu. Możesz mu pokazać streszczenie, plan fabuły albo kilka próbnych rozdziałów, żeby go olśnić.

Moja agentka przysłała mi do wypełnienia formularz oficjalnej propozycji wydawniczej. Miałam wrażenie, że czytam wytyczne dla studentów, jak sformatować pracę zaliczeniową. „Tekst powinien mieć podwójne odstępy i numerowane strony". Fuj! Ale trzeba zrobić wszystko, żeby twoja książka ujrzała światło dzienne – i przyniosła światło światu.

Jeśli chcesz zaintrygować czytelnika, najpierw musisz zaintrygować wydawcę. Propozycja wydawnicza to twoja szansa, żeby go do siebie przekonać. Wydawnictwa chcą sprzedawać książki. Pokaż, że twoja będzie strzałem w dziesiątkę.

Wybierz z tekstu najlepsze anegdoty, cytaty albo fragmenty. Wyobraź sobie klienta księgarni, który ma do wyboru tysiące tytułów. Dlaczego powinien wydać pieniądze na twoją książkę? Zachęć go do tego. Pamiętaj, dla kogo piszesz. Nie próbuj trafić w gust wszystkich czytelników, bo twoja książka nie zrobi wrażenia na nikim.

Podaj najciekawsze wnioski i tematy do dyskusji. Musisz umieć uzasadnić, dlaczego warto się zainteresować twoją książką i tobą. Co nowego wnosisz do danej dziedziny? Na czym polega twoje wyjątkowe podejście? Czy twoi czytelnicy mają parsknąć śmiechem, zalać się łzami, pogrążyć w refleksji czy oblać kawą z zaskoczenia? Skąd czerpałeś informacje, dane, doświadczenia?

Sprawdź, jak twoja książka wpisuje się w rynek innych pozycji na ten temat. Rozejrzyj się po księgarni. Na którą półkę albo do którego działu trafi twój tekst? Określ jego gatunek: poradnik / rozwój osobisty / religia / beletrystyka / nauka / historia / pamiętnik / książka dla młodzieży. Znajdź odpowiedni regał i przestudiuj jego zawartość. To twoja konkurencja. Osobiście nie wierzę w istnienie konkurencji, ale wydawcy – owszem, więc spójrz na to z ich punktu widzenia. Którzy autorzy stoją na tej samej półce i jakimi sposobami docierają do „twojej" publiczności? Czym ty zamierzasz ją przyciągnąć?

Czytelnicy, których interesuje dana dziedzina, mogą przebierać w morzu książek. Spraw, żeby sięgnęli po twoją. Czym się wyróżnia? W czym przypomina największy bestseller z tego działu? W jaki sposób jest od niego lepsza albo inna?

Propozycja wydawnicza musi też zawierać twoją biografię. Informacje o autorze trafiają na czwartą stronę okładki, więc udowodnij, że jesteś ekspertem w wybranym temacie. Możesz załączyć CV, ale uwzględnij tylko te elementy edukacji i doświadczenia, które podkreślą wartość książki, a równocześnie zaimponują czytelnikom i wydawcy. Wylicz występy w telewizji, radiu i na podcastach, a także publikacje prasowe i aktywność w mediach społecznościowych. Wymień wszystkie swoje artykuły, książki i przemówienia i podaj, jakich tematów dotyczyły.

Czy przyjaźnisz się z kimś znanym, kto mógłby napisać o tobie kilka słów na okładkę? Podobno każdego z nas dzieli zaledwie sześć stopni oddalenia od dowolnego człowieka na Ziemi, więc zacznij łączyć kropki w swojej sieci kontaktów towarzyskich, żeby doprowadziły cię do odpowiedniej osoby.

Droga do wydania książki bywa kręta i wyboista. Jeśli poczujesz się zagubiony, przypomnij sobie, dlaczego chcesz nią podążać. Dla mnie lekarstwem na chwile zwątpienia i niepewności jest medytacja. Dzięki niej uświadamiam sobie na nowo, jaki przyświeca mi cel.

Dlaczego piszę?

Moja odpowiedź brzmi: dlatego, że Bóg dał mi tę pasję i talent, który trawi moją duszę ogniem. Pisząc, mówię

„tak" Bogu i wszechświatowi. Jak powiedziała Matka Teresa: „Bóg nie powołał mnie po to, żebym odniosła sukces. On powołał mnie po to, żebym była Mu wierna".

Walt Whitman zawarł swoją odpowiedź w wierszu *O, ja! O, życie!*:

O, ja! O, życie! Pytań tych, co wciąż powracają,
niekończących się pociągów niewierzących, miast głupcami przepełnionych,
siebie bez końca napominającego siebie (bo któż głupszy ode mnie, i któż bardziej niewierzący?),
pustych i bezużytecznych lat odpoczynku, gdy reszta mnie uwikłana,
to pytanie, O, ja!, tak smutne, powracające – *cóż dobrego w tym, o ja, o życie?*
Odpowiedz
że tu jesteś – że istnieje życie i tożsamość
że sztuka trwa i także ty dopisać możesz wers.

Jesteś częścią tej poruszającej sztuki. Dopisz swój wers.

Lekcja 50

Opowiedz swoją historię. Podaruj sobie szczęśliwe zakończenie

Kiedy napiszesz swoją prawdę? Gdy umrze twoja matka? Gdy rodzeństwo się zgodzi? Gdy cała rodzina da ci pozwolenie?

Jeśli czekasz na jakiś znak – właśnie go dostałeś.

Wypełnij swoją świętą misję – zadanie, które czeka właśnie na ciebie.

W głębi duszy wiesz, na czym polega. Nie zważaj na otaczający cię chaos, zignoruj własny opór i wsłuchaj się w ten głos wewnątrz siebie, który woła, żebyś zabrał się do pracy. W głębi duszy znasz już swoją misję.

I wiesz, kiedy ją wypełniasz poprzez pisanie. Długopis sunie swobodnie po papierze, na który bez trudu przelewasz słowa. Płyną z jakiegoś tajemniczego źródła. Możesz je nazwać Duchem Świętym. Muzą. Wielką magią. Cudem codzienności. Jest wszechobecne. Wystarczy usiąść przed pustą kartką albo ekranem i poddać się tej fali.

Jeśli powstrzymuje cię strach przed reakcją otoczenia, tu masz usprawiedliwienie od pisarki Anne Lamott:

„Wszystko, co ci się zdarzyło, należy do ciebie. Opowiedz swoje historie. Jeśli ludzie chcieli, żebyś pisał o nich ciepło, to powinni byli lepiej cię potraktować".

To nie znaczy, że masz używać długopisu jak miecza i krzywdzić innych – ale pamiętaj: możesz opisać każde swoje doświadczenie.

Więc jak chcesz je opisać?

Przez wiele lat przedstawiałam historię własnego życia jako tragedię. Występowało w niej wielu krzywdzicieli i jedna jedyna ofiara: ja. Długo nie potrafiłam spojrzeć na siebie inaczej. Dzięki terapii, wygranej walce z rakiem, rekolekcjom, modlitwie i miłości bliskich osób nie czuję się już pechowcem, tylko prawdziwą szczęściarą. Teraz moje życie to po części komedia, a przede wszystkim historia miłosna.

Całym sercem kocham je i wszystkich wokół.

Tak się dzieje, kiedy piszesz na nowo swoją historię. Możesz ją zmienić tak, żeby miała szczęśliwe zakończenie. Tylko od ciebie zależy, czy je sobie dasz.

Spróbuj. Spójrz na swoje życie z innej perspektywy i przy każdym wydarzeniu, przy każdej osobie zadaj sobie pytanie: A co, jeśli sam wybrałem dla siebie wszystko, co mnie spotkało?

Naprawdę wszystko.

Swoich rodziców, swoje rodzeństwo, swoich nauczycieli. Każde przykre doświadczenie, każde wyzwanie: nowotwór, gwałt, rozwód, chorobę. A co, jeśli w tej historii nie ma ofiar ani czarnych charakterów, tylko nauczyciele i uczniowie? A co, jeśli to nie wydarzyło się tobie, tylko dla ciebie? A co, jeśli chodziło o twoje najwyższe dobro?

A co, jeśli twoja dusza wybrała tych ludzi z karty życia, zanim się urodziłeś, oni zgodzili się zostać twoimi nauczycielami, a potem pożegnałeś się z aniołami światła, przyszedłeś na świat i trafiłeś właśnie do tej rodziny, która pomaga ci żyć w zgodzie z twoimi najgłębszymi potrzebami duchowymi?

Wow. To wszystko zmienia, prawda?

Kiedy bierzesz odpowiedzialność za to, co ci się przydarzyło, i przedstawiasz to w nowym świetle, odzyskujesz utraconą wcześniej siłę. A kiedy dzielisz się swoją historią, masz jeszcze większą moc – moc wyzwalania innych.

Czy jesteś gotowy pożegnać się ze swoją starą opowieścią? Co wolisz mieć: rację czy wolność? Czy chcesz być ofiarą, czy dysponować większą potęgą niż kiedykolwiek?

Jeśli marzysz o wolności, powtarzaj za mną:

Jestem gotowy uwolnić się od strachu i wstydu.

Jestem gotowy osiągnąć sukces. Jestem gotowy być odważny.

Jestem gotowy żyć pełnią życia.

Jestem gotowy opowiedzieć nową historię.

Jestem gotowy zostać bohaterem historii swojego życia.

Jestem gotowy cieszyć się szczęśliwym zakończeniem.

Na swojej nowej tablicy marzeń przyczepiłam piękne słońce z żółtego papieru z hasłem „jestem” na środku. Na jego promieniach wypisałam słowa, które mają mi przypominać, kim jestem.

JESTEM ukochaną, bogatą córką Boga. JESTEM zanurzona w obfitości. JESTEM jednością ze wszechświatem. JESTEM odważna, śmiała, wesoła, radosna. JESTEM obecna, godna miłości, kochana, uświęcona. JESTEM twarzą Boga. JESTEM inspirująca, wierna, hojna, czuła, kochająca i życzliwa. JESTEM wspaniała, piękna, ponadczasowa.

Druga tablica skupia się na działaniu, ale ta dotyczy samego bycia. Wystarczy, że istnieję. Jestem – i jestem szczęśliwa.

Ciesz się życiem, szczęściem, obfitością, zdrowiem i wolnością tak mocno, jak tylko potrafisz. To od ciebie zależy, na ile otworzysz się na radość. Źródło wszelkiego dobra jest niewyczerpane, ale żeby z niego nabrać, musisz uwolnić się od swojej starej historii. Tamujesz przepływ strumienia życia i narzekasz, że jesteś spragniony. Pora z tym skończyć.

Chwilami lubimy jęczeć i marudzić, chociaż sami odpowiadamy za swoje problemy. Zniszcz tę tamę, a fala ze źródła wszelkiego dobra zaniesie cię tam, gdzie powinieneś trafić. I to za każdym razem.

Kiedy już będziesz gotowy na zmiany, zaangażuj się w nie w pełni. Niech ta droga wiedzie tylko w jednym kierunku. Po przybyciu do Veracruz w 1519 roku konkwistador Hernán Cortés rozkazał załodze spalić wszystkie okręty. Mieli pozwolić, żeby ogień zniszczył wspaniałe i cenne statki, którymi przypłynęli?

Tak. Zwycięstwo albo śmierć.

Odwrót jest wykluczony.

Albo, jak powiedział Yoda: „Rób albo nie rób. Nie ma próbowania".

Sięgnij po długopis, podnieś głos, wyraź swoją prawdę już nie tylko w zaciszu własnego pokoju. Idź na targowisko, do centrum handlowego – w sam środek życia z jego szaleństwem, chaosem i cudami. Zanurz się w ogromnym, wzburzonym morzu ludzkości w całej jej hańbie i chwale. Nie przeżyjesz życia, stojąc bezpiecznie na brzegu.

Ja złożyłam sobie obietnicę, że będę pisać, i przykleiłam ją w swoim gabinecie. Przyszła do mnie we śnie. Przyjaciółka próbowała mi powiedzieć, co powinnam zrobić ze swoim życiem, gdy nagle na ścianie pojawił się napis zainspirowany cytatami z Thoreau i Michała Anioła, który namawiał asystenta do rysowania.

Oto słowa, które zobaczyłam przez sen i na które patrzę teraz codziennie w gabinecie:

Żyj świadomie.

Pisz, Regino, pisz, Regino, pisz.

I nie trwoń czasu.

Wtedy uporządkowałam gabinet, zrobiłam okładki dla wszystkich książek, które w sobie nosiłam, i wypełniłam nimi regał. A potem zaczęłam pisać – i już nie przestałam.

Jeśli nie poprzesz swojego „tak" działaniem, w rzeczywistości będzie znaczyło tyle co „nie". A nie wiem jak ty, ale ja nie zamierzam odmawiać Bogu ani wszechświatowi. Wyobrażam sobie, jak obaj mówią z wyrzutem: „Dałem ci tyle fantastycznego materiału do pracy: całe twoje życie".

Wypełnię misję, którą mi powierzono.

To moje „tak". Ty też przyjmij swoją misję.

Możesz się mylić, popełniać błędy i zmieniać zdanie. Nieważne, jaki masz talent – to dar, który powinieneś wykorzystać, a wykorzystujesz go, dzieląc się nim ze światem.

Napisz swoje „tak" i powieś je w miejscu, w którym będziesz je widział.

Zaangażuj się. Wystarczy, że sięgniesz po długopis i podpiszesz tę deklarację:

TAK.

To moje TAK.

Ofiarowuję siebie ludzkości z pokorą, miłością i wdzięcznością.

Niniejszym zgłaszam się na służbę.

Podpisano:

O AUTORCE

Regina Brett jest autorką książki *Bóg nigdy nie mruga. 50 lekcji na trudniejsze chwile w życiu*, która trafiła na listę bestsellerów dziennika „New York Times" i została przetłumaczona na ponad dwadzieścia języków.

Jej kontynuacje to *Jesteś cudem. 50 lekcji jak uczynić niemożliwe możliwym* i *Bóg zawsze znajdzie Ci pracę. 50 lekcji jak szukać spełnienia*. Dwie z jej książek ukazały się jedynie w Polsce: *Twój dziennik. 12 nowych lekcji i myśli na każdy dzień* oraz *Kochaj. 50 lekcji, jak pokochać siebie, swoje życie i ludzi wokół.*

Regina wygrała walkę z rakiem piersi. Jest matką, macochą, żoną, babcią – i trenerką łucznictwa.

W 1986 roku została dziennikarką, a osiem lat później zaczęła pisać felietony. Jest dwukrotną finalistką Nagrody Pulitzera w dziedzinie reportażu.

Poza pisaniem książek daje mowy motywacyjne i współpracuje regularnie z tygodnikiem „Cleveland Jewish News".

Wykładała dziennikarstwo na Uniwersytecie w Akron i wygłosiła mowy na temat pisarstwa na Uniwersytecie

Case Western Reserve, Uniwersytecie im. Johna Carrolla, Uniwersytecie Stanowym w Kent, Uniwersytecie Stanowym w Cleveland oraz w college'u sióstr urszulanek.

Regina uzyskała tytuł licencjata dziennikarstwa i magistra religioznawstwa. Mieszka w Cleveland w stanie Ohio.

Jej adres e-mail to regibrett@gmail.com. Prowadzi też stronę internetową www.reginabrett.com.

Podziękowania

To niezwykły dar, że jako pisarka spotykam na swojej drodze ludzi, dzięki którym moje życie staje się tak bogate.

Chciałabym podziękować z całego serca…

…wszystkim, którzy mi zaufali i zgodzili się, żebym opowiedziała ich historie w tej książce, żeby inspirowały czytelników do stania się najlepszą wersją siebie.

Dziennikom „Plain Dealer" i „Beacon Journal" za to, że pozwoliły na przedruk moich felietonów.

Wszystkim z was, którzy kontaktują się ze mną za pomocą e-maila, Facebooka i Twittera. Uwielbiam też oglądać na Instagramie zdjęcia z moimi książkami w pięknych kompozycjach. Zamieniacie je w dzieła sztuki.

Wspaniałemu zespołowi z mojego polskiego wydawnictwa Insignis Media. Dziękuję za Waszą miłość, wiedzę i wparcie. Tomaszowi Brzozowskiemu za kreatywność i energię, jaką wnosi w każdą trasę promocyjną. Pawłowi Brzozowskiemu za działania reklamowe i troskę o nieprzerwaną dostępność moich książek w polskich księgarniach.

Iwonie Wodzińskiej za organizację spotkań z mediami. Julii Diduch za rezerwowanie najlepszych pokojów hotelowych. Oldze Siarze za tłumaczenie, dzięki któremu moje książki po polsku brzmią jeszcze lepiej niż w oryginale. Moim siostrom i aniołom stróżom Marii Brzozowskiej i Dominice Rychel – zawsze noszę Was w sercu.

Jestem bardzo wdzięczna księgarniom Empik i Świat Książki za organizację tak wielu spotkań z czytelnikami i ogromną gościnność.

Mojej agentce Lindzie Loewenthal za to, że znalazła najlepszy dom dla moich książek.

Dziękuję rodzicom za wspaniały dar życia, a mojemu rodzeństwu, teściom, bratankom, bratanicom, siostrzeńcom i siostrzenicom za to, że dzięki nim uśmiecham się szerzej i jeszcze mocniej kocham życie.

Moim dzieciom: Benowi i jego partnerce Melanie za ich spokojną obecność; Joemu i jego żonie Sarah za atmosferę zabawy, jaką wnoszą w każde spotkanie. Mojemu zięciowi Jamesowi za to, że dzięki niemu każdy dzień staje się przygodą. I Gabrielle, mojemu pierwszemu i największemu cudowi – jesteś dla mnie wiecznym źródłem czystej radości.

Moim wnuczętom: Asherowi, Ainsley i River. Kocham was najmocniej na świecie – jak stąd na Księżyc i z powrotem.

Bruce'owi, mojemu mężowi i wiecznemu chłopakowi – twoja miłość to najcudowniejszy prezent.

I jak zawsze jestem nieskończenie wdzięczna Przyczynie tego wszystkiego, Bogu mojej radości.

Regina Brett

REGINA BRETT
BÓG NIGDY NIE MRUGA
REGINA BRETT
BÓG
NIGDY
NIE MRUGA
50 LEKCJI
NA TRUDNIEJSZE
CHWILE W ŻYCIU

Pięćdziesiąt wskazówek. Pięćdziesiąt lekcji, w których autorka przeplata własne przeżycia z doświadczeniami ludzi spotkanych na swojej krętej drodze; przywołuje ważne dla siebie postaci, znaczące książki i filmy; przypomina o sile psalmów i prostych sentencji.

Felietony Reginy Brett docenili i pokochali czytelnicy na całym świecie. Przyklejano je na lodówkach, rozsyłano w e-mailach do bliskich. Tematy lekcji, których udzieliło autorce życie, cytowano na tysiącach blogów i przedrukowywano w gazetach. Książka, którą trzymasz w ręce, stanie się bliska każdemu, kto kiedykolwiek znalazł się na życiowym zakręcie, oraz wszystkim szukającym inspiracji. Niech każda z pięćdziesięciu lekcji będzie manifestem – jak bohaterka jednego z esejów, pewna sportowa czapka z prostym hasłem: „Życie jest dobre". Bo takie jest. Naprawdę.

REGINA BRETT
JESTEŚ
CUDEM
50 LEKCJI
JAK UCZYNIĆ
NIEMOŻLIWE
MOŻLIWYM
REGINA BRETT
JESTEŚ CUDEM

Żadna prośba nie jest zbyt śmiała.
Żadna potrzeba nie jest zbyt wielka.
Nadzieja na cud nigdy nie jest absurdalna.

REGINA BRETT wie, że szczęście zależy od nas samych. Od naszych wyborów i decyzji, które najczęściej wcale nie są tak trudne, na jakie wyglądają. Każda próba zmiany świata wokół siebie na lepsze sprawia, że dokonujemy rzeczy niemożliwych. Cudów, które są osiągalne dla każdego z nas. Codziennie.

REGINA nie stawia przed nami zadania ponad nasze siły. Pisze raz humorystycznie, innym razem refleksyjnie, ale zawsze z niezachwianą wiarą w człowieka; w dobro, które w nim tkwi i które sprawia, że niemożliwe staje się możliwe.

***JESTEŚ CUDEM* to zbiór inspirujących lekcji o tym, jak niewiele trzeba, by coś zmienić. To 50 felietonów, które obudzą w nas natchnienie. Choć każdy z nich jest zupełnie inną historią, zebrane w jednym tomie tworzą przewodnik pomagający dostrzec i docenić siłę zmian na lepsze – małych cudów.**

REGINA BRETT
BÓG
ZAWSZE
ZNAJDZIE CI
PRACĘ
50 LEKCJI
JAK SZUKAĆ
SPEŁNIENIA
REGINA BRETT
BÓG ZAWSZE ZNAJDZIE CI PRACĘ

To książka dla tych, którzy przestali kochać to, co robią.

I dla tych, którzy kochają swoją pracę, ale pragną odnaleźć głębszy sens także w innych sferach życia.

Dla tych, którzy są bezrobotni, wykonują pracę poniżej swoich kwalifikacji albo czują się nieszczęśliwi w życiu zawodowym.

Dla tych, którzy zeszli z obranej niegdyś drogi, chwilowo albo bezpowrotnie.

Dla tych, którzy dopiero rozpoczynają karierę zawodową i chcą się dowiedzieć, jak zapisać tę czystą kartę.

Dla tych, którzy przeszli na emeryturę albo nie mogą już dłużej pracować, a pragną wieść pełniejsze życie.

Dla tych, którzy kochają swoją pracę tak bardzo, że chcą zainspirować innych i pomóc im odnaleźć życiową pasję.

Dla tych, którzy – jak ja – czuli się kiedyś zagubieni w życiu i kluczyli krętą ścieżką, dopóki ta nie zaprowadziła ich w idealne miejsce. Wierzę, że każdy z nas ma takie miejsce. Musimy je tylko odszukać. Albo odprężyć się i pozwolić, żeby to ono odszukało nas.

REGINA BRETT

REGINA BRETT
KOCHAJ
50 LEKCJI
JAK POKOCHAĆ
SIEBIE, SWOJE ŻYCIE
I LUDZI WOKÓŁ

Ta książka nie jest dla każdego.
Napisałam ją z myślą o tych, którzy zostali zranieni albo kochają zranionych, ale i dla tych, którzy są nieświadomi własnych ran, chociaż innym wydają się one oczywiste.
No dobrze, wygląda na to, że ta książka jest dla każdego.

Głodna miłości – tak czułam się przez wiele lat mojego życia. I wiem, że nie jestem w tym odosobniona.

Przeżyłam wiele trudnych chwil. Dziś potrafię spojrzeć wstecz i dostrzec dar w każdym z moich doświadczeń. Gdybym mogła wybierać z menu życia, nigdy nie zdecydowałabym się na większość sytuacji, które mi się przytrafiły – a mimo to żadnej nie żałuję. Każde doznanie i każdy związek uczyniły mnie tą osobą, którą jestem. Dziś wreszcie mogę powiedzieć, że kocham ją całym sercem.

Pragnę, żebyś i ty ze wszystkich sił pokochał siebie, swoje życie i otaczających cię ludzi.

REGINA BRETT